BRIGITTE WITZER

DIE DIKTATUR DER DUMMEN

**Wie unsere Gesellschaft verblödet,
weil die Klügeren immer nachgeben**

W0085679

HEYNE ‹

 Verlagsgruppe Random House FSC® N001967
Das für dieses Buch verwendete
FSC®-zertifizierte Papier *Super Snowbright*
liefert Hellefoss AS, Hokksund, Norwegen.

3. Auflage
© 2014 by Wilhelm Heyne Verlag, München,
in der Verlagsgruppe Random House GmbH
Umschlaggestaltung und Motiv: Eisele Grafik·Design, München
Redaktion: Michael Schickerling
Satz: Leingärtner, Nabburg
Druck und Bindung: GGP Media GmbH, Pößneck
Printed in Germany 2014
ISBN 978-3-453-20054-8

www.heyne.de

Inhalt

Wie unsere Gesellschaft verblödet und die Klügeren immer nachgeben

Eine Diktatur der Dummen? Die sehen Sie und ich, wenn wir uns umschauen, in Politik, Medien, Wirtschaft, Banken, Bildung, Hochschulen: Wohin der Blick auch fällt, überall sitzt der Wurm drin, haben sich die Institutionen, die uns bisher gut gedient haben und weiterhin dienen sollen, gegen uns und unsere tatsächlichen Interessen gewandt. Unsere Sitten verfallen exponentiell, Spaß wird uns zu Glück umlackiert. Etwas konkreter? Politiker haben den denkbar schlechtesten Ruf, die Medien halten uns für Idioten und schicken uns in Dschungelcamps oder zu Cindy aus Marzahn, unsere Kinder wollen nicht in der Wirtschaft arbeiten, sondern lieber etwas Sinnvolles tun, die Banken verzocken unser Kleingeld, als wäre das große Geld nicht schon genug, in den Schulen werden immer noch Fächer unterrichtet statt Schüler. Und die Hochschulen? Die sind gerade damit beschäftigt, Sachbearbeiter für die Wirtschaft zuzurichten, und können sich leider nur in ausgewählten Fällen mit den Niederungen unserer Gegenwart befassen. Ketzerischer noch: Haben nicht die Naturwissenschaften die Natur und die Gesellschaftswissenschaften unser Sozialwesen zugrunde gerichtet?

Was erwarten wir heute noch von denen, die unsere Alltagswirklichkeit strukturieren, ihr Gestalt und Zukunft geben? Nicht mehr allzu viel, oder? Doch wer mit einem Finger auf die anderen zeigt, zeigt mit drei Fingern auf sich selbst:

Was tun wir, was machen Sie und ich? Bestehen wir auf einer Neuordnung des politischen Systems? Holen wir unser Geld von den Banken und verleihen es großzügig an unsere Nichten, Neffen oder andere gut beleumdete Talente, die Fantasie haben, aber wenig Mäuse? Und fordern wir eine radikale Erneuerung des Bankensystems? Diese Liste lässt sich natürlich beliebig verlängern.

Die Antwort bleibt: Nein. Wir schauen weg, stöhnen und jammern; wir beschweren uns, und wenn es ganz hart kommt und wir Zeit genug haben, werden wir zu Wutbürgern. Aber auch als solche erleben wir das immer Gleiche: auf der einen Seite die »Vertreter des Systems« mit ihrer bewährten Intransparenz, Großmannssucht und Beschwichtigungslitanei, auf der anderen Seite uns in der Defensive. Wir erleben Rechthaberei und Besserwisserei gegen unsere berechtigten Einwände und besseres Wissen, erleben die Macht der Systeme und daneben unsere Ohnmacht. All dies, hier und da, aber keine Erneuerung, keine generelle Veränderung. Immer wieder läuft die gleiche Dynamik ab, immer wieder gibt es nur Täter und Opfer, und kaum ist jemals einer zur Stelle, der Verantwortung übernimmt.

Wenn keiner Verantwortung trägt, wer regiert denn da? Hier lässt sich eine Meinungsführerschaft, vielleicht sogar eine Diktatur installieren. Möglicherweise eine informelle Diktatur, eine leise, die ohne Irmela Marcos' tausend Paar Schuhe auskommt – also ohne die ganz lauten Insignien der Macht, aber mit allen Wirkungen, die Macht nun einmal besitzt: Mit ihr lässt sich gestalten, verändern, bewegen. Und wenn hier ein Einzelner, Mann oder Frau, oder aber eine mehr oder weniger informelle Gruppe klammheimlich eingesprungen sein sollte oder einspringen könnte, weil in unserer ramponierten, irgendwie und eher versehentlich abgewirtschafteten Demokratie genügend Leerstellen zur Verfügung stehen, dann darf uns das nicht wundern. Dass es nun gerade die Dummen sein sollen, die hier die Diktatur übernommen haben, hört sich vielleicht zunächst absurd an. Aber haben Sie nicht auch schon mal darüber nachgedacht, was passiert, wenn die Klügeren immer nachgeben? Wer soll denn dann bitte übrig bleiben? Oder vielmehr was? Ich bitte Sie, keine Illusionen mehr! Sind die Klügeren vielleicht zwangsläufig die Dummen? Ist es nicht vielmehr so, dass Bildung als Erfolgsfaktor ausgedient hat und die Lebensmodelle von B-Promis wie Dieter Bohlen oder Verona Pooth hoch im Kurs stehen mit ihrer fröhlichen Kombination von fehlender Bildung und geradezu vorbildlichem Reichtum?

Genug der Polemik und des ersten Aufschlags. Sie wissen jetzt, worum es mir geht. Folgen Sie mir zunächst zu einer Bestandsaufnahme im Detail, zu einem Befund der generellen Beunruhigung. Meine Erfahrung dabei ist: Näher Hinschauen lohnt! Wer näher, ja sogar genauer hinsieht, dem begegnen Ausschnitte der Alltagswelt, die sonst gern ausgeblendet und wegdiskutiert, bagatellisiert oder auch dramatisiert und natürlich rationalisiert werden. Auf diese Mechanismen, wie wir unseren Alltag sauber und unser Hirn koscher halten, komme ich noch zu sprechen. Glauben Sie mir, diese Dinge haben Tradition, sind solide aufgestellt und um dagegen anzugehen, muss man schon ordentlich Anlauf nehmen.

Als Ergebnis verspreche ich Ihnen statt Magenbeschwerden oder überbordender Probleme, statt Albträumen und Horrorszenarien zumindest erfrischende Einsichten, vergessene Zusammenhänge und die bei der üblichen Komplexitätsreduktion unter den Tisch gefallenen Juwelen, die ich Ihnen nicht vorenthalten mag. Soweit mein Plädoyer fürs genaue Hinschauen. Das muss nicht langweilig sein und ist garantiert auch nicht verstörender als eine Dokumentation über, sagen wir mal, Fukushima oder das Bienensterben. Hinschauen ist, im Gegenteil, ein ziemlich aus der Mode gekommenes, sehr probates und uns allen zur Verfügung stehendes Mittel, sich selbst eine Meinung zu bilden und dann auch noch ins Handeln zu kommen.

Wenn das bloß en vogue wäre, möchte ich an dieser Stelle gern stöhnen! Ist es leider nicht. Wozu ist eine Meinung, womöglich eine eigene, heutzutage schon gut oder überhaupt notwendig? Wir können ja eine konsumieren, aus der *FAZ*, der *taz* oder dem *Cicero*. Oder wir erlauben uns eine Minimeinung auf Facebook, wir »liken« dies oder das – das geht doch immer. Dafür braucht kein Mensch ein Gehirn oder so was wie Intellekt – von Bildung will ich gar nicht sprechen. Wozu bloß leben wir in einer Gesellschaft, in der partout alle Abitur machen sollen?

Ich erzähle Ihnen hier vielleicht an dieser oder jener Stelle nichts Neues. Aber ich bitte Sie, mir im genauen Blick aufs Detail zu folgen auf einer Reise durch unsere Gesellschaft – auf einer Reise durch wesentliche Systeme, die uns und unserem Alltag Form, Gestalt und Inhalt, aber auch Richtung verleihen. Am Ende sind wir schlauer, vielleicht sogar klüger, wer weiß? Wir werden jedenfalls wissen, wer bei uns zurzeit »die Hosen anhat«, und vielleicht auch, dass nicht wir es sind. Wir waren mal die Klügeren, und diejenigen unter uns, die radikal waren, stellten politische Forderungen. Und heute? Heute fragen kluge junge Leute nach Sinn, nach großen Zusammenhängen, nach Spiritualität. Wo sind sie hin, der Glaube an und das Wissen um die Möglichkeiten von Politik? Wie konnte uns unser Alltag so aus den Händen gleiten, dass daraus das geworden ist, was ich Ihnen hier vorstelle?

Wenn Sie nun wissen möchten, wo das hinführen könnte,

dann – voilà! Lassen Sie sich mit einer kurzen Zusammenfassung von Mike Judges genialem Hollywoodfilm *Idiocracy* aus dem Jahr 2006 von den zwangsläufig zu erwartenden Konsequenzen abschrecken. Diese opulente Satire handelt von zwei intellektuell ganz und gar durchschnittlichen US-Bürgern, dem Armeeangehörigen Joe Bauers und der Prostituierten Rita, die ins Jahr 2505 katapultiert werden. Sie finden sich wieder in einer knallbunten Welt, die einerseits ganz vertraut wirkt – die Werbung von großen Marken und Firmen ähnelt dem, was sie aus 2005 kennen –, andererseits aber völlig verwirrend ist.

Die Umgangsformen sind rüde, es gibt weder Freundlichkeit noch Anstand, stattdessen werden Machosprüche, Abwertung und Angeberei für normal gehalten. Die Alltagssprache ähnelt einem Gemisch aus Zuhälter- und Girlieslang. Selbst im Krankenhaus benehmen sich die Angestellten dumpf, ohne die geringste Andeutung von Mitgefühl, Mitmenschlichkeit oder auch nur Höflichkeit. Im Vordergrund des täglichen Lebens stehen Sex, Verführung und Brutalität gemischt mit schneller Bedarfsbefriedigung. Im Fernsehen läuft neben dem »Gewaltkanal« mit Sendungen wie *Aua, meine Eier* parallel etwa *Poppen-TV,* und der Kinofilm *Ass,* der neunzig Minuten lang nichts anderes als nackte Hintern, ihre Geräusche und Ausscheidungen zeigt, gewinnt drei Oscars, darunter auch den für das beste Drehbuch.

Es gibt noch die vertrauten Unternehmensketten wie etwa Starbucks, doch die »Latte«, die man sich jetzt dort bestellen kann, ist sexuell gemeint. Andere Waren finden sich in dem einzigen Riesensupermarkt, Cosco, einer Mischung aus Ikea und Metro, in dem in fußballfeldgroßen Hallen alles zu kaufen ist, was es überhaupt gibt. Neben den immer gleichen Sofas und den immer gleichen Spielzeugartikeln kann man hier auch ein Jurastudium erwerben.

Die Firma Brawndo, ursprünglich Herstellerin eines Energy-drinks, hat sich zum großen »Durstauslöscher« entwickelt und ein einzigartiges Monopol geschaffen, indem sie erst das Nahrungsmittelministerium übernommen und anschließend die Rundfunkaufsicht gekauft hat. Aus allen Brunnen, Wasser-hähnen und anderen Quellen dieses Landes läuft, sprudelt, rinnt ihre grüne Synthetikbrause. Die riesigen Äcker vor der Stadt werden ebenfalls damit bewässert, getreu dem etwas holp-rigen Werbeslogan: »Pflanzen lieben Brawndo, denn Brawndo hat Elektrolyte.«

Der Präsident dieser Vereinigten Staaten ist ein Pornostar und Wrestler, sein Kabinett eine Horrorcombo aus idiotisch grinsenden Menschen, die von Unternehmen als Werbebot-schafter bezahlt werden, aber weder in der Lage noch daran interessiert sind, Probleme zu lösen. Nachdem die Wissenschaft jahrelang ausschließlich damit beschäftigt war, Haarausfall zu beseitigen und Erektionen zu verlängern, ist sie nicht mehr existent.

Gigantische Probleme quälen diese Gesellschaft. Der Film spielt in einer Situation, in der keine Pflanzen mehr wachsen, weil der Boden von den Elektrolyten des Brawndo-Düngers ausgelaugt ist. Darauf kommt allerdings niemand – außer Joe Bauers. Er, der ehemals verdöste Beamte, kann zwischen dem Werbespruch der Firma Brawndo, die Elektrolyte als Alleskönner und Wasserersatz vermarktet, und der Wirklich-keit unterscheiden. Er wird bei einem Test als klügster leben-der Mensch erkannt, zum Innenminister befördert und vom Präsidenten öffentlich damit beauftragt, innerhalb weniger Tage alle zentralen Probleme dieser Gesellschaft zu lösen. Ganz oben auf der Shortlist steht das Wiedererblühen der Landwirtschaft, was Bauers mit Bewässerung hinbekommt – allerdings mit katastrophalen Folgen für die Wirtschaft: Die

Versorgung der Pflanzen mit Wasser und der dadurch erzeugte Verzicht auf das Produkt Brawndo stürzt die Brawndo-Aktie ins Uferlose. Es kommt zu Massenentlassungen der 50 Prozent der Bevölkerung, die bei Brawndo angestellt sind, und in Folge davon zu großen Unruhen. Der Präsident ordnet eine Art moderner Zirkusspiele an: Joe Bauers soll in einer Arena gegen erprobte Athleten und Hightechmaschinen um sein Leben kämpfen ...

So viel zum Film. Was zeigt uns dieses Szenario? Es beschreibt eine Gesellschaft, in der es um Verführung, um Befriedigung von Hunger, Durst und sexuellen Wünschen und um naive Blauäugigkeit geht: Der Werbung wird aufs Wort geglaubt, dem Marketing blind vertraut; deren Versprechen gelten kaum, dass sie verbreitet sind, schon als eingelöst. Bildung kommt in diesem Filmland nicht mehr vor, ebenso wenig wie Natur, Liebe oder Kultur. Von Glück ist gar nicht mehr die Rede – im Gegenteil: Wir erleben eine reine Spaßgesellschaft in all ihrer Banalität und Verrohung. Die größten Treiber dieses Spaßes: die Medien.

Die Menschheit ist verblödet. Kein Wunder also, dass sie im Jahr 2505 dieses Films nicht in der Lage ist, (a) ihre Probleme selbst zu lösen, (b) ihre wirklichen Bedürfnisse zu erkennen oder gar (c) ihre Wahrnehmungen mit dem, was ihnen von Werbung und Wirtschaft eingeflüstert wird, abzugleichen und sich ein eigenes Bild von den Verhältnissen zu machen. Die Menschen haben das eigenständige Denken und Fühlen aufgegeben. Die Paralyse, die über alle Hirn- und Herzaktivitäten hereingebrochen scheint, erzeugt einen totalen Kulturverlust, der einhergeht mit dem ebenso vollständigen Verlust gesellschaftlicher Werte.

Noch ist es nicht so weit wie in diesem Filmland. Ich bin mir sicher: Noch haben wir die Wahl, noch lässt sich etwas unternehmen, noch können wir gegensteuern. Es braucht vielleicht die eine oder andere Ruckrede, die eine oder andere Einsicht, ein gemeinsames Verständnis von dem, was wir sicherlich nicht wollen. Einen Aufschlag mache ich mit diesem Buch.

Teil 1

So sieht sie aus, die Diktatur!

Wenn ich ehrlich bin, bedrängt sie mich eigentlich schon hier und jetzt, in dieser Gesellschaft, in unserer Zeit: die Diktatur. Ich erlebe massive Fremdsteuerung, erlebe Marionetten und erlebe auch mich allzu oft als Marionette – an Fäden, die niemand so recht zu lenken scheint, die aber immer wieder dahin lenken, wo ich brav tue oder lasse, was andere mir auftischen, vorsetzen, anbieten. Deutlicher gesagt: Mir fehlt es an Verantwortung, an Verantwortung des Einzelnen, aber auch der Institutionen und der Menschen, die sie führen und die dort tätig sind. Mir fehlt es an Akzeptanz für verantwortliches Handeln.

Verantwortung wird in unserer Gesellschaft ständig und immer stärker dem Einzelnen selbst zugemutet. Mir geht es hier gerade nicht um die »Verantwortung zur Selbstausbeutung«, denn nichts anderes ist damit ja gemeint. Diese Art von Umgang mit sich selbst hat nichts mit Verantwortung zu tun, wie ich sie in diesem Buch noch näher definieren werde, sondern vielmehr mit einer der wirkungsvollsten Strategien der Diktatur der Dummen: mit der Umdeutung von Begriffen, die emotional und moralisch aufgeladen plötzlich unter fremder Flagge segeln – unter, möchte ich meinen, Piratenflagge.

Es macht manchmal, nein oft sogar den Eindruck, als hätten wir nichts gelernt, als würden wir nichts lernen, als ginge es bei uns nicht so richtig vorwärts. Diese Wahrnehmung erschreckt mich und bringt mich zu einer grundlegenden Frage und meinem eigentlichen Anliegen: Was ist bloß nach dem Beginn der Aufklärung schiefgegangen mit dem Projekt »sapere aude« – wage zu wissen? Es ist irgendwie liegen geblieben, wurde vergessen, auf Halde geschoben. Wir haben aufgehört, Dinge zu hinterfragen, wir haben aufgehört, neugierig zu sein. Und das, wo doch justament in den Neunzigerjahren das Folgeprojekt »sentire aude« – wage zu fühlen – von den Neurowissenschaften aufgesetzt wurde. Sie haben uns klargemacht, dass noch mehr geht: die eigenen Gefühle zu kennen und dabei zugleich die eigenen Bedürfnisse zu erkennen.

Es lohnt sich, etwas von diesem »unwillkürlichen« inneren Apparat in jedem von uns zu erfahren – weil wir nur so autonome Wesen werden können. Wer seine Gefühle und seine Bedürfnisse kennt, erlangt Autonomie. So viel habe ich verstanden – und zwar auf eine Weise wie viele andere auch: mehr oder weniger zufällig, mehr oder weniger kryptisch. Schließlich bin ich nicht mehr an einer Hochschule, ich studiere nicht mehr und forsche auch nicht in diesem Bereich. Aber ich weiß: Ich will nicht dreißig Jahre warten, bis die Erkenntnisse zu Gefühlen und Bedürfnissen in der Mitte der Gesellschaft angekommen sind und wir alle davon profitieren können.

Das Folgeprojekt »sapere sentire« wird noch im inneren Kreis der Forschung gefeiert, während der Gesellschaft schon das zentrale Anliegen des Vorprojektes, der Aufklärung, aus dem Blick geraten ist. Wie viele von uns haben nicht schon das »Wage zu wissen« aufgegeben, eingestellt, abgehakt? Wie viele haben sich eingerichtet in einer Komfortzone, sind ängstlich darauf bedacht, dass alles schön so bleibt, oder sind bestenfalls mit Optimierungsarbeiten befasst? Viele! Und wir merken dabei nicht und nur selten, in schlechten Träumen oder stillen Stunden, dass uns dabei unsere Vitalität abhandenkommt, dass wir immer »die Alten« bleiben, dass wir uns gar nicht verändern – eine furchtbare Wahrheit, die an uns zehrt und deren Spuren in unseren Gesichtern abzulesen sind.

Ich erlebe unsere Gesellschaft auf der Straße, im Supermarkt, im Theater, im Kino oder im Schwimmbad – nicht in Neugier, nicht in Interesse, nicht in Bewegung, sondern vielmehr in einer Art von Trance: Erwachsene wie Jugendliche, kerngesund, aber hoch aufgerüstet mit technischem Gerät, mit Kopfhörern, Smartphones, Tablets, Handys, Notebooks, MP3-Playern und, und, und. Menschen, die zwar hier sind, aber nicht anwesend – Menschen in Trance, die sie daran hindert, das von uns zu wissen, was wir wissen können, von anderen, vom Zustand der Straßen, der Supermärkte, der Schwimmbäder ... Ich erlebe diesen »Entspannungszustand« als eine Art Hypnose, die uns abhält von oder herausholt aus unserer eigenen Wahrheit.

Es gibt einen Sog, den alle kennen, die eigentlich nur mal kurz ihre Mails checken wollten und nach zwei spurlosen Stunden wieder den Kopf heben, sich umschauen und nicht wissen, wo diese Zeit geblieben ist. Es gibt einen Sog, der verhindert, uns selbst zu erleben, unseren Körper, im Hier und Jetzt. Es gibt aber, und da sind sich wohl sowohl die großen Weisen dieser Welt als auch die spirituellen Lehrer einig, keine andere Chance, als genau im Hier und Jetzt und mit unserem Körper zu leben, zu erleben – und zwar die ganze, volle Palette: Glück und Unglück, Anfang und Ende, Werden und Vergehen.

Der Sog, der uns in unseren PC oder unser Smartphone zieht, ist ein Teil dieser Trance ebenso wie der Sog, den ein Liebesroman oder ein Krimi auf den Leser ausüben: Es geht nicht um Hochkultur und Schund, es geht um die Bereitschaft und die Fähigkeit, selbst zu entscheiden, was gut ist für uns.

Selbst Herr im eigenen Hause, im eigenen Leben zu sein, nicht getrieben von Medien, nicht im Wahn steter Selbstoptimierung, ohne Not, etwas zu verpassen. Und dazu durchaus PC und Illustrierte, Schmöker oder Flirtplattform als eine Option, als Wahlmöglichkeit zu begreifen – statt all das mit einem Leben zu verwechseln.

Diktatur und Dummheit: Begriffsklärungen

Beginnen wir mit Begrifflichkeiten und einem gemeinsamen Verständnis der beiden zentralen Begriffe dieses Buches: Diktatur und Dummheit.

Was ist eine Diktatur? Ich verstehe darunter die Machtübernahme durch eine Person oder eine Gruppe von Leuten jenseits freier Wahlen. Eine Herrschaft, die sich am besten an den Folgen erkennen lässt: Sie bringt Vorteile für die Gruppe, welche die Macht hat, auf Kosten und zu Lasten der Gesellschaft. Solche Diktaturen kennen wir beispielsweise als Autokratien von Idi Amin bis Adolf Hitler: Es herrschen Einzelne, die wiederum eine mitregierende Gruppe, ihre Elite, hinter sich gebracht haben.

Was ist Dummheit, was genau bedeutet dumm? Zunächst einmal verstehe ich darunter die fehlende Befähigung, (a) aus den eigenen Wahrnehmungen die passenden Schlüsse zu ziehen, um (b) in der Folge aus diesen Schlüssen das Erforderliche oder Mögliche zu lernen. Einig sind sich wohl alle darin, dass diese fehlende Fähigkeit entweder darauf fußt, dass grundlegende Tatsachen nicht bekannt sind – so wie im Filmbeispiel die Nachteile von Elektrolyten –, und also auf einem Mangel an Bildung beruht oder auf einem Mangel an Intelligenz beziehungsweise an Auffassungsgabe.

Die Diktatur der Dummen, wie im Film *Idiocracy* beschrieben, lebt genau von diesen drei Elementen: dass die Menschen weder ihren Wahrnehmungen trauen, noch gebildet sind, noch lernen können. Im Film gilt das für das Volk, aber auch für die herrschende Gruppe, die Regierung. Die Dummen herrschen also über andere Dumme. Die Herrschenden verstehen es im Film allerdings in den entscheidenden Situationen besser als andere, ihre Machtinteressen durchzusetzen. Der Unterschied liegt also in einer gewissen Cleverness oder Schläue.

Schlau nennen wir einen zum eigenen Vorteil gereichenden Schachzug, der die eigene Lage kurzfristig verbessert, ohne sich um die Konsequenzen zu sorgen. Schlau fühlt sich vielleicht der Schüler, der abschreibt, statt zu lernen, und so den eigenen Aufwand bei den Hausaufgaben stark reduziert. Schlau ist allerdings nicht klug, wie sich leicht erkennen lässt. Hier wird eben das Falsche gelernt: dass man auch ohne Bildung durchkommt, beispielsweise dass es nur darum geht, eine Note zu erhalten, und nicht um das zu Erlernende. »Schlau« kann also durchaus ein dumm machendes Verhalten sein und ist immer eines: kurzsichtig.

Schlau ist doch ganz okay könnte man dagegenhalten – unter den Blinden ist halt der Einäugige König. Hier stellt sich allerdings genau die zentrale Frage: Wollen wir tatsächlich so enden? Verblödet, dumm, manipuliert? Wir haben doch eigentlich im Laufe der Jahrhunderte immer wieder Neues gelernt, waren immer wieder klug. Ist gerade das nicht das zentrale Element der Evolution, also ein Vorteil, der uns zum Nutzen gereicht (hat)? Wir haben gezielt Bildung entwickelt, um nicht nur individuell voranzukommen, sondern als gesamte Gesellschaft; wir haben Systeme aufgebaut, die uns und unseren Bedürfnissen dienen. Warum sollte das jetzt anders sein?

Wie sich Fremdsteuerung auswirkt

Erfolgsstrategien der Vergangenheit, die wir gesamtgesellschaftlich entwickelt und befördert haben, führen uns in den Abgrund, weil gerade sie auf Dummheit setzen – also auf Nicht-Lernen, auf Nicht-Spüren, auf Nicht-klug-Handeln. Wachstum und Wiederaufbau nach dem Zweiten Weltkrieg, das ging vor allem, weil die Menschen funktionierten, anpackten, nicht groß nachdachten. Funktionieren, das können die meisten von uns ausgezeichnet, und es mag ein angemessenes Verhalten gewesen sein, um zu Wohlstand zu kommen – aus der Not heraus, aus dem Defizit, aus dem Mangel. Jetzt geht es aber darum, wie wir mit großen Veränderungen um uns herum umgehen.

Unter diesen »großen Veränderungen« verstehe ich unter anderem Umweltschäden, Klimawandel und von Menschen gemachte Ökokatastrophen, sei es die Ölpest vor Mexiko nach dem Untergang der *Deepwater Horizon*, sei es der Atom-GAU von Fukushima, von denen wir seit zwanzig, dreißig Jahren immer wieder hören und die uns zunehmend beunruhigen. Diese Katastrophen werfen Schatten auf unser geruhsames, komfortables Leben: Wir haben als Gesellschaft kollektiv an ihnen zu tragen.

Zu dieser »Risikogesellschaft«, wie es Ulrich Beck 1995 nannte, kommt eine Erhöhung des individuellen Stressfaktors. Viele unter uns leiden an ständiger Informationsüberflutung, an der Notwendigkeit, in Zeiten von Handy und Smartphone allzeit bereit zu sein, aber auch an dem Druck, immer wieder schnelle Entscheidungen treffen zu müssen, ohne dass alle nötigen Informationen zur Verfügung stehen. Wir stöhnen unter den äußeren Zwängen. Deshalb nenne ich diese Einflüsse Fremd- oder Außensteuerung. Doch *wir* sitzen am Steuer unseres Lebens, und *wir* entscheiden, was uns guttut – nicht die Masse, nicht die anderen, nicht der Mainstream.

Was ist mit unserer Innensteuerung?

Dafür müssten wir allerdings wissen, was wir wollen. Sie, ich, jeder Einzelne von uns. Das heißt, wir sollten etwas von uns wissen: Wissen, wie wir agieren und reagieren, wie wir lernen, wie und was wir spüren – eben wissen, was uns klug macht und gegen Dummheit feit. Dieses Wissen von uns selbst nenne ich Innensteuerung. In den nächsten Kapiteln wird es auch um Innensteuerung gehen und um die Frage, was genau das ist und wie sie heute aussieht und aussehen kann. Wie kann sie uns weiterhelfen? Inwiefern ist sie ein Mittel gegen eine Diktatur der Dummen?

Zur Innensteuerung gehört selbstverständlich der Verstand, der uns schon lange gute Dienste leistet. Aber die Frage, ob wir mit ihm auch klug umgehen und den Dreiklang beherrschen:»den eigenen Wahrnehmungen zu trauen« plus»die nötigen Tatsachen zu kennen« plus»daraus etwas zu lernen«, ist aus meiner Sicht neu zu beantworten. Trauen wir wirklich unseren Wahrnehmungen? Spüren wir überhaupt, was los ist, oder sind wir aufgrund des massiven äußeren Drucks alle mehr oder weniger auf Autopilot gestellt? Funktionieren wir nicht mehr oder weniger?

Gerade dieses Spüren, also den eigenen Wahrnehmungen trauen, ist stark in den Vordergrund gerückt, und zwar mit den Erkenntnissen der Neurowissenschaften, die seit Mitte der Neunzigerjahre Aufschluss darüber geben, was in unseren Gehirnen passiert. Die Forscher kommen dabei zu ganz erstaunlichen Erkenntnissen. Eine davon lautet: In unserem Gehirn, das wir am liebsten nur dem Topstar der Schöpfung, unserem sachlichen Verstand, vorbehalten würden, entstehen auch unsere Gefühle.

Diese wurden in den letzten Jahrhunderten eher abgewertet und deshalb an das schwache Geschlecht delegiert, aber sie können uns auch hilfreich sein – wir müssen nur die Bedienungsanleitung verstehen. Wie Gefühle zu bedienen sind, das wissen nämlich andere sehr genau und nutzen diese Kenntnis, um uns von außen zu steuern, für ihre eigenen Zwecke zu gebrauchen – sei es Umsatz, sei es anderweitiger Profit – und bei uns noch den Eindruck zu hinterlassen, wir würden kluge Entscheidungen treffen.

Verdummungsgefahr: Manipulation über Gefühle

Die Medien wissen längst, teils bewusst, teils vielleicht intuitiv, wie Gefühle manipulierbar sind, wie wir erfolgreich über sie angesprochen werden. Ganze Heerscharen von Büchern – von der Erbauungsliteratur über den Liebesroman bis hin zum Horrorschmöker – zielen auf unsere Gefühle, an die auch die Headlines von Illustrierten und der Boulevardpresse appellieren. Marketing und Werbung, die machtvollen Absatzinstrumente der Wirtschaft, sind auf unsere Gefühle ausgerichtet: Sie sorgen dafür, dass wir uns gut oder schlecht fühlen, dass wir »dazugehören« oder eben nicht.

Und was ist mit uns, den Lesern und Konsumenten? Wir wissen wenig bis nichts darüber, wie wir manipuliert werden und wie wir uns manipulieren lassen. Mehr noch: Wir wissen kaum etwas davon, was wir fühlen und wie wir diese Gefühle klug und entspannt regulieren können. Wir ignorieren unsere

Gefühle, weil das bis jetzt ja auch gut geklappt hat. Und stattdessen? Stattdessen stehen wir auf »Intelligenz«.

Dabei stellt sich doch immer deutlicher heraus, dass die bisherige, reine Verstandesbetonung nicht hilfreich ist, um die Probleme unserer Zeit zu lösen. Ein Beispiel dafür liefert die Wirtschaft: Hier ist mittlerweile klar, dass Menschen im Vordergrund stehen und geführt werden müssen. War früher das Managen von Strukturen, Aufgaben und Prozessen der zentrale Erfolgsfaktor für Profit, ist das heute in immer mehr Branchen längst überholt. Menschen lassen sich gerade eben nicht managen, und schwierig bleibt es mit den Menschen auch außerhalb des Unternehmens. Immer deutlicher wird: Konsumenten verhalten sich anders als bisher, Märkte entwickeln sich unberechenbar, junge Fachleute suchen sich ihren Arbeitsplatz nach Kriterien wie Sinnstiftung und Freude aus.

Unternehmen müssen andere Angebote machen – sei es für ihre Kunden, sei es für ihre Mitarbeiter. Die Unternehmenslenker suchen deshalb krampfhaft neue Wege heraus aus einem früher erfolgreichen, von Kennzahlen getriebenen Management. Immer geht es dabei um Konzepte von Leadership, von Führung. Konzepte, die alle auf eines setzen: auf Emotionen, auf Reflexion und auf die Gestaltung von Beziehungen. Oder anders gesagt: auf Inspiration, auf Kreativität, auf neue Ideen, auf spannende Teams, auf neue Formen von Arbeit. Man könnte meinen, auch Unternehmen seien auf der Suche nach Konzepten gegen Dummheit.

Zeitgemäße Ansätze wie emotionale Intelligenz, Risikointelligenz oder soziale Intelligenz haben uns in den letzten Jahren immer wieder damit konfrontiert, dass wir uns von längst überholtem Wissen und einer Idee von intellektueller Alleskönnerei verabschieden müssen, die sich als wenig hilfreiche

Außensteuerung erweist. Wenn wir nur im Kopf bleiben, verlieren wir unsere Wahrnehmung – und dann steht die Dummheit quasi schon vor der Tür.

Verdummungsgefahr: Auf überholtes Wissen setzen

Wir wissen es heute besser denn je: Wissen verändert sich rasend schnell – und es braucht dabei oft Jahrzehnte, bevor es aus den Hochschulen in die Mitte unserer Gesellschaft gerät. Wann haben Sie das letzte Mal neues Wissen erwerben dürfen? Veränderungen im Wissensschatz sind in unserer heutigen Zeit völlig normal und absehbar, aber wer von uns lernt denn nach dem Schulabschluss und der Ausbildung noch einmal neu? Wir sind uns sicher: Wissen veraltet! Aber wir haben keine Lösungen für die brennenden Fragen: Wie, wo und wann lernt unsere Gesellschaft, wie, wo und wann lernen Menschen, die das letzte Mal vor dreißig, vierzig Jahren die Schulbank gedrückt haben?

Wer heute im Alter von vierzig, fünfzig oder sechzig denkt, er habe genug gelernt, und stattdessen versucht, das bislang Erreichte zu bewahren und aufrechtzuerhalten, verkennt die Lage. Es reicht nicht, auf sein Schul- oder Studienwissen zu bauen und dann auf »Konservieren« zu setzen. Es geht nicht an, seine eigene Vitalität zugunsten eines gerade angenehmen Status quo aufzugeben, sich für Veränderungen, Neuerungen, Innovationen zu verschließen – auch im eigenen Leben, auch in der eigenen Beziehung, auch im eigenen Selbstbild. Wir könnten mehr wissen, als wir es tun. Wie zeigt sich das nun im Bildungsbereich unserer Gesellschaft? Was sind dort die aktuellen Strategien und Ansätze, und führen sie tatsächlich raus aus der Dummheit?

Verdummungsgefahr: Zeit totschlagen

Entlastung von solch manchmal lästigen, unerwünschten Überlegungen liefern uns die Medien mit alldem, was gemeinhin »Unterhaltung« genannt wird. Unterhaltung ist quasi das Gegenmodell zu unerwünschten äußeren Zwängen und versorgt uns mit vielen Arten positiver Anregung: Wir erfrischen, gruseln, ärgern, freuen, ekeln uns mit Zeitung, Zeitschrift, Buch, Fernseher oder vor dem Computer. Wir konsumieren Ablenkung. Das kann sehr gut sein und uns auch wirklich erfrischen – wenn wir uns aktiv dafür entscheiden.

Entscheiden wir uns nicht, dann werden wir eingesogen, gesteuert von Fernsehsendern, von Autoren oder Journalisten, von Unternehmen oder Firmen, die zwar unsere Unterhaltung im Sinn haben, aber vor allem anderen ihren eigenen Profit. Wenn wir ihren Angeboten einfach folgen, dann übertragen wir ihnen die Gestaltung von Zeit. Unserer Zeit. Lebenszeit. Und im Allgemeinen wird da Zeit »verbracht«, die kaum jemand als »Quality-Time« begreift. Ich höre immer wieder gerade von jüngeren Leuten, dass sie darunter Zeit verstehen, die sie mit den Menschen, die sie mögen und schätzen, verbringen. Solche Zeit ist nicht die Zeit, die sie gern »rumkriegen« möchten.

Hier liegt ein weiteres Thema von Dummheit auf der Lauer: Auch die Zeit, die man »rumkriegen« muss – sei es beim Warten auf jemanden, sei es während der Arbeitszeit –, ist Lebenszeit. Dummheit, wir erinnern uns, heißt, gerade das nicht zu spüren, nicht daraus zu lernen. Deshalb betrifft das Thema Dummheit gerade den Freizeitbereich, den die Medien maßgeblich gestalten. Medien sind selbst ein Wirtschaftszweig, der unsere Freizeit gestaltet.

Verdummungsgefahr: Leben im Internet

Noch elementarer sind die Wirkungen der neuen digitalen Angebote: Wir entlasten uns von den Beschwernissen des unmittelbaren Kontakts zu anderen Menschen, die wir nicht unbedingt kennen wollen, indem wir immer mehr im Internet »machen«, dort einkaufen, spielen, flirten, hassen, surfen. All das online tun, das heißt auch: Es ist nicht mehr erforderlich, einen ersten Kontakt herzustellen mit einem fremden Menschen, mit ihm eine Beziehung zu gestalten. Klicks und Kreuzchen und vielleicht noch in ein paar kurzen Sätzen alles Nötige über uns – so müssen wir keine lästige Beziehung aufbauen, sondern können anonym Auskunft erhalten und nur dann in eine Beziehung einsteigen, wenn wir es wirklich wollen.

Die digitale Welt, die uns viele tolle Entwicklungen beschert, bringt also auch einige Nachteile mit, die wir nicht immer gern sehen mögen: Unverbindlichkeit bei Verabredungen zum Beispiel ist fast normal geworden – wer zu spät ist, ruft halt an. Die Anonymität des Netzes ermöglicht Lügen, Falschaussagen und »Aufhübschung« von Wirklichkeit – Bildbearbeitung macht's möglich. Und die eigentlich großen digitalen Wachstumstreiber sind Sex und Spiele. Ist das ein Fortschritt?

Alltägliches, leichtes »Beziehungaufbauen« tritt in den Hintergrund, in den Vordergrund gerät das, was gekauft oder verkauft werden soll. Da fühlen wir uns sicher, können per Mail verhandeln, nachbessern oder zurückgeben. Und da wir vielfach den anderen bewerten dürfen, bleibt der gesamte Kontakt unter dem Damoklesschwert der schlechten Bewertung eher aseptisch, nüchtern, bemüht ruhig – kann sich aber bis hysterisch, überfreundlich, ja enthusiastisch steigern. Alles für die Bewertung … Das gilt beim Einkauf von Lebensmitteln ebenso wie bei Ebay-Auktionen oder auf Flirt- und Sexplattformen.

Wer aber das Internet nicht bejubelt, wird schnell als fort-
schrittsfeindlich ausgegrenzt. Doch wie steht es stattdessen mit
einer sowohl individuellen wie auch gesellschaftlichen Unter-
scheidung von digitalen Angeboten in »Wollen wir« und »Wollen wir nicht«? Oder deutlicher gesagt, mit einer Übernahme
der Herrschaft durch uns über die digitale Welt?

Worum es in unserem Leben wirklich geht: Bedürfnisse

Diese so heitere, unterhaltsame, quasi stressreduzierende Entlastung durch digitale Angebote ist subtiler, weil sie freiwillig
scheint, aber durchaus entmündigend, weil auch sie nicht das
eine tut, wonach wir wirklich dürsten: Sie befriedigt nicht
unsere Bedürfnisse. Diese machen es erforderlich, dass wir
etwas von uns selbst wissen: Was fehlt mir, was genau stellt
mich innerlich zufrieden? Um die eigenen Bedürfnisse zu spüren, müssten wir unseren Wahrnehmungen trauen können.
Sie lösen Gefühle aus, die den Verstand in Bewegung bringen –
ein relativ einfacher Ablauf, den nur wenige Menschen kennen. Entsprechend kennen auch nur wenige ihre Bedürfnisse:
Sie heißen ganz fundamental etwa Hunger oder Durst, im Weiteren Zugehörigkeit, Sicherheit, Geborgenheit, aber auch
Selbstverwirklichung, Selbstausdruck, Sinnstiftung. Wir fühlen uns durstig, vielleicht haben wir sogar Durst nach etwas
Bestimmtem? Eher frisch oder doch heiß, eher süß oder doch
sauer? Das können nur wir selbst herausbekommen,
    Bleiben wir bei Durst als Bedürfnis. Unser Körper informiert
uns sehr genau über das, was wir brauchen, wenn wir mit ihm
ein wenig vertraut sind. Zu solchen Bedürfnissen gehören meist
keine Energy-Drinks, auch die verschiedenen Cola-Sorten sind

selten ein Bedürfnis – beides wird aber oft und gern getrunken. Nicht weil es das Bedürfnis danach gibt, sondern weil die Wirtschaft einen Bedarf nach ihren Produkten zu wecken versteht.

Kenntnis von den eigenen Bedürfnissen und Gefühlen zu haben, das ist Innen- oder Selbststeuerung. Es heißt, selbst zu wissen, ob etwas gut oder schlecht für mich ist, ob es jetzt, hier für mich taugt oder nicht. Dieses Wissen um uns ist eben nicht rein intellektuell, also rational erwirtschaftet: Mit dem Kopf können wir uns problemlos erklären, dass es uns guttut, dreimal in der Woche eine Stunde lang in einem Fitnessstudio zu trainieren. Versuchen Sie das Bedürfnis nach dem Fitnessstudio einmal zu spüren, zu fühlen! Ein solches Bedürfnis existiert kaum oder ganz selten.

Wem wir da auf den Leim gehen, ist eine Nutzenerwägung, die sehr kopfgesteuert ist. Wer den ganzen Tag am Schreibtisch hockt, dem nützt die sportliche Betätigung. Ob wir ihrer bedürfen, steht auf einem ganz anderen Blatt. Diese Nutzenerwägung heißt auch »Zweckrationalität« und sagt im Wesentlichen aus: Der Zweck heiligt die Mittel. Zweckrationalität hat mit Klugheit nichts zu tun, sondern könnte möglicherweise dumm machen oder zumindest dumm halten, weil sie nichts mit Bedürfnissen zu schaffen hat.

Der Bedarf regiert, auch die digitale Welt

Auch Internetangebote tun fast alle eines: Sie orientieren sich am Bedarf. Der wiederum steht für die Planungssicherheit von Unternehmen und macht deutlich, was nötig ist, damit die Produktion des jeweiligen Angebotes optimal und kostengünstig erfolgen kann – der Bedarf ist also eine Kennzahl für die optimale industrielle Produktion. Der Bedarf an einer beliebigen Cola-Sorte ist beispielsweise die Stückzahl an Flaschen und Dosen, die produziert werden kann oder soll. Das Bedürfnis eines Durstigen dagegen interessiert sich nicht für den Plan der Abfüllungsanlagen, sondern richtet sich nach dem, was der Körper gerade benötigt.

Marketing liefert die Brücke zwischen den Unternehmen, ihrem Bedarf und einem möglichen Bedürfnis des Kunden. Welche Mittel und Methoden es dafür gibt, werden wir noch untersuchen. Es geht mittlerweile um sehr viel mehr als um Werbung. Das lässt sich auch sehr gut an unserem Einstiegsfilm beobachten: Hier trinken die Leute unentwegt die grüne Brause von Brawndo, ohne sich zu fragen, ob sie das wirklich wollen.

Die Profiteure im Film sind die Konzerne. Ihr Diktat ist das des Marktes, und nach diesem richten sich die Protagonisten des Films. Mir geht es hier nicht um Kapitalismuskritik. Dummheit als schwerwiegendes und kulturvernichtendes Resultat von Außensteuerung halte ich in jeder Gesellschaftsform für möglich. Gleichzeitig zeigt aber der Film, dass auch die Konzerne nicht von irgendeiner Elite geführt werden. Es gibt keine Unternehmer mehr, die profitieren – im Gegenteil: Es greift ein straffes Kennzahlenmanagement »per Computer«.

So werden alle Mitarbeiter des Elektrolyteherstellers Brawndo entlassen, als die Bewässerung auf H_2O umgestellt wird. Die Kennzahlenkette läuft wie folgt: Die Felder werden mit einem anderen Produkt (Wasser) »gedüngt«, in der Folge sinkt der Aktienkurs von Brawndo in den Keller. Mit dem Zusammenbruch der Aktie werden automatisch Entlassungsschreiben ausgedruckt und an die Mitarbeiter verschickt. Wie der Wirtschaftskreislauf dann weitergeht, lässt der Film offen.

Versuchsweise: Wie es so weit kommen konnte

Wo liegen aber die Ursachen, warum haben wir uns so weit von uns entfernt? Wieso laufen die Dinge, die doch jahrhundertelang gut gelaufen sind, plötzlich schief? Ich glaube, wir haben es verlernt, auf uns selbst zu hören. Vielleicht haben wir es auch nie gelernt, weil wir in Deutschland zum ersten Mal seit Jahrhunderten in einer längeren Friedenszeit leben und nicht der stetige »Wiederaufbau« auf dem Programm der Wirtschaft steht – ein Wiederaufbau, der ganz natürlich dazu führt, dass Bedarf und Bedürfnisse nah beieinander liegen. Bedürfnisse von Menschen in einem zerbombten Land sind eine Wohnung, Geborgenheit und Sicherheit. Bedarfe der Wirtschaft richten sich dann am Naheliegenden aus, nämlich an dem, was die Menschen sofort haben wollen und was sie unbedingt brauchen. In einem solchen Fall sind die Bedarfe der Wirtschaft ganz nah an menschlichen Bedürfnissen ausgerichtet.

Doch jetzt leben wir im Frieden, hätten Zeit und Raum, unsere eigenen Bedürfnisse wahrzunehmen. Was aber tun wir? Statt auf uns selbst zu hören, trauen wir uns nicht über den Weg, ignorieren unsere Gefühle, die wir eigentlich stärken und ausbauen müssten. Statt auf uns selbst zu hören, machen wir uns von anderen abhängig, lassen uns leiten wie die Kinder: von Konzernen, die nicht unser Wohl im Sinn haben, sondern Umsatzziele verfolgen, von Marketingabteilungen, die nicht unsere Interessen teilen, sondern Abverkauf erzeugen wollen, von Werbung, die uns anspricht, aber der Wirtschaft dient, von Rezepten in Zeitschriften, die den Abverkauf dieser Zeitschrift und deren Werbeumsätze steigern sollen.

Für die Wirtschaft ist ein solches Handeln »normal«, sinnvoll und selbstverständlich – »daily business« eben. Aus Kundensicht lässt sich das durchaus als Missbrauch von Wissen um menschliche Motive und Motivationen, als massive Manipulation beschreiben. Die Produkte erhalten Identitäten, erzählen uns Geschichten – kein Mensch mehr kauft eine Handcreme, wir alle kaufen Versprechen. Und wenn diese Versprechen nicht greifen, sind wir nicht ganz sicher, ob wir nicht selbst die Ursache der Wirkungslosigkeit waren, weil wir den Beipackzettel nicht gelesen haben oder doch tatsächlich einfach altern.

In diesem ersten Teil des Buches geht es darum, wie stark sich Dummheit schon eingenistet hat in unserer Gesellschaft, hier und heute. Schon der schnelle Blick bis hierher zeigt: Wirtschaft, Medien und Bildung sind relevante Spieler und mögliche Gegenspieler in Sachen Dummheit, die wiederum massiv befördert wird von Außen- oder Fremdsteuerung.

Ich bin mir sicher: Wir können Verantwortung für uns selbst im Großen wie im Kleinen am besten übernehmen, wenn wir begreifen, was in unserem Leben eigentlich passiert. Lassen Sie uns hinter die Kulissen schauen und an einigen Handlungssträngen entlang die Zusammenhänge offenlegen, über Medien, Wirtschaft, Bildung und Politik hinweg – die zentralen Gefahren von Verdummung immer im Blick.

1. Der Gebrauch der Gefühle durch die Medien: von *Bild* über *DSDS* bis Facebook

Wie steht es mit Ihnen? Haben Sie noch eine Tageszeitung abonniert? Ich meine nicht aus »emotionalen Gründen«, also wegen der Todes- oder Kleinanzeigen – auch nicht wegen angenehmer, fertig konfektionierter Unterhaltungselemente wie Theater- oder Fernsehprogramm, Rätsel oder Promi-News. Die kommen in *Rheinischer Post* oder *Augsburger Allgemeinen* im Zweifelsfall ebenso oder mit regionaler Note vor. Meine Frage zielt auf die Meinungsbildung durch eine Tageszeitung ab, auf ihre Art der Argumentation, auf ihre politische Linie, auf ihre spezifische Berichterstattung und auf ihre generelle Haltung.

Wie bilden wir uns denn heutzutage eine Meinung? Oder ist Ihnen – wie mir – die Lust auf eine solche schon längst vergangen angesichts des Talkshowwahns, in dem sich diese Republik befindet oder zumindest der öffentlich-rechtliche Rundfunk. Kein Thema, das nicht bis zur Unkenntlichkeit zerredet wird – überraschungsfreie Gespräche, auf die Minute genau formatiert, das alles dargeboten von Talkmastern, die nicht als Anwalt eines mündigen, interessierten Fernsehzuschauers auftreten, sondern sich in der Sorge um die Gunst der Quote zwischen plumper Kumpanei, hohlen Betroffenheitsgesten und platter Besserwisserei durch Sendungen lavieren, die vor allem eines sind: für ihre eigenen Produktionsfirmen ganz lukrativ. Aber für uns als Zuschauer?

Wer im Sommer 2013 das Kanzlerkandidatenduell gesehen hat, der hat den absoluten Tiefpunkt dieses Formats hautnah miterleben können: Moderatoren, die eitel und genau auf Sekundenparität pochten, und ansonsten Mangel. Mangel an guten Fragen, Mangel an präzisen Nachfragen und dazu natürlich der fast schon zu erwartende Mangel an überhaupt diskussionswürdigen Antworten. Eine einzige große Bankrotterklärung.

Geht es dabei überhaupt noch um Erklärungen oder gar um Bildung? Oder ist das Wort »bilden« hier schon gänzlich falsch? Lassen wir uns fertige Pakete liefern, in denen alles stimmt? Sind wir nur noch Beobachter dessen, was da vor sich geht, und haben selbst nichts mehr damit zu schaffen? Oder noch anders gefragt: Können wir die *Lindenstraße* nicht mehr von der *Tagesschau* unterscheiden? Sind wir so gefüttert mit »Fiction« und »Facts«, dass wir das eine vom anderen gar nicht mehr trennen wollen? Oder anders: Sind nicht auch *Tagesschau* und *Heute* als Sendungen über ein erträgliches Maß hinaus banal geworden mit ihren wacker zusammengesuchten Experten, die dann doch wenig Neues zu sagen haben – die aber immer noch besser sind als die ebenfalls kaum aushaltbare Befragung von Passanten vor Einkaufszentren, die zum Thema nichts oder gar nichts beitragen können?

Wenn ich an Friedrich Nowottny und seinen *Bericht aus Bonn* denke, werde ich unruhig. Wer liefert mir so anregenden Journalismus heute? *Panorama* und *Monitor* haben sich mittlerweile Themen verschrieben, die wenig Klarheit bringen, und widmen sich stattdessen der Skandalisierung von Kleinkram. Wollen wir das wirklich? Gibt es in unserer Gesellschaft nicht genug Hingucker auch auf anspruchsvollerem Niveau?

Früher, also vor gut fünfzehn Jahren, zu Zeiten Gerhard Schröders, hätte die *Süddeutsche Zeitung*, aber auch die *FAZ* vermutlich gerade gegen die Vorverurteilung von Politikern wie Christian Wulff oder Annette Schavan gewettert. Heute sind sich (fast) alle ziemlich einig, vieles scheint merkwürdig anders – einheitlicher, flacher. Da ist eine Gleichmacherei eingezogen, die ich erst jetzt, beim genauen Hinsehen, erkenne. Der Feldversuch in der Flughafenlounge bestätigt mein komisches Gefühl. Es gibt nur (Zielgruppe sei Dank) beim *Handelsblatt* einen anderen Blick auf die Welt, den der Wirtschaft. Die *taz* liegt dort natürlich nicht aus, ihr Blick ist ja auch nicht »business-affin«.

Mein erster Gedanke: ein quer durch alle Medien gehender, geradezu epidemischer Verfall von »Selberdenken«, von eigenen Themen, von Lust und Interesse am Eigenen. Mein zweiter Gedanke: Stimmt! Historisch gesehen liegt das sogar auf der Hand: Denn gerade Journalisten haben in den letzten zehn Jahren begreifen müssen, dass das Geld von den Anzeigenkunden kommt und nicht (hinreichend) von Leserin und Leser.

Medien – auch bloß ein Wirtschaftszweig

Ich habe selbst im Nebenfach Publizistik studiert und teilte zentrale Vorlesungen mit denen, die wirklich und wahrhaftig Journalisten werden wollten. Die mit Ernsthaftigkeit und Haut und Haar etwas verändern wollten, berichten wollten über Missstände, aufdecken wollten, was schiefläuft – hehre Ziele. Und lange her! Geschichte quasi. Heute wissen Studierende, weiß auch der verschlafenste Redakteur, dass er nicht nur schreiben, sondern mehr noch seinen Beitrag zum Wirtschaftsunternehmen »Zeitung« leisten muss. Die Konsequenzen werden an professioneller Stelle für Insider gern beklagt, insbesondere der Zwang zu:

Themenkarrieren, die es aufzubauen und zu verfolgen gilt,

Agenda-Setting, also die Themen der gesellschaftlichen Diskussion vorzugeben,

Gate-Keeping, also der Filterung und Konzentration von Informationen.

Solche Spielregeln kennzeichnen den redaktionellen Teil erfolgreicher Zeitungswirtschaft – und sie haben natürlich Folgen, auch für die Tagesarbeit. Kann man es da verübeln, wenn schnell bei der Konkurrenz nachgesehen wird, was wichtig sein könnte? Muss denn nicht jeder die knappe Ressource Arbeitszeit effizient nutzen und sich gleich vorauseilend von *Bild* die Agenda empfehlen lassen? Woher überhaupt die Zeit nehmen, eigene Themen zu setzen, einen eigenen Blick auf komplexe Gemengelagen zu entwickeln, sich also eine eigene Meinung zu erlauben? Falls zwischendurch Muße für ein Gebet bleibt, dann sicher bestenfalls dieses: Möge es uns nicht so ergehen wie den Kollegen von der *Frankfurter Rundschau,* für die am 30. April 2013 das Ende ihrer bisherigen Redaktion gekommen war.

Die Traumatisierung durch unsichere Arbeitsverträge, geschlossene Redaktionen und reduzierte Festanstellungen sitzt tief: In den letzten Jahren haben auch exzellente Journalisten Krisen am eigenen Leib erleben müssen, die sie bis dahin nur als interessiert-neugierige Beobachter einer fundamental wegbrechenden Großindustrie kannten. Konnte man es sich früher durchaus mal leisten, auf der eigenen Meinung zu beharren, ist das zunehmend schwieriger geworden.

Auch in den Medien sind heutzutage Arbeitsplätze prekär geworden, auch hier buhlt ein gut ausgebildeter Nachwuchs um die wenigen festen Stellen, die ab und an frei werden. In Berlin, wo Armut ja zum Glück vorzeigbar ist, sitzen ganze Heerscharen von Liebhabern des geschriebenen Wortes in Cafés wie dem Sankt Oberholz für Click-Jobs oder sind heilfroh, wenn sie die Biografie von Minna Musterfrau für deren fünfundsiebzigsten Geburtstag schreiben dürfen. Harte Zeiten.

Das deutsche Leitmedium: *Bild*

Ganz oben auf meiner Liste steht die *Bild*, ein echtes Wirtschaftswunder. Hier werden Sensationen und Sensatiönchen zelebriert, von den streng geheimen Verträgen der *Dschungelcamp*-Aktivisten bis hin zur Ausbeutung der Viertplatzierten beim Modelwettbewerb des Vorjahrs, da wird gegen Harndrang und für Kleinwagen geworben. *Bild* ist wirtschaftlich gesund – und das nicht etwa, weil die Journalisten kostenlos für dieses Blatt arbeiten.

Tatsächlich beansprucht *Bild* mehr denn je den Platz von »Volkes Stimme«. Die Leute lesen *Bild*. Die Entscheider lesen *Bild*. Die Meinungsbildner beginnen ihren Tag mit dem Blick in die *Bild*-Zeitung. *Bild* zu kritisieren ist handelsüblich, sich von *Bild* zu distanzieren zeigt den kultivierten Leser, *Bild* als Leitmedium zu begreifen scheint für viele Journalisten aber paradoxerweise ebenfalls selbstverständlich. Weswegen? Weil *Bild* Verschiedenes kombiniert:

Die Zeitung nimmt den Bürger angeblich ernst, etwa im Kampf gegen Bürokratie und sonstiges Unrecht, und zunehmend treten auch Prominente für *Bild* ein, wie große Anzeigenkampagnen deutlich machen.

Den Geschichten über Menschen fehlt das Persönliche, das Individuelle; es sind eben keine Geschichten von Menschen – die Berichterstattung wird mit Pauschalisierungen, mit Simplifizierungen emotionalisiert, also aufgeladen.

Bild beherrscht und pflegt die Königsdisziplin der Headlines – Hut ab!

Warum ist das Ganze so erfolgreich? *Bild* liefert zunächst einmal ein emotional aufgeladenes Tableau als Werbeumfeld für einen riesigen Kleinanzeigenfriedhof, zum Beispiel also Herr Brüderle und die Sexismusdebatte unweit von »Girls ohne Scham«, und zwar gleich zu Hunderten. Gute Journalisten seien Moralisten, zitiert der in *FAZ* und *Spiegel* erprobte Medienjournalist Stefan Niggemeier den *Bild*-Chef Kai Diekmann in seinem renommierten *Bildblog*. Moralisten, das wissen wir auch, projizieren gern ihre Themen auf andere – das jedenfalls macht *Bild* wunderbar deutlich: Hier wird sich empört und direkt nebenan am gleichen Thema verdient.

Das *Bild*-System funktioniert, das muss ich zugeben: Man hält uns offenbar für strohdumm und blind dazu – und wir sind es auch noch. Es funktioniert sogar ausgezeichnet: Hohe Auflage führt zu guten Werbepreisen, gute Werbepreise und Vermarktung führen zu einem wirtschaftlich gesunden Zeitungsverlag. Auf Basis dieser Gesundheit kann es die Redaktion so richtig krachen lassen und schickt ihren Chef los, auf dass dieser als guter deutscher Cowboy für Monate das Silicon Valley durchstreife, natürlich für uns auf der Suche nach der digitalen Zukunft.

Kritik an *Bild* zu üben, das ist gar nicht so leicht – Missverständnisse sind vorprogrammiert, und Neid ist oftmals ein zentraler Motor. Keine Sorge, ich gönne *Bild* den wirtschaftlichen und meinungsbildenden Erfolg. Dennoch halte ich *Bild* für ein manipulatives Massenmedium, das entindividualisiert und damit gerade nicht den Menschen meint, auch wenn es das vorgibt.

Konsum macht auch aus Qualitätsmedien eine Ware

Ich kritisiere etwas ganz anderes: dass der deutsche Auflagenbringer es unter den überregionalen Tageszeitungen zum Quasi-Leitmedium der gesamten Journaille gebracht hat. Und die beginnt ihren Tag ebenfalls meist mit der Lektüre von *Bild*. Na, und jetzt mal die Karten auf den Tisch: Was wäre die *taz*, wenn sie sich nicht an der *Bild* abarbeiten könnte?

Natürlich gibt es Unterschiede zwischen *Bild* und anderen Zeitungen, nehmen wir unsere früheren Qualitätsmedien *FAZ* oder *Süddeutsche Zeitung*, die überregional und mit hohem Anspruch Informationen für ihre Lesergruppen aufbereiten. Auch sie orientieren sich an der *Bild*, wenn es um die Agenda der öffentlichen Diskussion geht. Das sagt mir jedenfalls meine persönliche Erfahrung in einem Café im Prenzlauer Berg, wo ich drei Jahre lang die Zeitungslesegewohnheiten eines bekannten *FAZ*-Redakteurs leibhaftig verfolgen konnte. Er mit *Bild*, ich ohne Worte. Mag sein, dass das eine Ausnahme ist, aber ich bin ja umgeben von Menschen, die in den Medien ihr Brot verdienen, und höre ehrlich gesagt nichts anderes. Deshalb möchte ich dabei bleiben: *Bild* setzt die Agenda. Intellektualisiert und mit Wissen angereichert, auch erweitert wird sie in *FAZ* oder *Süddeutscher*; ich nehme hier gern noch *Zeit* und *Spiegel* dazu. Damit hat die Berichterstattung ein anderes Niveau. Aber hat sie ein anderes Ziel?

Die Art der Berichterstattung, die Auswahl der Themen in Segmenten, die der *Bild* fern sind – sagen wir etwa: bei der Documenta in Kassel –, gleist uns als Leser ebenso fest auf, wie es die *Bild* tut. Wir kommen nicht mehr zurück in den Zustand der unverbrauchten eigenen Erfahrung, sondern sind schon eingenordet auf ein Erleben, das wir dann noch im Einzelnen bewerten. Aber die Welt erfahren wir, indem wir in den Fußspuren der Redaktionen laufen.

Wir kennen das genau: Wer in den Fußspuren anderer läuft, hinterlässt keine eigenen. Jedenfalls wird es auch für den gebildeten und an ein bestimmtes Niveau gewöhnten Leser schwierig, sich mit seinem Qualitätsmedium zum Selberdenken zu bringen – im Gegenteil. Was geschieht? Es gibt eine differenzierte vorgegebene Meinung, die wir mit unseren Erfahrungen und Kategorien abgleichen, um auf diese Weise zu einer eigenen Meinung zu gelangen. Das reicht mir, ehrlich gesagt, nicht: Abgleich und Selbstdenken sind für mich zwei ziemlich verschiedene Paar Schuhe.

Abgleich ist auch Konsum. Wir gleichen nicht alles ab, wir überprüfen nicht jedes Detail – und so schlucken wir im Strom der »unauffälligen« Informationen auch den Unrat der Nebensätze mit, mit dem wir zwar nicht in Konflikt geraten, der uns aber möglicherweise eine innere Müllhalde voll von lexikalischem, totem Wissen beschert, von intellektuellem Diskurs, den wir speichern können, aber selten eben emotional verarbeiten. »Dahinter steckt immer ein kluger Kopf.« Ohne Emotionen aber, das wissen wir mit den Neurowissenschaften sehr gut, bilden wir keine Erfahrungen und auch kein Erfahrungswissen – Erlebenstiefe null.

Das ist durchaus in Ordnung, wenn es um Orientierungen geht, und sicher besser als die Instrumentalisierung von Emotionen wie etwa bei der *Bild* – aber nicht, wenn wir in einen

Konsum hineingeraten. Und wenn eine *FAZ*, die sich wie alle Zeitungen zum einen Teil aus Anzeigenerlösen, zum anderen durch den Abverkauf finanziert, Kundenbindung betreiben will, sprich Abonnenten halten und sogar neu gewinnen, dann sind Gewöhnung an eine bestimmte Art von vorgefertigtem Produkt, also Konsum, und Mainstream nötig.

Verwechseln wir also besser nicht das Qualitätsmedium mit einer wirtschaftsunabhängigen Informationsquelle, auch wenn das die Trennung von Redaktion und Verlagsleitung suggeriert und sicherlich lange Zeit stimmte. Lassen Sie uns wach bleiben! In Zeiten, in denen jede Todesanzeige ein beendetes Abo befürchten lässt, die alten Leser wegsterben und die jungen Zielgruppen nicht nachwachsen, muss sich auch ein Qualitätsblatt in seinen Möglichkeiten nach dem quantitativen Erfolg richten. Denn auch die Qualitätsmedien, darauf möchte ich hinaus, sind angewiesen auf Annäherung, auf Wirkung, auf unsere Bereitschaft zum Konsum vorgefertigter Meinungen. Das ist in den meisten Fällen gutes Futter für den Verstand, sicher sauberere Arbeit als im Boulevard – aber auch beruhigend, betäubend, hält vom Selbstdenken ab und vielleicht sogar vom Selberleben.

Wie Emotionen gekapert werden

Im Studium habe ich gelernt, wie eine *Bild*-Headline gebaut wird. Das Rezept lautete damals: Optimal ist eine Kombination aus »etwas Nationalem« plus »schlimme Sache« plus »positiv besetztes Tier« plus »Promi«. Der Mustersatz lautete damals: »Deutscher Schäferhund leckt Inge Meysel Brustkrebs weg.« Und vergleicht man die Boulevardblätter, also die, die nicht vom Abo leben, sondern sich täglich auf der Straße verkaufen müssen, dann sind die *Bild*-Schlagzeilen meist weit adretter als die von *Express* oder *Abendblatt* oder wie sie regional auch immer heißen. Das Headlinemachen, das überlässt *Bild* nur den Besten, hier spielt die Musik.

Ganz ehrlich: Gibt es überhaupt eine weitere Fachzeitschrift der gesamtgesellschaftlichen Verblödung, die es mit *Bild* wirklich aufnehmen kann? Die dazu noch gerade dafür hochdekoriert wurde, dass sie aus einer Recherche ein Spektakel ohnegleichen machen konnte? Ich bin immer noch einigermaßen fassungslos über die Verleihung des Henry-Nannen-Preises für investigativen Journalismus in der Causa Christian Wulff an zwei *Bild*-Journalisten. Die Jury lobte »die größtmögliche Fallhöhe«, die von ihnen erzeugt wurde. Ja, genau. Und dafür war Henry Nannen unterwegs? Fallhöhe, Inszenierung also? Fest steht: *Bild* hat den öffentlichen Raum besetzt, war in allen anderen Medien – ein toller Coup! Vom Boulevard auf die Höhen der investigativen Recherche. Von *Bild* können alle nur lernen, wenn es um des Kaisers neue Kleider geht.

Es bleibt dabei: *Bild* bedient unsere Schubladen genialer als andere. Es wird mit Emotionen gearbeitet, die das Persönliche überlagern, das Ganze mit einfachen Sätzen, einfachen Worten, leicht konsumierbar. Dafür schauen die Journalisten manchmal weniger genau hin. Hier liegt aus meiner Sicht die echte Achillesferse: Die Leute von *Bild* sind schnell, willig und desinteressiert am Detail, an der Qualität dessen, was passiert. Es geht um ein quantitatives Element: eine Geschichte stromlinienförmig zuschneiden auf eine Zielgruppe, die schon lange darauf trainiert ist, Meldungen über einen Kamm zu scheren.

Intim und unpersönlich: Einmal auf Seite eins

Ich bin selbst einmal für einen Tag auf Seite eins gelandet[1] und war verblüfft, dass zwar mein damaliger Freundeskreis darüber grübelte, ob und wie ich juristisch gegen das Foto vorgehen solle (auf dem ich nicht zu erkennen war) und mit welchem Erfolg. Es war ihnen dagegen völlig gleichgültig, wie falsch alle Angaben über mich waren: Weder mein Alter noch mein Wohnort noch meine Profession waren korrekt angegeben – eine ziemliche Leistung bei minimaler Artikellänge.

Mir ließ das keine Ruhe: Warum waren die Details einerseits so wichtig, wenn es um die Anfechtbarkeit ging, andererseits total irrelevant in Sachen korrekter Berichterstattung? Warum fielen meine Freunde auf *Bild* herein, und warum bitte reduzierte das nicht das Ansehen eines solchen Blattes? Meine Neugier war (und ist) geweckt: Woran erkenne ich denn Qualität in den Medien? Oder anders gefragt: Ist in unserer Gesellschaft nur noch das schlecht angesehen, was anwaltlich verfolgt werden kann? Sind fehlerhafte Informationen ansonsten eine lässliche Sünde? Offenbar. Haben dann also doch die Gerichte schon längst die Macht übernommen, und *Bild* wird von diesen auf Anfrage kontrolliert, und nur ich habe das noch nicht bemerkt?

Natürlich nicht. Frage ich anders nach: Finden wir vielleicht nur noch das relevant, was uns an die Geldbörse geht? Falscher Wohnort? Kostet nix: »Das schützt dich doch sogar!« Falscher Beruf, falsches Alter? Macht nix: »Sei doch froh, jünger sogar!« Wir müssen uns nicht auf korrekte Informationen verlassen können – es sei denn, das stünde unter Strafe. Steht es aber nicht. Meine Mutter allerdings am fernen Niederrhein fragte am Telefon durchaus irritiert, ob ich denn nun in

Dresden wohnen würde und gar nicht mehr in Leipzig, und warum ich ihr das nicht mitgeteilt habe.

So teilen sich die Welten. Während die einen glauben, was Schwarz auf Weiß und damit was in der Zeitung steht (und das nur für ein wenig übertrieben halten), überprüfen die anderen, was justiziabel sein könnte, und nehmen nur noch Verstöße, aber nicht mehr die Details ernst. Verblüffend, oder? Hat diese Unschärfe in der Wahrnehmung irgendwie System? Haben wir das noch an anderen Stellen? Oder geht es hier darum, dass an die Stelle der öffentlichen Meinung mittlerweile die veröffentlichte Meinung und als deren Korrekturinstanz die Justiz getreten ist?

Leben light gemacht: Werbung

Bleiben wir bei der Werbung, aber lassen Sie uns ins Fernsehen wechseln. Das hat längst die alltägliche Information durch die Tageszeitung abgelöst ebenso wie das Lagerfeuer der Steinzeit und möglicherweise beides an Popularität überholt.

Vorm Fernseher versammelt sich die Familie, hier findet das Abendessen statt, und während die *Ultimative Chart-Show* angenehme Erinnerungen bei den Eltern erzeugt, werden nach und nach die Kinder ins Bett gebracht, laufen die abendlichen Routinen ab. Es fühlt sich alles rund an, vertraut. Die Werbepausen liefern Inspiration oder Anregung (Hunger? Durst?) und zugleich die fällige Alltagshilfe. Sie gewähren kostenlosen Rat zu den aktuellen Anliegen: Was koche ich morgen? Was tun gegen Vaters nächtlichen Harndrang? Und schon wieder eine Erkältungsepidemie im Kindergarten – dank Werbung werden die Schleimmonster als Übeltäter erkannt und bekämpft. Schleimmonster, jawohl! Nicht die Eltern allein, auch die Kinder dürfen mitentscheiden, was aus der Apotheke geholt wird: marketingorganisierte Kaufempfehlungen, die mittlerweile eine nicht geringe Definitionsmacht über unseren Alltag erlangt haben und den Rat von Mensch zu Mensch ersetzen. Die Infantilisierung der Erwachsenen läuft über die Ansprache der Kinder.

Waren früher die Erwachsenen die Zielgruppe von Werbung in Sachen Nahrung oder Gesundheit, dann hat sich das, wie Ranga Yogeshwar neulich in *Quarks & Co* im Fernsehen dargestellt hat,[2] in den letzten Jahren radikal geändert: Früher wurde den Eltern suggeriert, dass etwa Cerealien aus der Tüte mit einem sehr hohen Zuckeranteil gesund seien – das wurde sogar zur zentralen Aussage. Ein Blick auf die Inhalte zeigt, wie wenig korrekt diese Botschaft ist – jedenfalls für alle, die Zucker außerhalb von Süßigkeiten nicht akzeptabel finden. Mittlerweile sind die Kinder selbst die Zielgruppe, und mit Geschichten, eigenen Fantasiewelten und Figuren wie eben den Schleimmonstern werden Kundenwünsche mobilisiert und die Einflussnahme der Kleinen auf das Kaufverhalten der Großen gesteuert.

Was bedeutet es, was uns der WDR in dieser Wissenschaftssendung anbietet? Sicher eines: Es hat keine Konsequenzen für den Sender und seinen Umgang mit Konsum. Es gibt genau die Werbung, die aufgedeckt und offengelegt wird: Werbung für Kinder, Brainwash durch Markenwelten selbstverständlich inklusive. Wasser predigen, Wein trinken? Oder sind angesichts der benötigten Mittel plötzlich alle gleich?

Das gilt natürlich besonders für die privaten Sender, die sich über Werbeeinnahmen finanzieren und über die viele Menschen die Nase rümpfen. Viele Eltern etwa bemühen sich um einen bewussten Umgang mit den Medien und erleben die Durchsetzung dieser Bewusstheit oft genug als Kampf mit ihren Kindern, aber auch mit der eigenen Energie und Entscheidungskraft. Die meisten von ihnen sind gebildete und auch kluge Menschen, dennoch glauben viele, das Fernsehprogramm sei insgesamt so niveaulos geworden, weil die Leute es sich so niveaulos wünschen. Dem möchte ich deutlich widersprechen. Die Leute wünschen sich vieles, Grundeinkommen zum Beispiel oder würdige Arbeit. Und haben sie das etwa? Seit wann geht es darum, was sich die Leute wünschen?

Das Fernsehprogramm, das ist ganz offensichtlich und täglich zu erleben, orientiert sich am Niveau der Werbung. Wer bezahlt denn die Produktionen, die Privatsender in Auftrag geben? Natürlich der Werbekunde. Also benötigen die Sender ein emotional und produktionstechnisch passendes Umfeld für ihre Kunden. Wenn schon Produktplatzierungen und weniger offensichtliche Werbeformen nicht so richtig gut machbar sind, dann sollten wenigstens die Werbeinseln so in die Produktionen eingebettet sein, dass die Zuschauer nicht zum Kühlschrank laufen — es sei denn, um die gerade beworbene Cola zu holen.

Es ist, wie meist, komplex. Natürlich wird der Vorstandsvorsitzende eines Medienkonzerns kaum den direkten Auftrag erteilen, jetzt zur Werbung passend zu produzieren. Die Mechanismen sind subtiler und ungleich wirkungsvoller. So hält sich zum einen hartnäckig das Gerücht (und damit eine »self-fulfilling prophecy«), dass gute Produktionen viel Geld brauchen. Inhaltliche Qualität gleich teuer? Die »gute Produktion« benötigt vermutlich nicht per se mehr Geld, aber die einmal erfolgreiche Formatierung führt auf Dauer in eine Art »nerzgefütterter Mausefalle«, indem man von einem erfolgreichen Format nicht lassen will, dafür am Ende aber ständig alte Themen aufbereiten, verdünnen, verkleistern muss, statt von

Erfahrungswissen, Routine und eingespielten Abläufen zu profitieren – siehe Talkshows.

Der offizielle Regulator des Ganzen ist der Mangel an Geld, der ganz direkt, aber durchaus ohne Not zu einer Maximierung von Quantität und einem Verlust von Qualität führt. Wenn erst sichtbar würde, dass sich auch für wenig Geld gutes Fernsehen machen ließe ... Dann lieber runter mit dem Niveau. Es wird zunehmend mit dem noch Banaleren, Simpleren und auch Preiswerteren gearbeitet – vor allem deswegen, weil es für hochwertige Produktionen keine Budgets mehr gibt. Der Geldhahn geht gefühlt seit Jahren immer weiter zu – sowohl für die engagierten Mitarbeiterinnen und Mitarbeiter bei den Privaten (die es dort natürlich auch gibt) als auch im Öffentlich-Rechtlichen.

Das (Un-)Recht der Zahlen: Quote statt Qualität

Die Damen und Herren bei ARD und ZDF mischen eifrig mit: Auch dort wird das Geld knapper – unter anderem, weil beamtenähnliche Anstellungsverhältnisse herrschen, die Mitarbeiter immer älter und damit teurer werden und die Umverteilung der Geldmittel weg von der Produktion hin zum Personal einer gewissen Zwangsläufigkeit unterliegt. Aber auch weil ständig teure Deals vonnöten scheinen: Da muss die Champions League eingekauft werden oder Günter Jauch – da darf auch der öffentlich-rechtliche Manager nicht knausern.

Gleichzeitig sieht man sich bei ARD und ZDF unter ständigem Beschuss der Privatsender in Sachen Wettbewerb, sei es um Frequenzen, sei es um Kabelplätze, sei es um digitale Angebote. Hier sitzen die in der ersten Reihe, die dem Ansatz treu sind: Wer bei der Quote mithält, sendet auch für das

Massenpublikum. Es stellt sich immer wieder die Frage, ob das denn wirklich die Grundversorgung sein kann? Wir erinnern uns, das ist der eigentliche Auftrag der öffentlich-rechtlichen Sender: Grundversorgung! Ein Begriff zum Niederknien nichtssagend. Was darunter zu verstehen sein soll, sagt zum Beispiel die Internetseite der ARD:

>»Die Grundversorgung umfasst die essentiellen Funktionen des Rundfunks für die demokratische Ordnung ebenso wie für das kulturelle Leben in der Bundesrepublik. Darin finden der öffentlich-rechtliche Rundfunk und seine besondere Eigenart ihre Rechtfertigung. Grundversorgung ist eindeutig nicht als Minimalversorgung zu verstehen, sondern schließt die gesamten Programmangebote in den Bereichen Bildung, Information und Unterhaltung ein, bestätigt damit den umfassenden ›klassische(n) Auftrag‹ der Rundfunkanstalten.«[3]

Was hier fehlt, ist eine differenzierte Beschreibung der gewünschten Qualität. Doch machen wir uns nichts vor: Qualität ist ein scheues Wild, eben nicht quantifizierbar und nur bei genauem Hinsehen erkennbar, sichtbar, beschreibbar. Fachleute nennen so etwas »intangibel«. Qualitätsfernsehen lässt sich nicht an der Quote festmachen, nicht also an Quantitäten, an Zahlen. Aber es gibt klare Kriterien, was Qualität ausmacht – denn danach findet beispielsweise Ausbildung statt. Hochschulen definieren in ihren Curricula, was genau zur qualitativ gut gemachten Sendung gehört. Mit persönlichem Geschmack hat das zunächst einmal nichts zu tun; sichtbar wird Qualität zum Beispiel in der Art der Berichterstattung, der Art, Sendungen zu entwickeln und zu produzieren, und letztlich am Ruf.

Siehe etwa die BBC: Hier wird noch erzählt statt gezählt. Interessanterweise gilt die »gute alte Tante BBC« übergreifend auch fast jedem Privatfernsehjournalisten als Benchmark, wenn es um Qualität im Fernsehen geht. Da werden die Sendungen erdacht, beauftragt, realisiert und sogar bezahlt, die sich viele deutsche Journalisten erträumen. Nur leider gibt es sie bei uns höchst selten, selbst im öffentlich-rechtlichen Rundfunk. Qualität ist nichts, mit dem unsere Intendanten umgehen oder ihre Direktoren. Qualität taugt nicht für eine einfache Welt, die mit simplen Schlagzeilen auskommt und auch damit durchkommt, den Zuschauern, Zuhörern, Lesern Lügen aufzutischen, wenn es ums »Beiprogramm« Werbung geht.

Abends in Liebesschmerz und unter Leichenbergen

Für dieses Buch habe ich einen Selbstversuch gestartet und im gesamten Monat März 2013 nahezu jeden Abend das öffentlich-rechtliche Grundversorgungsangebot wahrgenommen. Mit einem klaren Ergebnis: Wer nicht an Schlager, Volksmusik oder Krimis glaubt, ist heillos verloren. Wer bei drei nicht auf den Bäumen ist, ertrinkt in einem ungeheuren Angebot von Liebesträumen, Liebesglück, Liebesleid. Liebe – das scheint das Zauberwort zu sein für eine große Zuschauerschaft.

Emotionen werden nicht nur von der Werbung für ein Anheizen des Konsums gekapert – wir selbst machen das ja auch so oder kennen das aus unserem Umfeld: Da fließen Krokodilstränen, um ein Ziel zu erreichen, da wird gewettert und getobt, um einen anderen zu dominieren, da wird Scham unterdrückt, um sozial angemessenes Verhalten an den Tag zu legen – und das alles, obwohl die Situation diese Gefühle gerade nicht auslöst. Sie werden instrumentalisiert, noch einmal nach-inszeniert und heißen deshalb unter Fachleuten »Racket-Fee-lings«, also Abzock- oder betrügerische Gefühle, weil sie vor allem eines sollen: andere manipulieren.

Jetzt lebt das Fernsehen wie schon das Kino von Gefühlen, besonders von den ganz großen. Also alles gut, oder? Ja sicher – wenn es noch ein Alternativangebot gäbe. Aber wo sollte das stattfinden? Bei Arte oder 3Sat, den öffentlich-recht-lichen Angeboten für kulturell interessierte Zuschauer? Doch das Niveau sinkt immer weiter, sprich: Die Geschichten wer-den immer schlichter, die Dialoge immer mechanischer, die Lie-besverwicklungen immer durchschaubarer. Die Handlung, der Plot ist manchmal so offensichtlich und spannungsfrei, dass ich beim Anschauen von Katie Fforde an die Kriterien für Por-nofilme im Fernsehen denken musste: Sie dürfen nicht gesen-det werden, wenn es keine Geschichte mehr gibt, die nachvoll-ziehbar einen eigenen Handlungsstrang aufweist und die nicht nur sexuelle Praktiken und Geschlechtsorgane zeigt, sondern die dargestellten Menschen auch als Individuen, als Persön-lichkeiten erkennen lässt. Diese Kriterien werden zwar nicht ganz, aber doch beinahe vom deutschen Liebesfilm im Fernse-hen erfüllt: Es sind keine Persönlichkeiten erkennbar, eher Leute, die einen Job haben und ein paar Statussymbole und natürlich ein Liebesproblem, das sich dann nach Schwierig-keiten aufs Schönste löst. Liest sich wie ein Liebesporno, natür-lich ganz ohne Sex – aber auch ohne weiteren Gehalt, ohne echte Geschichte und ohne Charaktere.

Das Kontrastprogramm zur Schnulze sind die Krimis, mit Kommissaren und Kommissarinnen als Abbild unserer Gesell-schaft (nicht etwa als Vorbild): Natürlich gibt es Frauen, sol-che und solche, natürlich gibt es durchgeknallte harte Kerle, und natürlich gibt es auch welche, die eher an Soziopathen denken lassen als an Beamte im höheren Dienst. Fernsehen ist demokratisch, lernen wir hier: So wird aus der zu Hause sicher sehr schicken Maria Furtwängler eine bei H&M eingekleidete Charlotte Lindholm, die ihr Kind gern mal vergisst und sich auch ansonsten ziemlich parasitär durch ihren Alltag voll unregelmäßiger Arbeitszeiten und fehlender Infrastruktur für alleinerziehende Frauen schlägt. Da wird aus Til Schweiger ein Mordskerl und Haudegen, der seinen ersten *Tatort* als wandelnde Pflastersammlung beendet. Keine ARD-Schelte an dieser Stelle – ich versichere, meine Auswahl war stets zutiefst subjektiv und an meinem kulturellen Überleben ausgerichtet. Im ZDF rettete *Stolberg* den Samstagabend: Vielleicht der letzte Kommissar, der sich tatsächlich traut, in einem Anzug aufzutreten und der schon mal eine Mörderin in der Oper trifft – ein Mann, der immer weiß, welche Haltung jetzt die richtige ist.

Wie alt sind bitte die Zuschauer? Die jüngsten im öffentlich-rechtlichen Fernsehen finden sich verblüffenderweise beim MDR, an sich als langweiliger Heimatsender verschrien: knappe einundsechzig. Wohingegen die Privaten alle auf eine Altersgruppe zusenden, die Vierzehn- bis Neunundvierzigjährigen nämlich – so definiert sich (noch) die »werberelevante« Zielgruppe. Auch hier wird eine feine Illusion am Leben erhalten und gut gepflegt, denn erreicht werden ganz andere: Weil bei SAT.1 so viele Frauen über fünfzig zusehen, gibt's jetzt SAT.1 Gold, während RTL viel männlicher daherkommt (und nur wenig jünger). Die Menschen über vierzig sitzen vor der Kiste, die Ladys bügeln, die Gents möglicherweise auch.

Folgenlos öffentlich

Die noch nicht flüggen Söhne und Töchter sitzen bei ihren Eltern und kultivieren den »second Screen«. Das scheint sowieso das Klügere zu sein, mag mancher denken, der gelangweilt auf dem Tablet den Twitter-Sturm verfolgt, während Claus Kleber politisch korrekt und engagiert seine *Heute*-Sendung durchmoderiert. Da sitzen brav die Eltern mit ihren twitternden Kids vor dem Bildschirm: Die einen lassen sich die Bedeutung der Dinge von Kleber erläutern, die anderen witzeln über dessen unterschiedliche Gesichtshälften oder die Dramatik, die er in seine Stimme zu legen weiß, und all das nicht nur freundlich. Ein kollektives Vergnügen, von dem die sich miteinander im Raum Befindenden meist nichts wissen – zeigte jedenfalls mein Selbstversuch, der auch vor meinem Freundeskreis nicht haltmachte.

Bei der *Heute*-Sendung bin ich mir sicher, dass auch das Nachfolgeformat schon angelaufen ist und derzeit als Comedy getarnt getestet wird: Die *Heute-Show*, die für alle Bedeutung und Gehalt liefert, die sich über (a) die *Heute*-Sendung und Leute wie Kleber aufregen oder (b) über die Regierung, die USA, die UNO – oder wer auch immer das Falsche tut – oder (c) die Zusammenhänge zwischen (a) und (b) und sich selbst nicht so recht begreifen. Nachdem ich das erste Mal die *Heute-Show* gesehen hatte, blieb ich anschließend richtiggehend erschrocken auf dem Sofa sitzen: Ich hatte über viele Dinge schmunzeln müssen, fand einiges sogar amüsant, was Oliver Welke und seine Kollegen präsentierten, aber die Sendung hatte für mich vor allem eines, nämlich eindeutig einen »reinwaschenden« Charakter. Bei mir waren alle meine eigenen Impulse, etwas zu verändern, mich eines Themas anzunehmen, bei einer Sache mitzuwirken, weiter über etwas nachzudenken, wie weggewischt. Katharsis by Comedy. Ist das Wunsch und, mehr noch, Auftrag der Öffentlich-Rechtlichen?

Da wird aus Politik, einem zentralen Element der Zivilgesellschaft, das zentrale Element der Unterhaltung: Die FDP? Eine sichere Bank für die Comedy. Die Berliner Republik? Ein Haufen Hilfloser, der sich magnetisch angezogen von jedem Mikro, auf dem ZDF steht, zu jedem Thema äußert, egal wie. Ja, so sind diese Leute auch – aber eben nicht nur. Das Lachen, die Verarbeitung durch die Comedy hatte mir nicht nur Erklärungen und Einordnungsmuster geliefert, sondern auch meine Handlungsimpulse, die ja schließlich in jedem Gefühl stecken, aufgeweicht, weggewaschen, entsorgt. Das ist – für eine Diktatur jedenfalls – richtig klasse, auch wenn ich mir das so nicht gedacht hatte.

Comedians sind zurzeit die Quoten- und damit wahre Glücksbringer. Deshalb helfen sie jetzt auch anderswo im öffentlich-rechtlichen Fernsehen, so etwa bei *Wetten, dass ..?*, darüber hinweg, dass Prominente eben leider nicht die Elite unserer Gesellschaft sind, oft genug nichts Interessantes zu sagen haben und sich nicht ausdrücken können. Was ja auch für den Moderator selbst gilt: Er springt von einem Fettnäpfchen zum nächsten, mit Serviette und Besteck, möchte ich sagen.

Das Wetter: euphorisiert, emotionalisiert und immer noch schlecht

Eine andere Aufweichtechnik des Fernsehgeschäfts darf hier nicht fehlen, und zwar eine, die uns Deutschen erst Jörg Kachelmann zugeliefert hat. Können Sie sich noch an den Wetterbericht erinnern vor seiner Euphorisierung durch eben diesen

Herrn? Wissen Sie noch, wie langweilig und auch wie fehler-
behaftet diese Meldungen noch bis Mitte der Neunzigerjahre
waren? Damals wurde nach den Tagesnachrichten das Wetter
aufgerufen, vorgetragen, basta.

Jörg Kachelmann aber inszenierte die Wetterberichte. Er,
der leidenschaftliche Hobbymeteorologe, ließ die Nation an
seiner Leidenschaft teilhaben. Er lud Hochs und Tiefs energe-
tisch auf, zeigte uns den Wind auf dem Brocken und in seinen
eigenen Haaren und machte das Wetter zu einem Ereignis,
ließ es sichtbar, fühlbar, erkennbar werden. Ein immaterielles
Gut, das unser Leben spürbar beeinflusst, wurde emotional
aufgeladen und so zu einem Träger von mehr. Zum Beispiel
von Werbebotschaften.

Die Ingredienzen des kachelmannschen Tuns: reale Orte
aufsuchen, die außerhalb interessanter, durchaus auch ein-
maliger Wetterphänomene auf ewig unbekannt geblieben wären, dazu ein missionarischer Geist mit Vermittlungswillen
und das Ganze gewürzt mit dem Symbol des recherchieren-
den, des quasi investigativen Journalismus, einem Außenmi-
krofon. So wurde Jörg Kachelmann zum Wetterfrosch der
Nation.

Was heißt das für uns? Wieder ein Fall von Verführung. Inszenierung und Spektakel, hinter dem die Fakten zurückblei-
ben. Es wird am Wert der Unterhaltung gearbeitet, um auch
missliebige Prognosen aufzuwerten und aus einer so unsicheren
Sache wie dem »Wetter von morgen« eine anregende, interes-
sante, sogar spannende Minisendung zu machen. Mit gutem
Erfolg für die Sender: Schließlich wird der ein oder andere
Wetterbericht von einer Werbesequenz ein- und wieder ausge-
läutet. So wird aus einem schlechten Sommerwetter ein netter
finanzieller Erfolg.

Mein Selbstversuch brachte mir neben den beschriebenen

verheerenden Einsichten auch entzückende Ergebnisse: Eines Nachts wachte ich vorm Fernseher auf und fand mich unversehens in einer Zugfahrt wieder. Bis ich begriff, dass hier nichts geschehen würde außer dem, was schon die ganze Zeit geschah, hatte sich schon Frieden in meinem Geist breitgemacht, und ich genoss den Blick.

Das Missverständnis: Bedarf oder Bedürfnis?

Bahnfahrten scheinen nicht besonders inspirierend zu sein. In der ersten Klasse gibt es kostenlos Zeitungen, und so mancher Vielfahrer, pardon: Comfortkunde, zückt im Großraumwagen umgehend sein Heft mit den Sudokus. Das lenkt ab, die Zeit vergeht wie im Fluge, und es ist (vermutlich) noch gut für die Gedächtnisleistung. Hauptsache beschäftigt! Das könnte den Bahnreisenden mit dem vereinen, der nachts noch vor dem Fernseher hockt: Schlimmstenfalls verprassen beide ihre »überflüssige« Zeit mit Ablenkung, werden eingesogen von Unterhaltung. Genuss erfordert aber etwas anderes: Entschleunigung, ein klares: »Ja, ich will Sudoku!« Andernfalls bleibt es beim alten Spiel. Beide Bahnfreunde sind animiert von anderer Leute Produkte, Ideen, Angebote – unwillentlich, ohne an Alternativen zu denken, etwa bei sich zu bleiben, bei den eigenen Ideen, den eigenen Gedanken und dem, was die eigenen Augen zu sehen vermögen.

Die fast täglichen Führerstandsfahrten, so der Fachbegriff, sind mittlerweile Kult – und das international. Aber warum um Himmels willen sollte ich das morgens zwischen vier und fünf Uhr schauen wollen? Geht es darum, im Fernsehen für jede Tageszeit ein Konsumangebot zur Verfügung zu haben, damit einer selbst bei akuter Schlaflosigkeit nicht auf die verrückte Idee kommt, vielleicht mal etwas selbst zu tun? Nachts einen Spaziergang durch den Ort zu machen und frische Luft zu tanken? Ein Loch in die Nacht zu starren und dabei den Geist von altem Müll und leidigen Sorgen leer zu machen? Geht es denn nur um Ablenkung? Und, wenn ja, wovon? Vom eigenen Leben?

Sobald wir, so mein immer noch schwelender Verdacht, uns mit uns selbst befassen sollen, wird es schwierig. Ich nenne das Wissen darum, was ich wirklich will, was meine Bedürfnisse in diesem Moment sind, wonach mir wirklich ist, Innensteuerung. Sie ist das blanke Gegenteil von Außensteuerung, die bedeutet, dass ich von außen gefordert und beschäftigt werde – mit Ablenkung, mit Träumen, mit Illusionen, mit »den Kopf am Laufen halten« zwischen Sudoku und Dokumentation, mit ersatzweisen Gefühlen in Liebesromanen und auch im Fernsehen bei Rosamunde Pilcher. Innensteuerung fordert mich als Person: Wenn ich mir die Zeit nehme und auf meinen eigenen inneren Prozess achte, weiß ich genau, was jetzt dran ist. Dann kenne ich meine echten Bedürfnisse, bekomme mit, was in mir gärt und vielleicht noch nicht ganz spruchreif ist, habe aber auch Zugang zu neuen Impulsen. Ich muss nur drei Dinge können: ruhig sein, abwarten, bis die Zeit reif ist, und den inneren Kritiker ausschalten.

Ich sage »nur«, auch wenn ich glaube, dass dieser ganze Beschäftigungswahn vor allem dazu gedacht ist, diese inneren Stimmen zu zähmen. Viele Menschen, das kenne ich aus meiner Coachingarbeit, befinden sich in ständigen inneren Dialogen – und die sind im Allgemeinen nicht allzu positiv, sondern mahnen, erinnern, kritisieren oder sind skeptisch. »Stinking Thinking« nennen das die Anonymen Alkoholiker: Denken, das einen krank macht. Mehr ein Boogie im Kopf als eine konstruktive Auseinandersetzung.

Ich bin mir sicher, dass viele Menschen sich bemühen, diese innere Mühle zu vermeiden, zumal es durchaus auch äußere Hindernisse gibt, die unsere Innensteuerung aushebeln. Hinzu kommt: Diese inneren Stimmen haben wenig zu tun mit dem, was ich einen inneren Prozess nenne. Dessen Qualität ist nämlich an einer Sache zu erkennen: Sie ist immer wertfrei. Das unterscheidet sie eindeutig und ohne jeden Zweifel vom Stinking Thinking. Wer das nicht unterscheiden will oder kann, dem bleibt nicht viel anderes übrig, als, genau: Außensteuerung. Das heißt, wir müssen uns von dem leiten lassen, was uns der Verstand sagt. Das könnte hilfreich sein, ist es aber leider nur begrenzt.

Alarmismus + Inszenierung = Spektakel

Die stillen Angebote der Ablenkung sind sehr selten. König Alarm regiert im öffentlich-rechtlichen Fernsehen: Wenn es zu den Hauptsendezeiten in *Tagesschau* und *Heute-Journal* nichts zu berichten gibt, wird eben irgendein Thema aufgebrezelt – und beispielsweise übers Wetter geredet: Wie es damals war und heute ist. Wer selber denken mag, müsste auf die Barrikaden gehen.

Wie wäre es mal mit einer Viertelstunde Testbild? Wie wäre es damit, nachhaltig und langfristig über bedeutende Entwicklungen zu berichten, zum Beispiel über das Thema Datensicherheit und staatliche Kontrolle? Wo ist die mittel- und langfristige Agenda der *Tagesschau*- oder der *Heute*-Redaktion? Wo sind die großen Linien ihrer Nachrichten, zum Beispiel die Energiewende, die Bedeutung der Zivilgesellschaft oder die aktuellen Veränderungen der internationalen Politik? Wenn es nur noch um mundgerechte Häppchen geht, bin ich alternativ auch mit einer Verkürzung der Sendung einverstanden. Das ist gegen die Formatierung? Na und! Alle haben Angst vor dem Knopf zum Abschalten, Angst vor dem autonomen Zuschauer.

Schöner für die Nachrichtenredaktionen ist natürlich das Gegenteil: Es gibt ein Unglück von nationaler, gern auch internationaler Relevanz. Das führt nicht nur zu einer Berichterstattung, sondern sogar zu (ebenfalls durchformatierten) Sondersendungen, die uns fünfzehn Minuten zusätzliche Informationen liefern sollten – und genau das nicht können: Während des Unglücks in Fukushima 2011 etwa gab es an etlichen Abenden nichts Neues zu berichten, also wurde das Vorhandene immer wieder neu aufbereitet. Es wurde nach anderen Experten gefahndet und deren Meinung abgefragt; eine Viertelstunde lang wurden betroffene Gesichter gezeigt und das, was wir sowieso schon kannten. Ist das nicht eine bedeutungsschwangere Infantilisierung erwachsener Menschen?

Das knappe Gut »Aufmerksamkeit« führt zu solchen Aktionen. Müssen wir immer wieder die gleichen Videos sehen, bis sie sich auf unserer Hornhaut eingebrannt haben? Müssen wir auf allen Kanälen immer wieder die gleichen Interviews sehen, bis wir den Eindruck haben, dass nicht nur jedem Menschen dort Entsetzliches zugestoßen ist und noch weiter zustößt, sondern bis diese Katastrophe das richtige, schwere Gewicht in der Summe der Schilderungen der einzelnen erschütternden Schicksale bekommt? Krasser formuliert: Ist im Fernsehen erst die Summe von Einzelkatastrophen eine richtige Katastrophe?

Das hat vermutlich, dürfen wir als gebildete Zuschauer unterstellen, auch damit zu tun, dass wir es mittlerweile all überall mit Inszenierungen zu tun haben und möglicherweise die Macher der Öffentlich-Rechtlichen eine gewisse emotionale

Stumpfheit beim Fernsehpublikum fest- oder unterstellen. Sicher ist jedenfalls, dass die aufladende Inszenierung die halbe Miete ist – und mehr noch, dass diese Inszenierung mittlerweile den Inhalt einer Veranstaltung oder Sendung sang- und klanglos ersetzt hat. So mag es etwa bei Kochsendungen noch ein bisschen ums Kochen gehen. Aber ob *ARD-Buffet* oder *Küchenschlacht* uns wirklich etwas beibringen? Ist das noch Talkshow oder schon Soap? Natürlich ist der Wettbewerb durch die Privaten nicht wegzudiskutieren. Und deren Quote schnurrt! Doch muss angesichts von *Dschungelcamp* oder *Germany's Next Topmodel* wirklich überall das Niveau in den Keller?

Fernsehen ist in der Mitte der Gesellschaft angekommen und kein »Unterschichtenfernsehen«. Dennoch wird es oft so genannt. Warum bloß? Sicherlich beschreibt es eine neue deutsche Lust am – ja, woran? Am Proletenhaften, Vulgären? Die Quoten jedenfalls sind höher als der Anteil der Hartz-IV-Bezieher in dieser Republik. Schaut da eine wegbröckelnde Mittelschicht an, wohin sie nicht will, und frönt dabei dem Grusel? Ist es der Handel mit der Sehnsucht der Menschen nach Schönheit, Prominenz, Erfolg und vor allem nach Geld? Oder aber hat es damit zu tun, dass wir alle gern eine Vergleichsgruppe finden, der wir ein wenig überlegen sind?

Jens Jessen fand heraus, dass gerade das Vulgäre eine geniale Zielgruppenexpansion bescheren kann, weil es wie sonst nichts in unserer Gegenwart die Verbindung von einem »Maximum an sozialer Inklusion mit einem Minimum an Exklusion« liefert.[4] Wer hier exkludiert wird? Die in den Sinusmilieus der Marktforscher sogenannten »liberal-intellektuellen Milieus«, also grob gesagt, die Randgruppe der Intellektuellen und/oder Gebildeten. Dazu zähle ich auch viele kluge, meist junge Menschen, die sich nicht einkaufen lassen und die sich längst vom Mainstream verabschiedet haben in Hilfsprojekte, Yogaschulen, in die Sinn- und Esoterikszene. Alle anderen dürfen sich gut aufgehoben fühlen.

Meister des Vulgären sind sicher ohne Zweifel echte Menschen, die bei Dokusoaps mitmachen wie etwa die Familie Geiß, sowie die Comedians. Ganz weit vorne dabei: Cindy aus Marzahn, die Kunstfigur der Ilka Bessin aus Luckenwalde, die sich mittlerweile entspannt aus ihrer Arbeitslosigkeit herausverdient haben dürfte – und das, ohne ein einziges politisches Wort über die Situation für Arbeitslosengeld-II-Bezieher zu verlieren. Sie spricht aus, was andere beschämt, wird so zur Heldin, zum Vorbild, zum Idol und bleibt dabei völlig unpolitisch. Folgenlos – genauso wie Atze Schröder, der ebenfalls den Eindruck vermittelt, nicht etwa eine Kunstfigur zu sein, sondern auch im echten Leben Atze Schröder zu heißen. Einer, der es sogar gerichtlich hat durchsetzen lassen, dass sein echter Name von den Medien nicht genannt werden darf. Da ist beispielsweise Mario Barth von einem anderen Kaliber: Der kann nur Frauen- und Männerwitze, das auch noch durch und durch unlustig, füllt aber seit zehn Jahren in Deutschland die großen Hallen. Wer geht da hin?

Es gibt ganz offensichtlich einen Hang zu solcher Art von Unterhaltung. Vermutlich verdienen all diese Comedians richtig viel Geld; ich kann es ihnen nur wünschen. Sie alle kennen jedenfalls die Spielregeln der Mediengesellschaft, und sie haben vermutlich alle begriffen, dass Erfolg heutzutage auf dem Konto stattfindet. Aber muss das unbedingt von unseren Rundfunkgebühren finanziert werden?

Der Teufel sitzt natürlich nicht im Fernsehen, sondern im Detail. Und bei genauem Hinschauen wird dieses begeistert und konkurrierend begleitet von den Printmedien verschiedenster Couleur. »Konkurrierend begleitet« nenne ich den

Tatbestand, dass die Berichterstattung über Sendungen mittlerweile selbst zur Sendung avanciert ist – so etwa Sub-Sendungen mit den Auswahlverfahren zu *DSDS* – und online oder auf anderen Kanälen von den Sendern ausgewertet wird. Waren früher die Sender darauf angewiesen, dass die Printmedien mit von der Partie waren, um einen Star zu produzieren, läuft der Aufbau von B- bis Z-Promis heute ganz selbstverständlich direkt über die Sender und deren angelagerte Formate.

Zählen statt Erzählen

An dieser Stelle lässt sich der Befund wagen: Fernsehen sichert Ablenkung, wird immer anspruchsloser, liefert uns Projektionsflächen frei Haus, die zeigen, wie Erfolg gemacht wird: frei von Bildung, frei von Werten. Comedians tun dabei ihr Bestes, um die Entwertung zu beschleunigen. Sie entpolitisieren und zeigen, dass es bei Unterhaltung nach unten keine Grenzen gibt. Ihre Akzeptanz durch die Öffentlich-Rechtlichen macht deutlich, wie sehr das mittlerweile Konsens ist. Comedians statt Satire, Frauenwitze satt statt *Scheibenwischer*.

Emotionalisierung, Verdummung, Bildungsferne – na, hört sich das an wie ein gutes Rahmenprogramm für eine Diktatur? Oder ist das Rahmenprogramm die Diktatur, und ich habe das immer noch nicht so ganz verstanden? Oder ist die »Glotze« vielleicht nur ein erstklassiger Motor für Verdummung? Und wer sind dann die Dummen: Wir, die wir das alles mitmachen und aushalten, obwohl wir doch die Klügeren sind? Oder sind es die, die wir schon immer für die Dummen gehalten haben: die nämlich, denen die *FAZ* zu anspruchsvoll und der *Brockhaus* zu teuer ist?

Feststellen lässt sich auf alle Fälle: Die Grundversorger und ihr Wettbewerb kümmern sich gemeinsam um ein niedriges Niveau, befeuert von zu wenig Geld für Produktionen mit einem höheren, animiert von einem intelligenzvernichtenden Werbeumfeld, um Aufmerksamkeit buhlend. Über allem schwebt die Quote, blinkend, jubilierend. Kommet zu mir, scheint sie zu rufen. Aber warum müssen wir alle folgen? Stellen Sie sich vor, wir hätten tatsächlich mal eine echte Auswahl zwischen anspruchsvollen Angeboten. Was dann? Wäre das so gefährlich, dass die Zuschauer womöglich abschalten würden und Zeitung läsen oder gar ein Buch?

Ein besonders gutes Beispiel für raumgreifende Geschichten, die sich mit denkbar wenig Geld produzieren lassen, sind Dokusoaps und »scripted Reality«. Das sind einmal Formate wie *Bauer sucht Frau,* die Auswanderergeschichten oder die Einrichtungssendungen, bei denen »echte Anliegen« fernsehgerecht zubereitet werden. Zum anderen handelt es sich dabei um die Nachmittagsformate wie *Richterin Salesch* oder *Zwei bei Kallwass:* Hier spielen Laienschauspieler eine vorgefertigte Story nach, während die namensgebende Hauptdarstellerin tatsächlich aus der Profession kommt.

Für diese letzteren Formate ist die Quote ungebrochen hoch, um die fünfzehn Prozent: Die Zuschauer interessieren sich für Konflikte und professionelle Auflösungen, auch wenn die Laiendarsteller manchmal furchtbar schlecht spielen. Diese Sendungen werden »Hartz-IV-Fernsehen« genannt, weil sie einerseits nachmittags kommen und damit für arbeitende Menschen nicht ohne Weiteres zugänglich sind und andererseits natürlich unterstellt wird, dass die Zielgruppe der Arbeitslosen zuschaut. Aber die Arbeitslosenquote ist niedrig wie selten. Wer schaut also zu, wenn nicht die Mittelschicht? Und die Frage sei erlaubt: Wer sich so leicht beschäftigen lässt, hat sicherlich auch nichts gegen eine Diktatur? »Solange sie einen in Ruhe lässt!«, höre ich meinen Nachbarn sagen. Und: »Es hätte schlimmer kommen können.«

Schon immer überbewertet

Die Buchverlage bemühen sich mustergültig um eine ähnliche Lernkurve in Sachen Profitabilität wie die Zeitungs- und Zeitschriftenverleger oder die öffentlich-rechtlichen wie privaten Fernsehgranden. Aber trotz der Bestrebungen etlicher Verleger, nur noch den kurzfristigen Erfolg abzuschöpfen und nicht mehr, wie es früher zum Geschäft dazugehörte, mittel- oder langfristig Autoren zu entwickeln, trotz der Bemühungen etlicher Publikumsverlage, ein attraktives, schnelllebiges Stück ruckzuck verkäuflichen Zeitgeistes statt eines Buches anzubieten, ist die Buchbranche immer noch nicht da angekommen, wo sie schon Georg Christoph Lichtenberg im achtzehnten Jahrhundert sah: »Ferner werden denn Bücher bloß zum Lesen geschrieben oder nicht auch zum Unterlegen in der Haushaltung?«[5]

Lichtenberg war in vielen Überlegungen seiner Zeit weit voraus, und er ist es auch unserer Zeit. Trotz einer jährlich horrend hohen Zahl von Neuerscheinungen auf dem Buchmarkt befindet sich die Branche eher auf einem absteigenden Ast, was ihre Umsatzzahlen angeht, und ganz sicher auf einem absteigenden Ast in Sachen kultureller Relevanz. Heute gibt es zwar kaum noch einen Berater, der kein Buch geschrieben hat, aber es gibt immer noch Themen, die schon zu Lichtenbergs Zeiten fehlten und um die es heute noch nicht besser bestellt ist. Ich spreche etwa vom – wie es Michael Metz und Wolfgang Seeßlen sehr hübsch formulieren – »liegen gebliebenen Projekt der Aufklärung«.[6]

Im Buchmarkt findet sich einerseits so viel Klugheit, so viel Geist – und andererseits möglicherweise der Ansatz zur Verdummung selbst: Der Papst des Medienzeitalters, Marshall McLuhan definierte anno 1963 die Gutenberg-Galaxis als eine Welt, welche die große Bandbreite menschlicher Fähigkeiten auf ganz wenige reduziert, auf die des Lesens und vielleicht noch des Schreibens. Bücher, das wissen wir bei genauerem Hinsehen, sind nicht per se Kultur, aber sie waren in den letzten Jahrhunderten die zentralen Träger von Kulturgut.

Medien verweisen auf Medien

Dabei orientierte sich das Produkt Buch immer schon deutlich am Mainstream. Lichtenberg, der in seinen Sudelbüchern gezielt die Massenphänomene des aufstrebenden deutschen Bürgertums (und der daraus resultierenden Bildungsbewegung) beklagt, müsste die in den Jahren 1750 bis 1760 erschienenen 73 Romane im Vergleich zu den 1790 bis 1800 erschienenen 1623 Romanen für vernachlässigenswert halten, wüsste er um die Zahl der Neuerscheinungen im Jahr 2012: Da kam die Belletristik auf fast 14 800 Titel als Erstauflagen sowie knapp 11 000 Titel, die aus Übersetzungen neu auf den Markt kamen – diese etwa 26 800 Titel stehen für rund ein Drittel der Buchmarktumsätze.[7] Da ist in zweihundertfünfzig Jahren ziemlich viel passiert, mengenmäßig jedenfalls.

Die Belletristik wird ja schnell verdächtigt, Kulturgut zu sein, auch wenn zu diesem Genre solche Dünnbrettbohrbücher wie *Shades of Grey* gehören. Schauen wir auf den Sachbuchmarkt: Welche anderen Baustellen bedient unser Buchmarkt, was verkauft sich hier gut? Lassen Sie uns auch ein

Auge darauf werfen, wie gut die Autoren in anderen Medien präsent sind oder crossmedial arbeiten. Hier exemplarisch die Bestsellerliste des *Spiegels* aus der vierzehnten Woche 2013 für die ersten fünf Plätze:

Platz	Autor und Titel	bekannt durch
1	Dieter Nuhr: *Das Geheimnis des perfekten Tages*	TV-Sendungen
2	Michail Gorbatschow: *Alles zu seiner Zeit*	Politiker, bekannt über alle Medien hinweg
3	Frank Schirrmacher: *Ego. Das Spiel des Lebens*	Herausgeber der *FAZ*
4	Florian Illies: *1913.* *Der Sommer des Jahrhunderts*	einst *FAZ* und *FAS*, jetzt *Zeit*
5	Meike Winnemuth: *Das große Los*	Gewinnerin bei *Wer wird Millionär?*, TV

Bestseller (*Spiegel*, 14/2013)

Die Sachbuchliste führen vier Autoren und eine Autorin an, die entweder Medienprofis sind (wie die Herren Schirrmacher, Illies und Nuhr) oder durch die Medien bekannt wurden (Winnemuth und Gorbatschow). Mediale Bekanntheit ist also ein wesentliches Element guter Verkäuflichkeit und damit absolut zentral für das Autorenhonorar. Sie liegen nicht ganz daneben, wenn Sie mit circa einem Euro pro verkauftem Buch rechnen – das dürfte ein guter Schnitt sein. Und die Auflagen? Während die meisten Sachbücher mit dreitausend bis sechstausend Exemplaren an die geneigten Leser gehen, können Medienprofis auf ganz andere Zahlen hoffen.

Einen der größten Erfolge in der Belletristik erzielte Charlotte Roche, ehemalige MTV-Moderatorin, die mit *Feuchtgebiete* Einblick gewährte in ihr inneres Seelenschlachtfeld. Eine schöne junge Frau, ein »geiler« Titel und ein Marathon durch alle Talkshows – das Buch schaffte es als erster deutschsprachiger Belletristiktitel auf den Platz eins der internationalen Amazon-Verkaufsliste mit mehr als einer Million verkaufter Exemplare. Sex sells. Und wenn die Autorin so unkompliziert und telegen im Medienzirkus Werbung machen darf für ihr Buch, freut das nicht nur den Verlag, sondern auch das eigene Konto. Dafür nimmt Frau Roche auch schon mal öffentlich ein Provisorium mutig aus dem eigenen Mund und zeigt eine Zahnlücke.

Jeder, der einmal ein Buch geschrieben hat, weiß um die Differenzen zwischen Engagement, zeitlichem Einsatz und Erlösen in Euro. Der Auftritt in einer Talkshow unterstützt den Verkauf ebenso wie die umfangreiche (nicht notwendigerweise positive) Besprechung in einer großen Tageszeitung. Besonders erfolgreich war Thilo Sarrazin, der sich als Deutschlands vielleicht umsatzstärkster Tabutornado erwies und damit zum Hätschelkind der Medien wurde. Tolle Inszenierung, kompetenter Fachmann, mit Getöse zerschmetterte (falsche) Wahrheiten: Besser lassen sich Nachrichten einfach nicht verkaufen – auch nicht mehr als eine Million Exemplare des eigenen Buches.

Wer ist hier der Dumme? Der Autor, der Verleger oder der Leser? Wer Bücher schreibt, der profitiert, wer sie verlegt dito. Doch der Leser? Gibt es das noch, einen Verlag oder einen Verleger mit Haltung? Ja, natürlich. Und für alle, die sich inspirieren und erfrischen lassen wollen, sei auf solche verwiesen. Es lohnt sich, sich selbst eine Meinung zu bilden – wir müssen es nur wollen. Schauen Sie beispielsweise auf meine Lieblingsverlage, etwa Merve in Berlin oder Stroemfeld in Frankfurt, dann bekommen Sie es auf jeden Fall mit Format zu tun. Und wie Sie sehen, erscheint ja auch ein Buch wie dieses und das sogar in einem echten Publikumsverlag – unter der Obhut eines Programmchefs, der eben Lust auf Haltung hat.

Rezepte haben immer Hochsaison

Es gibt aber noch anderes in den Niederungen der Umsätze. Dort vagabundieren zahllose Kochbücher durch die Statistiken. Rezepte sind gefragt, denn insgesamt vierzehn Prozent aller Bücher nennen sich Ratgeber[8] und sind voll von Rezepten für jede Lebenslage. Diese sind hilfreich für Leute, die noch nichts wissen vom Sujet oder die etwas ganz Spezifisches lernen wollen, aber sie verhindern definitiv auch das Selbstdenken. Vielleicht ist gerade das ja eine in unserer Kultur bislang weitaus überschätzte Tätigkeit?

Rezepte sind – das wissen wir aus der Wissenssoziologie – die erste Art des Lernens. Wir lernen etwa backen und kochen mithilfe eines Rezepts. Wenn uns der Kuchen gelungen ist, können wir das Backerlebnis wiederholen und uns schließlich daranmachen, das Rezept zu verändern. Was war toll am Kuchen, und was könnte noch ein wenig besser werden? Wir modifizieren die Zutaten, verändern die Backzeiten, justieren hier und da. Dabei dürfte ein Kuchen entstehen, der uns richtig gut schmeckt. Wir haben unsere Wahrnehmungen, unser Fühlen, ja, unsere Gefühle eingebracht in die Modifikation des ursprünglichen Rezeptes – und wir machen jetzt mit der Veränderung neue Erfahrungen. Diese Art der Wissensbildung nennen die Wissenschaftler »Erfahrungswissen«. Rezepte und Erfahrungswissen gehören beide zum sogenannten vortheoretischen Wissen – einem Wissen, das nicht vom Wissenschaftsbetrieb erzeugt wurde.

Unser Wissenschaftsbetrieb ist seit der Aufklärung, insbesondere seit Kant, stark rational ausgerichtet und damit verstandesgetrieben. Eigene Wahrnehmungen werden möglichst ausgeschaltet, um Ergebnisse nicht zu verfälschen und zu einem »objektiven« Ergebnis zu kommen. Diese Einstellung hat sich auf unser gesamtes gesellschaftliches Leben ausgeweitet und ist fast epidemisch zu nennen. Kein Wunder also, dass wir uns mit unseren Wahrnehmungen, unseren Bedürfnissen und unseren Gefühlen nur wenig auskennen und angesichts vielfältiger Eindrücke eher überfordert sind. Gefühle machen die meisten von uns schnell hilflos.

Das wollen wir aber ganz sicher nicht sein, hilflos oder ohnmächtig. Also jagen wir unsere Gefühle zum Teufel, packen sie unter eine Betonplatte und ignorieren sie, solange es eben geht. Und wir wundern uns zugleich, dass wir diese abgewerteten Gefühle auch in anderen Situationen, in denen wir sie gut gebrauchen könnten, ebenfalls nicht zur Verfügung haben. Jede Erfahrung ist emotional begründet, weil uns nur Situationen, in denen wir aus unserem emotionalen Gleichgewicht fallen, überhaupt interessant, bedrohlich oder spannend erscheinen. Wenn wir diese Erfahrungen verarbeiten, wird daraus Erfahrungswissen – solide, robust, erweiterungsfähig. Fehlendes Erfahrungswissen hat mit dem Fehlen von »gefühlten« Gefühlen zu tun. Wer letztlich befürchtet, die Gefühle übernähmen die Führung, greift lieber zum Äußersten: Die Führung überlassen wir dann lieber dem Verstand.

Rezepte sind das Skelett des Zeitschriftenmarktes. Ich denke an eine eigene Erfahrung: Nach meinem letzten Buch bekam ich die Chance, mit einem Artikel in eine sehr große deutsche Frauenzeitschrift zu kommen. Für diesen hätte ich etwas zuliefern müssen wie »Sieben Fallen, in die Frauen immer tappen« oder »Zehn Risiken, die Frauen unbedingt vermeiden müssen«. So kann ich nur schwer denken – und so kam es, wie es kommen musste: Ich hatte ohne die Unterstützung eines Artikels in einer relevanten Zeitschrift auszukommen.

Es ist natürlich nicht alles grau oder öde oder gar verkommen – im Gegenteil. Die Verlage, Redaktionen und Lektorate richten sich auf ihre Zielgruppen ein und machen ihren Umsatz. Und immer wieder gibt es Hoffnung, Ausnahmen, Freude: Gelobt sei etwa Stéphane Hessels kleines Büchlein *Empört Euch!* – Rückenstärkung, Argumentationshilfe und kritische Anregung für junge Leute zwischen Occupy-Bewegung und Kyoto-Protokoll. Hessel fordert auf, sich einzumischen und eben gerade nicht einfach alles zu schlucken – gegen eine Diktatur der Dummen.

Ohne Gefühl und auch ohne Verstand

In meiner Küche hängt ein Schild »Denken hilft«, das bei einer Billigkette für Küchenartikel in deutschen Fußgängerzonen zu haben war. Offenbar scheint es heutzutage ebenso verblüffend wie putzig zu sein, darauf hinzuweisen, was ansonsten kaum mehr relevant scheint. Denn schließlich müssen wir so viel nicht denken. In erster Linie funktionieren wir, und was darüber hinausgeht, lässt sich möglicherweise im Internet recherchieren. Wir können alles googeln, was wir wissen müssen – das mache ich auch. Selberdenken ist eher uncool, jedenfalls kann man sich nicht sicher sein, ob das überhaupt jemand mitbekommt und wertschätzen kann. Es gibt einen massiven Trend zur gleichen Meinung, einen Trend, nicht aus der Meute hervorzustechen. Googeln macht klar, was an erster Stelle gesucht wird, und entlastet uns so gleich zweimal: Wir sehen, was alle interessiert, und wir sammeln die passende Information. Selbst denken? Absolut überschätzt ...

Hängen die Verdummung und das Diktat dieser Verdummung mit dem geschätzten Freund auf dem Schreibtisch, dem Computer, zusammen? Sicher ist, der PC führt zu einer gewissen

Entintellektualisierung. Denn es ist keinerlei Bildung (mehr) notwendig, um ihn bedienen zu können, selbst wenn es bei der Bedienung um Bildung geht – also etwa um Recherchen, um valide Informationen, um Schulaufgaben.

Nicht der Intellekt ist hier Anlass zur Sorge, sondern Reife. Wir erleben es mit Jugendlichen und ihrem Umgang mit sozialen Netzwerken. Da wird »gedisst«, was das Zeug hält – nachher ist das Kind in den Brunnen gefallen beziehungsweise der Mitschüler hat sich aus dem Fenster gestürzt, weil es zu viel war mit dem Dissen. Jeder kann posten, weil es sich um bloße Tipperei handelt – aber es fehlt die Reife. Das sagt der Lern- und Hirnforscher Spitzer, der sogar einen Führerschein für den PC fordert. Sagen kann er das ja mal.

Alle Welt recherchiert bei Wikipedia, das auf den (betroffenen) Seiten – und das ist ein nicht unwesentlicher Anteil – davor warnt, dass die dargestellten Informationen fehlerhaft oder unvollständig sind. Doch um die dargebotenen Informationen interpretieren zu können und in den richtigen Zusammenhang zu bringen, ist methodisches, systematisches oder konzeptionelles Wissen erforderlich – so wie etwa für das Lesen einer Landkarte, für das Verständnis von Musiknoten, für das Erkennen von Zusammenhängen, die über den präsentierten Text hinausgehen.

Ich war als Kind ein Ass in Kreuzworträtseln und in meiner Familie sehr gefürchtet, wo meine Mutter wöchentlich genüsslich das Rätsel in der *Bäckerblume* löste, mein Vater hingegen das in der *Hörzu*. Ich hatte striktes Löseverbot – mir blieben nur die letzten Kästchen, die beide nicht geschafft hatten. Das war oft nicht viel, aber irgendwann meine große Stärke: die Rätsel am Ende komplett zu machen. Dabei lernte ich Dinge wie »Figur im Naumburger Dom – Uta«, aber ich wusste nichts davon. Nicht wo der Dom stand, nicht was dort eine

Figur machen sollte und warum diese dann auch noch einen Namen hatte, der so bekannt sein musste, dass er in jedem zweiten Rätsel auftauchte.

Googeln ist, möchte ich meinen, das neue Kreuzworträtseln. Man weiß im Zweifelsfall gar nicht, wovon die Rede ist, findet aber gleiche Wörter und Zusammenhänge und geht assoziativ nach Gutdünken vor. Es ist in der Tat entintellektualisierend, weil man dafür nichts begreifen muss, sondern aus dem lexikalischen Bestand an Wissen heraus Wörter sieht und wiedererkennt, ohne diese einordnen zu können. Das kann einem natürlich auch mit dem *Großen Brockhaus* passieren – aber wer besitzt den noch in einer aktuellen Ausgabe?

Tränendrüsen statt Berührung

Entintellektualisierend und dekultivierend sind auch unsere Handys. Wollten wir diese unbegrenzte Mobilität wirklich haben? Sind wir nicht bis vor fünfzehn Jahren ganz gut ohne sie zurechtgekommen, konnten uns verabreden und uns treffen, miteinander befreundet oder verfeindet sein? Natürlich, ich weiß, der Arabische Frühling ohne Smartphones und soziale Netzwerke – vielleicht nicht denkbar. Und dennoch: Wollten wir diese Mengen an Menschen, die auf Straßen, in Bussen und Bahnen abwesend vor sich hinreden oder schweigen, die Augen wo auch immer? Menschen, die nicht in der Lage sind, sich für einen Anrempler zu entschuldigen, die einem nicht die Türe aufhalten können, weil sie einen nicht gesehen haben, die nicht helfen, weil sie sich gerade im Cyberspace befinden. Ist das noch unser Miteinander? Auf der Straße vor allem Menschen, die blickleer irgendwohin laufen, in Bahnhöfen, in Zügen, überall und immer wieder: Wollen wir das so haben?

In der S-Bahn saß heute Morgen mir gegenüber eine junge Frau, die in den zwanzig Minuten unserer gemeinsamen Fahrt ihr gesamtes Make-up erledigte – systematisch und in aller Ruhe, mit der Selbstverständlichkeit derer, die so etwas täglich tun. Eine Selbstverständlichkeit, die diese junge Frau teilte mit dem Therapeuten im Bahnabteil erster Klasse, der eine einstündige Session mit einer Klientin per Telefon realisierte: Vor den verstörten Ohren der Mitreisenden wurden Details und Intimitäten besprochen, die eigentlich nur in einen geschützten Raum gehören, sicher nicht in die Öffentlichkeit. Das meine jedenfalls ich. Aber meint das sonst noch jemand?

Was sind die gesellschaftlichen Spielregeln, wie lässt sich das unterbinden? Auf welche Lösungen können wir uns generell verständigen? In einer Gesellschaft, die sich nicht auf neue Spielregeln verständigt, wird die Vereinzelung möglicherweise so stark, dass wir keine der Möglichkeiten haben, die Menschsein auch bietet: unverhofft und unmittelbar in Kontakt zu kommen, ein paar reizende Worte hier, ein Lächeln da. Stattdessen Isolation auf der einen Seite und Erosion des Öffentlichen auf der anderen Seite. Das Private gerät – ob mit Therapie, ob mit Schminke – auf die Straße und zwingt dazu, nicht mehr genau hinzuschauen, hinzuhören, will man nicht in eine Intimität eindringen, die wir einst gut zu schützen wussten. Alle wollen angeblich alles teilen im Cyberspace. Jugendliche wollen sich ein Sofa mit anderen teilen, bei SchülerVZ oder Facebook wird »geliked« und »gedisst«, Eigentum scheint verpönt, Nähe wird gesucht. So sieht es aus, wenn ich mit Eltern im Bekanntenkreis darüber spreche, was ihre Kinder denn den ganzen Tag so tun. Die sind, so die Antwort, meist unisono, im Internet und bei sozialen Netzwerken und üben sich im Miteinander.

Miteinander erfordert Empathie. Empathie wiederum ist die Fähigkeit, in Resonanz zum anderen zu sein. Das ist etwas völlig anderes als der Ersatz körperlicher Nähe durch Worte, die Vertraulichkeit, vermeintliche Intimität und Wärme suggerieren, aber nicht liefern. Wärme, Nähe, Intimität gibt es aber nur im echten Kontakt, im leibhaftigen Miteinander. »Liken« dagegen ist empathiefrei, Lippenbekenntnis per Mausklick. Ich muss das »Like« gar nicht fühlen. Aber zum »Mögen« muss ziemlich viel stimmen: Wir müssen den anderen riechen können (im wahrsten Sinne des Wortes), ihm trauen können, ihm wirklich näherkommen wollen. All diese Entscheidungen sind gefühlsbasiert: Wir müssen fühlen, riechen, spüren und können uns erst dann sicher sein, dass wir genau das mit genau dieser Person wollen: uns nähern, uns öffnen, Nähe zulassen.

Der Cyberspace ist also auch hier wieder nur ein Surrogat? Ich fürchte ja: ein Surrogat für echte Nähe, echten Kontakt, Körperlichkeit, Austausch, für eben das, was Jugendliche offenbar nicht mehr in ihren Familien und Freundeskreisen erleben. Wir sind ja alle so sachlich, nüchtern, rational.

Doch wo wird das denn gemacht, über Gefühle reden, mit Gefühlen sensibel und, je nach Lage, auch kraftvoll umgehen? In sozialen Netzwerken erfolgt das ebenso über Kürzel wie bei den SMS. Eine eigene Sprache hat schon immer das Gefühl von Zugehörigkeit geschaffen: Wer etwas versteht, der ist dabei, alle anderen bleiben draußen. Diese eigene Sprache ist zwar vielleicht nah und offen, aber auch nur Sprache. Was wir hier nicht erleben ist das, was unsere Gesellschaft eigentlich braucht: einen besseren Umgang mit den eigenen und fremden Gefühlen, eine souveräne, erwachsene Lösung von Konflikten verschiedener Art.

Facebook ist aus meiner Sicht ein wunderbarer Begleiter einer Diktatur, solange diese ihre Hausaufgaben macht, sprich: die Gruppe, die unter Diktat steht, weitgehend in Ruhe lässt. Möglicherweise hätte es den Arabischen Frühling nicht gegeben ohne soziale Netzwerke, viel eher aber doch wohl nicht ohne Smartphones, ohne Video- oder Fotohandys und ohne E-Mails. Doch auch hier wie in den gedruckten und audiovisuellen Medien: keine echten Gefühle, nur Ersatz, nur So-tun-als-ob. Das Anklicken des Symbols »like« erfordert keine Herzlichkeit, kann pures Kalkül sein oder auch aggressive Opposition zur eigentlichen Meinung, die vielleicht noch gar keine ist. Wie aber bilden wir uns eine Meinung, wenn wir wenig Für und Wider, aber viele »Likes« und »Dislikes« haben? Vermutlich gar nicht.

Gleichzeitig wird mit den sozialen Netzwerken der öffentliche Raum entleert: Wenn alles Öffentliche privat ist beziehungsweise alles Private öffentlich, was kann dann noch tatsächlich in den traditionellen Medien stattfinden? Wo gibt es einen gesellschaftlichen Diskurs, eine gesellschaftliche Auseinandersetzung, wenn nicht in dieser Öffentlichkeit? Auch darüber wird noch zu sprechen sein.

Die elektronischen Medien haben die Zahl unserer Möglichkeiten vergrößert. Aber sie scheinen uns vom Selbstdenken zu entbinden, sind auch auf subtile Weise schädlich für Mitmenschlichkeit und Miteinander. Sicher ist nur eines: Sie haben die Wirtschaft angekurbelt, neue Wirtschaftszweige entstehen lassen und neue Mythen wie das Silicon Valley – das Ruhrgebiet der Gegenwart.

Zwischenstand: Medien und Diktatur

Die Wirtschaft beherrscht auch den Medienmarkt. Ob Privatfernsehen, ARD oder ZDF, ob *Bild* oder Zeitschriften oder Bücher – immer geht es um Einnahmen, um Markt, um Umsätze. Immer steht irgendwo eine heilige Kuh herum, die beim Fernsehen »Quote« heißt. Heilige Kühe haben die Tendenz, den nüchternen Blick der Handelnden zu vernebeln, ihre Meinung quasi »über Bande« zu spielen und abprallen zu lassen und so der Hartnäckigkeit der Prediger einer über alles stehenden Wirtschaftlichkeit Raum und Stimme zu geben. Jedenfalls sieht es für mich bis hierher so aus.

Was lässt sich, nach diesem Blick aus dem Helikopter über verschiedene Themenbereiche hinweg, zusammenfassend feststellen? Wo stehen wir? Es geht mir um folgende Wirkmechanismen in den Medien:

Spektakelkultur: Die Inszenierung von menschlichem Alltag ist zum Normalfall geworden. So lässt sich so gut wie alles verkaufen – und mehr noch, die Inhalte, also die Geschichten sind entbehrlich. Das Spektakel selbst wird zum Inhalt.

Boulevardisierung: Das Niveau der Unterhaltung verschiebt sich nach unten. Die Zumutung liegt nicht im Aussprechen von Wahrheiten, sondern in der Verschiebung der Schamgrenzen: Das Private wird immer öffentlicher.

Prekarisierung: Die Prekarisierung der Produktionen in den Fernsehsendern geht einher mit einer Entkultivierung. Immer weniger Mittel fließen in die Produktionen, stattdessen wird damit (a) ein zunehmend teurerer, beamtenähnlicher Apparat (öffentlich-rechtlich) finanziert oder (b) bei den Privaten die Diversifizierungsbemühungen um neue (digitale) Pfründe, grünere Wiesen, andere Geschäftsmodelle.

Die Aufweichung gesellschaftlichen Widerstands oder eigener Positionen erfolgt durch Comedy: Alles Relevante wird öffentlich gesagt – es entsteht der Eindruck, dass es einen Raum gibt für Kritik. Dieser ist aber gänzlich unpolitisch, also machtfrei, und dient »nur« dem Einkommen der Comedians sowie der Produzenten und Sender. Der öffentliche Raum wird quasi entmachtet.

Emotionalisierungen: Es wird mit sachlichen wie unterhaltenden Themen vor allem das Gefühl der Zuschauer angesprochen. Dazu werden die Inhalte emotionalisiert und euphorisiert oder erotisiert. Auf einer nüchternen Ebene werden Emotionen oder Emotionalität aber nicht selbst zum Thema, obwohl gerade hier ein Wissensstau existiert, der gesellschaftlich relevant ist.

Leerformeln: Die sozialen Netzwerke sind Surrogate für nicht gefühlte Nähe und Zugehörigkeit. Sie sind auf ihre Weise besonders charmante Begleiter einer Diktatur der Dummen – solange diese nicht zu stark ins Leben eingreift.

Medien scheinen mir als eine zentrale Maschinerie der Verdummung zu funktionieren. Es geht um Profit und Wachstum der Unternehmen, es geht aber nicht mehr um Dinge wie Haltung, Ethik, Positionierung. Deshalb empfehle ich: Misstrauen! Der Einzelne und seine Geschichte sind irrelevant, Zuhören ist nicht von Belang – relevant ist der Einzelne als Teil der Zielgruppe. Dafür wird die individuelle Geschichte zugerichtet auf die wesentlichen Botschaften, die dann zu sogenannten sekundären Emotionen führen, die meist wirkungslos verpuffen. Anders gesagt: Die Grundlinien tatsächlich erlebter Geschichten werden aufgegriffen, emotionalisiert und so zugrunde geschrieben.

Was sagt die Wirtschaft selbst dazu? Viele mögen solch eine Frage nicht hören. Ehrlich gesagt: Ist es nicht verblüffend, wie sehr das wirtschaftliche Handeln, das doch dazu gedacht war, uns zufrieden zu machen und unsere Bedürfnisse zu erfüllen, so aus dem Ruder laufen konnte? Und was, viel wichtiger als alles, bedeutet das für unsere Gesellschaft, die doch einst auf humanistischem Boden stand? Stehen wir da noch, oder schwimmen wir ohne Halt, ohne Orientierung durch diese unsere Gegenwart? Dazu mehr im nächsten Kapitel.

2. Das Maß der Dinge in der Wirtschaft: Wachstum, Marketing, Konsum

Wir haben eine Wirtschaft, die uns stärker dient, als wir uns das vermutlich gewünscht haben. Sie liefert uns geradezu erbarmungslos, was wir wollen – und das zu Bedingungen, über die wir uns keine Gedanken gemacht haben oder machen wollen: Jeden Tag muss es Fleisch sein und auch noch preiswert? Bitte, wir bekommen es schon fertig geimpft und mit einer soliden Grundausstattung Antibiotika auf unseren Tisch. Wir wollen für T-Shirts nichts bezahlen und, bis auf die paar guten Einzelstücke, für Kleidung kein Geld ausgeben? Selbstverständlich, die Grundausstattung kommt quasi als »Flugshirt«, feuergetestet und zum Spottpreis frisch aus Bangladesch. Das neueste Smartphone sollte es auch sein? Natürlich, verstehen wir alle, denn das alte taugte gar nicht als Kamera, und überhaupt ist die Software nicht mehr aktualisierbar. Da orientieren wir uns doch gern an den fröhlichen Marketingversprechen der neuen Generation und kaufen erst mal nach.

Das, was unser Wirtschaftsverhalten »dumm« macht, ist unsere Haltung. Wir sind nicht die mündigen Verbraucher, als die wir uns gern darstellen und bewerben lassen. Ganz im Gegenteil: Wir konsumieren auf Teufel komm raus, bis uns wieder etwas im Halse stecken bleibt – aber dann ist das Geschrei groß. Dann brauchen wir die Fürsorge der Politik und fragen lautstark: Warum eigentlich gibt es nicht schon längst ein Gesetz oder zumindest eine Verordnung dagegen? Dumm macht uns vor allem, und das möchte ich in diesem Kapitel näher erläutern, fehlende Verantwortung für uns, für unser Umfeld, für die, die wir lieben. Wie genau das funktioniert? Es ist leichter als gedacht und basiert auf Gutgläubigkeit oder, anders gesagt, auf Naivität: Wir glauben der Werbung, dem Marketing, und wir haben kein Interesse oder sehen keine Notwendigkeit, uns um das zu kümmern, was wir Tag für Tag bereitwillig konsumieren. Auf der einen Seite.

Auf der anderen Seite steht eine professionell agierende Wirtschaft. Wir benehmen uns in ihrem Angesicht tagaus tagein wie Zauberlehrlinge, haben uns alles gewünscht und haben sehr viel davon und noch viel mehr anderes bekommen. Und wir wollen es am liebsten nicht so genau wissen. Im Unterschied zu Goethes Ballade verfügen wir jedoch nicht über die Möglichkeit, nach jemandem zu rufen, der uns von den Folgen unseres unbedachten Handelns entlastet, der zurückrudert und einen mit freundlichem Klaps ermuntert: »Geh zurück auf Los.«

Wir wissen, dass die Wirtschaft vor allem einem Diktum gehorcht, nämlich dem des Mehr. Mehr Umsatz, mehr Absatz, mehr Export – es herrscht ein ungebrochener Wachstumswille in Wirtschaftskreisen. Fast so, als wären immer noch die »guten« alten Industriezeiten da – Zeiten, in denen Arbeitskräfte nichts kosteten, Maschinen gut behandelt werden mussten und der Wettbewerb für Deutsche nur ein Ansporn mehr war, um in die Hände zu spucken und der Welt zu zeigen, was möglich ist. Bloß: Was bedeutet dieses Mehr? Oder anders gefragt, wer kann denn diesen Umsatz- und Absatzwildwuchs stoppen? Wer kann riesige Tiermastbetriebe und Legehennenfarmen, wer kann Massenbewirtschaftung und Monokulturen eigentlich beenden? Wir können das, Sie und ich. Die Wirtschaft ist ein System, eine Struktur, aber kein Mensch und damit nicht in der Lage, Verantwortung zu übernehmen. Sie reagiert auf unsere Wünsche, fein nuanciert, mit wenig zeitlicher Verzögerung. Und was tun wir als Verbraucher?

Wir machen das Gleiche wie die Wirtschaft: Wir nehmen, was wir kriegen können, und erst beim unweigerlich nächsten Skandal schwören wir Abkehr vom billigen Schnitzel, von Teppichen aus Kinderarbeit, von Blutdiamanten. Es ist ein System von Henne und Ei, mit einer einzigen, aber ganz zentralen Asymmetrie: Diejenigen, die Verantwortung übernehmen könnten, sind wir, jeder Einzelne. Doch wir tun es nicht, sondern schieben sie »dem System«, »der Wirtschaft« zu – mit der direkten Folge, dass auf jeden Skandal neue Erlasse und Teilregelungen folgen und auf Seiten der Produzenten der Verordnungswirrwarr exponentiell zunimmt, bis kein Mensch mehr durchblickt, was jetzt erlaubt ist und was nicht beim insgesamt so gar nicht koscheren Tun. Auf diese Weise wiederum ist nur eines sicher: Es gibt Raum für eine neue wirtschaftlich nutzbare Idee, für ein unbedingt erforderliches neues System, das schnell wächst und prima gedeiht.

Lassen Sie uns aufhören mit der überholten und längst ad absurdum geführten Idee, die Schuld den anderen zuzuschieben – am liebsten der Wirtschaft. Natürlich, Wirtschaft besteht im Wesentlichen aus profitablen Ideen, mit denen Geld zu verdienen ist. Das heißt de facto, dass es Menschen geben muss, die bereit sind zu bezahlen. Anders gesagt, wir halten diese Mechanismen durch gezieltes Wegschauen oder Gar-nicht-erst-Hingucken ganz entspannt in Bewegung und lebendig.

Dabei gehen wir verschiedenen Illusionen auf den Leim. Eine davon ist der Zwang zum Wachstum. Wachstum halte ich nicht per se für gut oder für schlecht. Wachstum in der

Kindheit halte ich für gut, Wachstum bei Krebs für schlecht. Wachstum ist nicht gleich Wachstum, aber was macht den Unterschied? Das eine ist »normal« oder »gesund«, das andere »übertrieben« oder »krank«. Erst die Abweichungen treffen uns und fordern unsere Verantwortung.

Sollbruchstellen: vorzeitiger Verschleiß

Vor einem Jahr ging mein Farbdrucker in die Knie. Ich packte ihn unter den Arm, leicht genug war er ja, und begab mich zu einer Servicestation für Hardware. Dort erhielt ich die freundliche, aber deutliche Auskunft: Eine Reparatur lohne nicht, ein neues Gerät sei viel preiswerter. Als ich mich damit nicht zufriedengab, wurde der Kundenberater konkret: Reparatur circa 135 Euro, Neukauf 49 Euro. Vermutlich ist das jedem von uns schon so ähnlich passiert. Wir hegen mehr oder weniger den Verdacht, dass da nicht alles mit rechten Dingen zugeht. Aber wer geht dem schon nach, und was soll dabei herauskommen? Doch was sind die Konsequenzen einer derartigen Reparaturfeindlichkeit? Auch wenn sich gezielter vorzeitiger Verschleiß nicht so einfach nachweisen lässt, ist es ein Phänomen, das großartig wirkt: Der Neukauf reparaturfälliger Geräte führt zur weiteren Produktion von Nachfolgegeräten.

Lange war Wirtschaftswachstum ein Tabu. Über das Ende des Wachstums für unsere Wirtschaft durfte nicht öffentlich nachgedacht werden, ohne dass reflexhaft und aggressiv Wirtschaftsfeindlichkeit, Aussteigersyndrome oder Realitätsflucht unterstellt wurden. Noch 2009 hatte Angela Merkel in ihrer Antrittsrede als wiedergewählte Bundeskanzlerin ihren eigenen Traum von einer wachsenden Wirtschaft unterstrichen. Seitdem hat sich allerdings Entscheidendes verändert.

Heute, im Jahr 2013, während ich dieses Buch schreibe, gibt es vielfältige Konferenzen zum Thema alternativen Wirtschaftens, gibt es zunehmend Literatur ernsthafter Forscher weltweit, entwickeln sich an den unterschiedlichsten Orten neue, teilweise originelle, aber meist nah an unserer heutigen Lebenswirklichkeit entstehende Konzepte. Konzepte, die vor allem eins im Sinn haben: den aktuell stärksten friedlichen Wachstumsmotor der westlichen Welt, den raschen Verschleiß von Produkten, zu ersetzen durch nachhaltige, zukunftsfähige und menschenwürdige Optionen.

Vintage, die reine Gegenwehr

Viele bastelfreudige Männer erfuhren leidvoll an ihrem Auto, was eine Verbesserung des Produkts im Sinne der Hersteller und Werkstätten bedeutet. Als ich 1992 nach Leipzig kam, stieß ich immer wieder auf unglückliche Autoliebhaber: Der neue Golf war zwar »geil«, aber es gab überhaupt nichts mehr selbst zu reparieren. Ganze Samstage, solide Männerfreundschaften und ein Stück Freizeitkultur drohten mit dem Ende von Wartburg & Co. zu zerbrechen – so ganz nebenbei, im Wirtschaftswunderdeutschland. Zum Glück sind Liebende stets findig, und so wurden die in die Jahre gekommenen Limousinen und Kombis der großen deutschen Marken erklärtes Ziel der Autoenthusiasten. Solide Technik unter der Motorhaube – Vintage aus purer Not sozusagen, bevor Vintage ein Trend wurde.

Die neuen schicken Automobile sind da ganz anders: gebaut zum Verschrotten. Wenn etwas defekt ist, müssen ganze Geräteblöcke ausgewechselt werden, oder womöglich gilt es, einen Chip so zu programmieren, wie es nur der Hersteller selbst kann. Am Ende sind wir da, wo wir vorhin schon gelandet waren: Die Reparatur lohnt nicht, das gute Stück muss dringend gegen ein sowieso viel attraktiveres neues ausgetauscht werden. Da hilft dann noch die staatlich ausgezahlte Verschrottungsprämie ein wenig über das Leid hinweg, schließlich kann man seine Fantasien jetzt wieder dem Neukauf zuwenden.

Wir kennen das Konzept aus allen Lebensbereichen: Die Produkte, die wir neu kaufen, scheinen schlechter, weniger belastbar, weniger stabil zu sein als das Vorgängermodell, das wir noch besitzen und ersetzen müssen. Das gilt für Bügeleisen ebenso wie für Kühlschränke, für Handys ebenso wie für Notebooks. Seit wann ist das so? Folgen wir diesem »Verschleißkonzept« in die Vergangenheit, dann verliert es an Harmlosigkeit, wird als Strategie und willentlich begangene Unterwanderung von langlebigen Produkten, von Dauerhaftigkeit und damit auch von Nachhaltigkeit sichtbar.

Es werde Licht und sein Kartell

Eine kleine Geschichte aus dem Jahr 1924. Damals gründete sich das Kartell »Phoebus« als weltweiter Zusammenschluss von Glühlampenherstellern, darunter General Electrics (USA), Phillips (Niederlande) und Osram (Deutschland) – die drei größten Glühbirnenproduzenten der Welt. Ihr gemeinsamer Wunsch: den Weltmarkt für Glühlampen und, mehr noch, den Verbraucher kontrollieren. So jedenfalls sieht das der Medienhistoriker Markus Krajewski, der sich des Themas und dieses Kartells annahm, das ursprünglich nur dem geheimniskrämerischen Hirn des Schriftstellers Thomas Pynchon entsprungen schien. Der Forscher stieß unter an-

derem in der Firmengeschichte von Osram auf den sogenannten Glühlampenweltvertrag, dessen Paragraf eins wie
folgt lautete:[9]

»Der Zweck und die Absicht dieser Vereinbarung ist, die
Zusammenarbeit aller Vertragsparteien sicherzustellen,
zur Vorsorge für eine vorteilhafte Ausnützung ihrer Fab-
rikationsmöglichkeiten bei der Herstellung von Lampen,
Sicherung und Aufrechterhaltung einer gleichmäßig hohen Qualität, Verbesserung der Wirtschaftlichkeit bei der
Verteilung des Absatzes und Steigerung der Wirksamkeit
elektrischer Beleuchtung und Erhöhung des Lichtverbrauchs zum Vorteil des Verbrauchers.«

Positiv an dieser Kartellabsprache waren Standardisierungen;
so passt etwa der einheitliche Sockel E 27 weltweit in jede entsprechende Lampenfassung. Aber was dürfen wir uns unter
»Erhöhung des Lichtverbrauchs zum Vorteil des Verbrauchers«
vorstellen? Hier liegt der erste (bekannte) Schritt in Sachen
gezielter Verschleiß: Die Firmen beschlossen, die Lebensdauer einer Glühlampe auf tausend Stunden zu beschränken.
Dabei handelte es sich faktisch um eine Halbierung der bisherigen Lebensdauer: Hatten die ersten Glühbirnen von Meister
Edison etwa fünfzehnhundert Stunden gehalten, so war um
1920 die Betriebszeit schon auf etwa zweitausend Stunden gewachsen. Und jetzt also das: tausend Stunden! Die Entwickler
in den Produktionsbetrieben erhielten den Auftrag, ein fragi-
leres Modell zu erfinden und zu produzieren. In den Firmen-
archiven, so der Historiker, ist der Aufwand gut dokumentiert,
der erforderlich war, um das Produkt den Vorgaben entsprechend zu schwächen.

Dieses erste bekannte Kartell der Gegenwart wurde 1942

von einem amerikanischen Gericht verboten; General Electrics prozessierte gute elf Jahre und ging ohne Strafzahlungen aus dem Prozess hervor. Auch bei uns sind solche Gebietskartelle generell unter Strafe gestellt; wir dürfen also getrost davon ausgehen, dass Phoebus offiziell zerschlagen ist. Seit etwa 1930 ist die Glühlampe ausgereift, technisch perfekt – aber dieser Longseller war offenbar für die Industrie nicht mehr interessant.

Lobbyarbeit statt Kartell

Oder lässt sich die Brüsseler Entscheidung von 2011 zur Einführung der Energiesparlampe vielleicht ganz anders erklären? Hier wurde definitiv ein technisch ausgereiftes durch ein mangelhaftes Produkt ersetzt, das etwa Quecksilber enthält und vor allem durch einen höheren Ladenpreis auf sich aufmerksam macht. Den Herstellern wird damit ein anderer Profit ermöglicht. Und uns, den Verbrauchern?

Ob hier die Glühlampenlobby zugeschlagen hat und ob es diese so gibt, werden wir nicht so leicht erfahren. Sicherlich aber haben die Unternehmen in Brüssel die richtigen Karten gespielt – und gewonnen. Vielleicht gibt es ja auch dort ein Programm, bei dem Firmenmitarbeiter in den Ministerien tätig werden, dabei aber hauptsächlich weiterhin von ihren Unternehmen bezahlt bleiben? Bei uns in Deutschland heißt das »Einsatz externer Personen in der Bundesverwaltung«, und für Recherchen dazu erhielt das *Monitor*-Fernsehteam 2007 den Grimme-Preis.

Wenn nicht nur neutrale Fachleute in den Ministerien arbeiten, sondern Vertreter der großen Konzerne und Organisationen bei der Erarbeitung neuer Gesetze mit am Tisch sitzen, dann hört sich das nicht gut an, neutral schon gar nicht. Also fing ich an zu recherchieren. Auf der Suche nach einer Stellungnahme der Bundesregierung über diesen Einsatz externer Berater lässt sich für die Jahre 2007 und 2008 im Netz leicht etwas finden, nicht aber über die aktuelle Situation. Ich frage mich: Müsste es mir als normaler Bürgerin nicht leichter gemacht werden, Auskunft zu solchen auch in der Öffentlichkeit kritisch gesehenen Maßnahmen und zu ihrem aktuellen Stand zu erhalten? Oder ist es völlig in Ordnung, mir und anderen Bürgern zuzumuten, solche Informationen auf Nachfrage bei der betreffenden Stelle einzuholen? Wie viel Transparenz erfordert gerade die heikle Zusammenarbeit zwischen Industrie und Politik? Festhalten lässt sich eines: Die Grenze zwischen beiden ist möglicherweise viel durchlässiger, als ich mir das wünsche.

Das Phoebus-Kartell ist gesprengt, ähnliche Kartelle dürfte es in unserer westlichen Welt nicht mehr geben, und dennoch hat sich das bei Phoebus praktizierte Verfahren des vorsätzlich schnelleren Verschleißes, im Fachbegriff »geplante Obsoleszenz«, irgendwie bei uns festgesetzt und gehört zu unserem alltäglichen Wirtschaftserleben. In ähnlicher Art und Weise können uns etwa auch die Inkompatibilität von Ladegeräten und Steckern auf die Palme bringen, wenn wir nur an Smartphones und Handys denken.

Wachstum und Krieg

Das mag sich anhören wie Kleinkram, denn die Folgen unseres Wachstumskurses erleben wir auch in Verteilungskämpfen einer ganz anderen Kategorie. Ich meine die Kriege in Afrika und Asien, genauer gesagt jene, die in der Ferne und weitgehend unbemerkt von uns ablaufen – jene Verteilungs-kämpfe, die wir als Bürgerkriege abtun können. Erst da, wo unsere Wirtschaft in Sorge um Rohstoffe gerät, sind wir vor Ort. Dort wird dann mit kleinen Einheiten »unserer Truppe« glänzend und hochprofessionell unterstützt.

Wir schauen weg, obwohl die Verteilungskämpfe im Wesent-lichen von unseren Produkten ausgelöst wurden. Natürlich nicht bei Erdöl, da sind die Ferngläser gezückt, aber bei so etwas schwer vermittelbarem wie »seltenen Erden«, da sind wir lässig. Sonst müssten wir wohl anders mit der Kritik am Rohstoffverbrauch der Handyproduktion umgehen, auch mit denen der emotional besonders aufgeladenen Marke Apple, und dürften diese nicht einfach zur Seite wischen.

2010 gab es etwa fünf Milliarden Mobilfunkverträge welt-weit, jährlich werden eine Milliarde Geräte neu hergestellt, welche in Deutschland durchschnittlich drei Jahre lang ge-nutzt werden.[10] Jedes Telefon besteht ungefähr zur Hälfte aus Kunststoff, zu einem Viertel aus Metall und zu gut fünfzehn Prozent aus Glas und Keramik. Stark kritisiert wird der Ein-satz von Tantal, das aus Coltan gewonnen werden kann und nur im Kongo vorkommt: Von Menschenrechtsorganisatio-nen werden die inhumanen Arbeitsbedingungen und Kinder-arbeit angeprangert. Hohe Gewinne und der Bürgerkrieg im Kongo führten zu planlosen Bergbauaktivitäten mit verhee-renden Umweltschäden; wir wissen vom ohnehin schon stark reduzierten Lebensraum der Gorillas, die besonders betroffen sind. Von den Einnahmen finanzieren die lokalen Milizführer ihre Soldaten, neue Waffenkäufe und die Fortsetzung des Bürgerkriegs.

Es ist wirklich hart. Das Geld, das hier erwirtschaftet wird, ist ein starker Motor von Wachstum, wie alle Kriege, Katastro-phen und Unglücksfälle als kraftvolle Treiber von Ausgaben gelten, die Menschen oder ganze Volkswirtschaften auf sich nehmen müssen, um den vorherigen Zustand wiederherzustellen oder einen neuen, akzeptablen zu erreichen. Die Folgen der Ölkatastrophe vor Mexiko? BP und die USA investierten Milliarden – in Reinigung, in Technik, in die Rettung von Tieren. Aufträge, welche die Wirtschaft im Katastrophensektor stark angeheizt haben. Aus wirtschaftlicher Sicht, zum Beispiel für Ölentsorgungsfirmen, sind das also echte Glücksfälle. Wir kennen in Deutschland ein starkes, ja sogar sagenhaftes Wachstum infolge eines Krieges. Das sind, so hören wir heute von immer mehr und namhaften Wirtschaftswissenschaftlern, Sondereffekte, mit denen bitte keiner argumentieren oder rechnen möge. Und was geschieht? Wir tun es doch.

Das Diktat der Quantität

Wirtschaftswachstum heute wird begriffen als das Wachstum unseres BIP, unseres Bruttoinlandsproduktes. Keine Sorge, ich verschone Sie mit Details, aber im Wesentlichen verweist das BIP auf den quantitativen Güterdurchsatz einer Gesellschaft, um es formal zu sagen. Oder verständlicher: Ein zentraler Faktor des Bruttoinlandsproduktes, der Motor für sein und also unser aller Wachstum, ist der Konsum. Je mehr wir konsumieren, desto stärker wachsen die Wirtschaft und das BIP. Was vom Bruttoinlandsprodukt nicht gemessen wird, sind Dinge wie die Qualität der verbrauchten Güter oder deren Beitrag zur Umweltverschmutzung. Auch die Arbeit im Haushalt wird nicht berücksichtigt, die vielleicht deswegen weder Ansehen noch Wert hat. Sorry, liebe Hausfrauen und -männer, ihr seid keine Triebkraft für unser Wachstum!

Als der Club of Rome 1972 seine Prognose veröffentlichte,

die sehr weitsichtig *Die Grenzen des Wachstums* hieß, war nicht absehbar, wie sehr die Forscher recht behalten würden. Erstaunlich viele ihrer Voraussagen sind eingetroffen, und für den Fall, dass Sie damals den Schinken nicht gelesen haben: Der Kollaps unserer Systeme wurde für das Jahr 2100 vorausgesehen – wenn sich nicht Entscheidendes ändern würde. Die Forscher rund um Denis und Donella Meadows hatten verschiedene Szenarien entwickelt und als eine zentrale Frage genau diese aufgeworfen, wie sich Wirtschaftswachstum und Rohstoffverbrauch entkoppeln lassen. Diese Frage wartet weiterhin auf Beantwortung.

1972 wirkte die Studie nahezu unerhört. Doch obwohl hinter dem Club of Rome auch Industrielle als Gründungsmitglieder standen, blieb eine direkte Wirkung aus. Es haben eben nicht alle erschrocken die Augenbrauen gehoben, sich zusammengerissen und umgelenkt. Warum bloß sind wir an wichtigen Gütern unseres Lebens und an den Folgen und Konsequenzen für diese Welt und andere Menschen ebenso desinteressiert wie bei der Studie des Club of Rome? Warum lernen wir eigentlich nicht dazu? Wie kommt es zu solchen Dummheiten vor dem Hintergrund eines von Humanismus getragenen Menschenbildes? Was macht uns so unempfindlich?

Geht es ohne Wachstum?

Die heilige Kuh »Ohne Wachstum kein Wohlstand« wird von den Lobbyisten der Industrie durch jedes Dorf getrieben – ein Tabu, wie wir es vor allem in Indien erleben: Dort sind Kühe nicht antastbar, sie laufen durch die Städte nach ihrem eigenen Gutdünken und müssen unbedingt geschont werden. Inder merken oft nicht einmal, dass sie einer Kuh ausweichen. Das ist ein typisches Zeichen von Tabus: Man umgeht es, ohne es infrage zu stellen, und oft genug sogar, ohne es zu benennen. Tabus stecken uns in Fleisch und Blut, vielleicht sogar in der DNA.

Die Wachstumslobby jedenfalls ziert mit ihren Vertretern die Talkshowgemeinde. Diese geben kompetent Auskunft über ihre Ansichten, sind brillant im Vorsprechen von Analysen und professionell im Ablenken vom Wichtigen, indem sie das Besondere beschreiben, denn sie kennen das jeweilige Thema durch und durch. Nur eines tun sie meistens nicht: Sie erzählen nicht von sich selbst und ihren eigenen Erfahrungen, sie erzählen meist aus Sicht hochgeachteter, wenn nicht gar hofierter Fernreisender oder gar Staatsbesucher. Sie sprechen ganz generell über Erfahrungen (und wie diese zu verkraften sind), sie sprechen über Gefühle (und wie unsinnig es statistisch erwiesenermaßen ist, sich in der Nachbarschaft eines Reaktors zu ängstigen). Lobbyisten sprechen immer »über«, und das erleben wir in den öffentlich ausgestellten Diskussionsrunden. Sie sprechen nie »von« und erst recht nicht »mit« uns. Sie bleiben bei einer Draufsicht, sie entpersonalisieren, sie lassen Befindlichkeiten, Gefühle, ganze Lebenslagen draußen. Ist das wirklich das, was wir brauchen? Nimmt uns eine solche Perspektive als lebendige Menschen ernst?

Wachstumsmotor Marketing

Während in Talkshows das Wachstum medial gerettet wird, wird in den Laboren der Wirtschaft das Alltagsgeschäft des Produktverschleißes experimentell optimiert und in ihren Hinterzimmern intellektuell vorangetrieben. In den schickeren Büros dagegen wird definiert, wie genau der Erfolg des

Unternehmens beschrieben wird. Zielen wir dabei auf einzelne Personen, auf Konjunktureffekte oder auf kluge Strategien? Auch im Geschäftsbericht steht – in Zahl und Wort – im Wesentlichen das Ergebnis von vielfältigen Marketingüberlegungen.

Sind wir dem denn nicht gewachsen? Oder weshalb sehen, verstehen, erkennen wir nicht, was hier unter dem schönen Anstrich der Werber verborgen wird? Natürlich, Marketing ist uns allen in Fleisch und Blut übergegangen. Dabei bezeichnete dieser Begriff ursprünglich einfach alle Aktivitäten eines Unternehmens, um die eigenen Produkte optimal am Markt zu positionieren und zu verkaufen.

Doch Marketing steht heute vielmehr für die wundersame Wandlung mit den Mitteln von Wort und Bild von allem möglichen »Zeug« in Gold. Oder konkreter: von Knorr-Tütensuppe in eine vollwertige Mahlzeit, vom glutäugigen Giulio in ein leckeres Giotto, von einer dünnen Fünfzehnjährigen mit Allerweltsgesicht und wenig Kleid zu einer rassigen Parfumträgerin von Welt. In dieser Richtung, also auf die Verzauberung und Erhöhung von Produkten gerichtet, verstehen wir das ja noch alle – jedenfalls glauben wir zu verstehen, dass es ohne nicht geht.

Dass unser gesamtes Verhalten emotional begründet ist, wissen Werbung und Marketing schon lange. Heute wird dort auf Neuromarketing und die Nutzung der aktuellen Forschung gesetzt, um weiterhin einen Schritt voraus zu sein. Ihnen liegt kaum daran, dass wir alle dieses Wissen teilen. Denn seien wir ehrlich: Wer die Logik der eigenen Psyche kennt, geht den Manipulationsmechanismen anderer nicht mehr so leicht auf den Leim – auch nicht einer ständigen Emotionalisierung.

Der Unterschied zwischen innen und außen

Die Wahrnehmung unserer Gefühle ist relevant für unsere ganz persönlichen Entscheidungen, die Wahrnehmung der ureigensten Bedürfnisse steht auf dem gleichen Blatt. Bedürfnisse sind nicht auf Produkte ausgerichtet, rufen nicht nach vierlagigem Toilettenpapier oder Jägermeister. Bedürfnisse entstehen aus unserem Erleben von Welt, das haben wir bereits festgestellt

Der US-Psychologe Abraham Maslow, einer der Mitbegründer der humanistischen Psychologie, entwickelte aus seinen Erkenntnissen zu menschlichen Bedürfnissen die sogenannte Maslowsche Pyramide. Auf ihr lassen sich Bedürfnisse wie folgt einordnen: Es gibt Grundbedürfnisse, die unbedingt gedeckt werden müssen, erst dann werden die Bedürfnisse auf der nächsten Ebene relevant und so weiter. Konkret heißt das: Unsere Bedürfnisse verändern sich – je nach Lebenssituation sind unterschiedliche Dinge wichtig und stehen im Vordergrund unserer Bemühungen. Zentrales Element von Bedürfnissen: Sie sind immer qualitativer Natur. Es geht also nicht darum, drei oder fünf oder zwanzig Häuser zu haben, sondern das Bedürfnis lautet »sicher wohnen«.

Schauen wir uns diese Pyramide einmal für Facebook-Nutzer an: Hier stehen auf den Ebenen drei und vier die sozialen und die Ich-Bedürfnisse, also die Bedürfnisse nach Zugehörigkeit und Freundschaft, gefolgt von den Bedürfnissen nach Anerkennung und Geltung. Wo lernen Kinder, wie man Freundschaften schließt, wie man falsche von richtigen Freunden unterscheiden lernt, wie man Kompromisse schließt, bei sich bleibt und dennoch in der Beziehung? Vielleicht zu Hause? Ist das noch der Ort, an dem Beziehungen gepflegt oder, neudeutsch, gemanagt werden?

Maslowsche Bedürfnispyramide

Wer kann das noch, eine Beziehung eingehen, sich von jemandem ansprechen lassen oder alternativ jemand anderen ansprechen? Ich glaube, dass die Bedürfnisse nach Bezogenheit und Nähe in unserer Gesellschaft groß sind, das Thema selbst aber hinter der Arbeitswelt vollständig zurückgetreten ist – es liegt quasi im Schatten. Aus diesem Schatten tritt es jetzt (vermeintlich) durch das Internet heraus, und es entstehen neue Formen von Beziehungen, die allerdings ohne ein echtes Miteinander auskommen wollen.

Ziehen wir ein kleines Fazit. Wenn Sie sich diese Pyramide ansehen, wird schnell deutlich: In einer Gesellschaft wie der unsrigen, in der die Grundbedürfnisse, aber auch die Sicherheitsbedürfnisse weitgehend befriedigt sind, ist es schwer, Menschen noch etwas zu verkaufen. Wirtschaft aber zeigt sich auch hier erfinderisch und nutzt den Begriff des »Bedarfs«, um für die Produktionshallen der Welt eine gewisse Planungssicherheit zu erzeugen. Und dieser Bedarf orientiert sich an Quantität. Doch das hat viel mit betrieblicher Planung, aber nichts damit zu tun, was unsere Gesellschaft tatsächlich als Bedürfnis äußert. Und natürlich sind wir geneigt, die beiden Begriffe zu verwechseln, so wie die Worte sich selbst ja aus gutem Grund zum Verwechseln ähnlich sind.

Verantwortung, Pflicht oder Schuld?

Interessant wird es, wenn wir feststellen müssen, dass diese Erhöhung und Aufladung von einfachen Dingen mit Wörtern und Bildern gegen Konzepte, die dagegenhalten wollen, quasi resistent ist – beispielsweise eine Bezugnahme auf Werte. Verantwortung etwa ist durchaus ein Wert, aber was bedeutet er? Politiker verwechseln Verantwortung immer wieder mit Schuld. Der Satz: »Ich übernehme die Verantwortung«, bedeutet nur, dass jemand die Konsequenzen zieht – und das selten ohne Druck von oben.

Wirtschaftsleute halten Verantwortung für das Gleiche wie Pflicht. Mitarbeiter verstehen darunter die Bereitschaft zum Funktionieren und zum Gehorsam. Merkwürdig, oder? Weil keiner mehr genau hinschaut, lässt sich alles benutzen. Und wie geblendet stehen wir vor dem Chefredakteur der *Bild*, der uns im WDR erzählt, wie er Verantwortung für seine Leute übernimmt. Und wer genau hinhört, erfährt: Herr Diekmann macht seinen Job als Führungskraft. Nicht mehr, nicht weniger. Aber Verantwortung ist natürlich viel besser, es ist »im Trend«.

Doch was ist Verantwortung wirklich? Die Fähigkeit, angemessene Antworten zu geben – zu Sachverhalten, zu Entscheidungen. Verantwortung für das eigene Leben? Verantwortung lässt sich nur übernehmen, wenn jemand die Fähigkeit entwickelt, das zu wissen von sich, was er wissen könnte. Blauäugigkeit und Naivität, wie es die Verführung wünscht, führen eben gerade weg von Verantwortung.

Das hat eine beständige Einvernahme zur Folge, ein stetes »Kapern von Werten und Worten«. Marketingleute und Werber schaffen es auf wundersame Weise, sich ständig das, was ihnen als Argument, als wesentlich oder als Wahrheit entgegengehalten wird, einzuverleiben und daraus etwas anderes zu machen, dem nur schwer beizukommen ist. So wird beispielsweise mit Qualitätsversprechen geworben – das beste Waschmittel aller Zeiten –, die aber kaum überprüfbar sind. In Werbesendungen wird oft mit einer Quantität, einem sensationellen Preis, abgeschlossen. Mode ist da ein geniales Beispiel: Diese Branche etwa kennt, auch in der wissenschaftlichen Durchdringung, keinen Qualitätsbegriff. Kein Mensch hat bis jetzt definiert, was Qualitätskriterien für »gute« Kleidung sind. Entsprechend ist die Bühne frei fürs Marketing: Alles kann toll, qualitativ hochwertig, top sein, einfach alles.

Als anno 2000 in der damals noch frischen Zeitschrift *Brand eins* die Thesen des *Cluetrain Manifests*[11] abgedruckt wurden, jubelte ich: Die Dinge ändern sich! Märkte werden wieder als Gespräche wahrgenommen, das Geschwätz hat ein Ende. Weit gefehlt! Die Alchemisten der Wirtschaft sind nach wie vor die Marketingexperten, auch in der Finanzwelt.

Wem die Welt schon jetzt gehört

Bleiben wir bei den Banken: Es ist schon interessant, was wir alles über sie seit September 2008 lernen mussten, als das Institut der Lehman Brothers in die Knie ging und sich plötzlich ein Paralleluniversum der besonderen Art offenbarte. Der staunende Bürger hörte, dass es Wetten auf Lebensmittel gibt, Wetten auf nicht zurückgezahlte Kredite, den Verkauf fauler Kredite, Leerverkäufe – Wetten also auf Dinge, die sich unseren Vorstellungen, unserem gesunden Menschenverstand und unserer braven Moral vollständig entziehen. Und wir erfuhren, dass damit die Reichen der westlichen Welt immense Reichtümer auf sich gezogen haben.

Hat das noch irgendwas mit unseren humanistischen Idealen zu tun, mit der Annahme, der Mensch sei das Maß der Dinge? Oder sind diese schon vollständig gekapert durch die Ideen von mehr Geld, mehr Profit, mehr, mehr, mehr? Für Letzteres spricht, dass einige kluge Menschen laut darüber nachdenken, wie es der Kasinokapitalismus jetzt schafft, das Kleingeld der Bürger einzusammeln. Es heißt also, den Sparer zu gewinnen. Leider aber liegen die Sparzinsen unterhalb der Inflationsrate, und so versuchen viele normale Menschen, sich irgendetwas einfallen zu lassen. Schiffsanleihen, zu große Häuser, dies und das wird angepriesen, angedreht, aufgeschwatzt. Wo bleibt da der genaue Blick? Weshalb vertrauen wir wildfremden Menschen, die uns nicht nachvollziehbare Anlagestrategien erklären? Wir wissen es doch eigentlich wirklich besser.

Wenn Sie den Run auf die Banken in Zypern verfolgt haben, dann wurde auch Ihnen vielleicht ganz schlecht bei dem Gedanken, dass es uns auch so gehen könnte. In Zypern jedenfalls haben, fürchte ich, viele Menschen überhaupt erst

begriffen, dass Banken keine Baumschulen für wachsende Geld-
mengen, keine Verwahranstalten von Vermögen sind. Puste-
kuchen: Banken sammeln unser Geld. Und bis vor wenigen
Jahren sind wir ganz gut damit gefahren. Aber jetzt?

Ein Forscherteam der Eidgenössischen Technischen Hochschule Zürich untersuchte etwa 43 000 global handelnde Firmen, analysierte die Besitzverhältnisse untereinander und stellte
fest, wer genau wen durch Aktienbesitz kontrolliert.[12] Dabei
zeigte sich, dass den Kern dieses Netzes 1318 Firmen bilden,
die durchschnittlich in zwanzig Verbindungen zu anderen
Firmen stehen. So weit, so gut. Interessanter aber aus meiner
Sicht: Dieses Netz repräsentiert zwanzig Prozent des weltwei-
ten Umsatzes, und ihm gehört die Mehrheit der sogenannten
Blue-Chip-Konzerne und der wesentlichen Produktionsfirmen
dieser Welt, die etwa sechzig Prozent des gesamten Umsatzes
ausmachen. Das hört sich fast nach Weltherrschaft an, oder?

Aber es kommt noch dicker: Tief im Inneren dieses Netzes
verbirgt sich ein Kern aus 147 eng verbundenen Konzernen,
die sich einerseits gegenseitig besitzen und denen andererseits
vierzig Prozent des gesamten Netzwerks gehört. Auf gut
Deutsch bedeutet das: Ein Prozent der großen Firmen kontrolliert vierzig Prozent des gesamten Netzes. Und wer gehört
zu diesem einen Prozent? Auf den Plätzen 1 bis 49 (von 147)
begrüßen wir die Banken und ihre Schwestern, die Versicherungen, darunter die Deutsche Bank, die UBS – die üblichen
Verdächtigen also. Occupy findet hier eine deutliche Bestäti-
gung – aber will das jemand wirklich wissen?

Die Studie baute auf den Zahlen von 2007 auf, und bekanntlich sind einige der Banken kurze Zeit darauf an sich selbst
gescheitert. Aber führt das bei Banken und Versicherungen
zu irgendwelchen Veränderungen? Man merkt es entweder
kaum oder an der Halbherzigkeit ihres Tuns: Die Vertreter

des Großkapitals sind mit innerbetrieblichen Veränderungen, mit Transparenz und neuen Anforderungen von Kunden offenbar völlig überfordert.

Gallische Dörfer

Change ist seit gut zwanzig Jahren ein gängiges Thema in allen großen Unternehmen. Dabei geht es um Veränderungen, die vom Markt oder von anderen äußeren Einflüssen verlangt werden, nicht nur um eine Marketingkampagne. Change hat einen eigenen Wirtschaftsbereich groß gemacht: die Beratungen. Welche Beratungsfirma hat es tatsächlich noch mit echten Strategiefragen zu tun und nicht im Kerngeschäft mit Reorganisation, mit Restrukturierung, mit Integration neuer Firmen oder Outfading verkaufter Töchter? Wandel ist das Thema, von dem das Beratergeschäft lebt und natürlich das Geschäft der Coaches.

Ich weiß ziemlich genau, wovon ich spreche, denn als Executive Coach habe ich es mit Menschen zu tun, die Veränderungen umsetzen sollen und dabei meist sehr viele Menschen zu führen haben. Interessant ist, dass etliche dieser Führungskräfte sich (immer noch) wünschen, die anderen mögen sich ändern. Die Vorgesetzten, natürlich, möchten gern, dass sich ihre Mitarbeiter einsichtig, an den anstehenden Änderungen interessiert und von ihrem Marketingtext begeistert zeigen mögen.

Aber es ist ganz anders. Viele Mitarbeiter machen ihren Vorgesetzten das Leben schwer, wollen nicht in den Ruhestand gehen oder nicht nach Thüringen umziehen, haben keine Lust auf das Leben als Expat in Costa Rica, haben null Interesse an einer Chefin, die ihnen noch vor Kurzem als Praktikantin

Gürkchen aufs halbe Brötchen gelegt hat, bevor sie im Quotensog sensationell von der ungelernten, wenn auch munteren »Kraft für alles« zur großen Problemlöserin aufstieg. Mitarbeiter nehmen noch das Recht in Anspruch, das wir alle aus dem Humanismus mitbekommen haben: das Recht auf Autonomie und Selbstverwirklichung in der Art und Weise, wie jeder selbst das möchte.

Für die Vorgesetzten ist das schwer auszuhalten. Aber es ist richtig so: Mitarbeiter dürfen das alles nicht wollen. Sie müssen keine Einsicht zeigen, müssen keinen Unsinn verstehen und müssen sich auch nicht auf Tschakka-Tänze der Marketingabteilung freuen. Sie sind oft genug total nüchtern und immer wieder ernüchtert. Denn sie befinden sich meist nicht in den Runden, in denen die Veränderungsgedanken entstehen, geschürt werden, ihren Lauf nehmen. Sie sind nicht wie viele ihrer Führungskräfte schon voll mit »Racket-Feelings«, mit instrumentalisierten Gefühlen, sind nicht aufgeheizt, angetriggert, betrunken von den Managementmoden der neuesten Generation, sind keine »Believer« von Kaizen oder Reengineering oder gar dem nächsten Veränderungsprojekt mit Kostenreduzierungsziel.

Am meisten mitbekommen von solchen Moden hat vermutlich das mittlere Management in den Konzernen: Dort wurden die Methoden gelernt, diese Menschen kennen die Instrumente und können jetzt selbst eins und eins zusammenrechnen. Viele Manager, die in großen Projekten Erfahrung gesammelt haben, profitieren davon in relevanter Weise für ihr gesamtes Leben. Auch hier sind Wachstumsträume gang und gäbe: Für viele Mitarbeiter auf diesen Ebenen, dem oberen Teil des mittleren Managements, geht es noch um Zugang zum »großen Geld«, zum C-Management – also zu den Positionen, die neudeutsch CEO, CFO und so weiter heißen und einen Platz im

Vorstand bedeuten. Es geht also um die Jobs mit Millionenab-findung, mit hohem Status, sprich: mit äußerem Wachstum. Auf inneres Wachsen können viele von ihnen entsprechend gut verzichten; sie wissen gar nicht, wovon da die Rede sein könnte. Falls doch, verbergen sie es gern und gut.

Psychologie als Rohrkrepierer

Gehört es eigentlich nicht zum Kerngeschäft der Psychologie, genau dieses innere Wachstum voranzutreiben – mit den Er-kenntnissen, mit der Logik unserer Psyche, Einfluss zu neh-men auf das, was in unserem Land geschieht? Leider nein. Die Psychologie, eine der wirklich zentralen Errungenschaften des letzten Jahrhunderts, hat es letztlich verpasst, sinnstif-tende und auf die Bedürfnisse nach innerem Wachstum zu-geschnittene Konzepte zu entwickeln. Im Gegenteil: Aus der Idee, mehr von den eigenen Bedürfnissen, inneren Zuständen und Bedingtheiten zu verstehen, wurde einerseits eine Wirt-schaftsform entwickelt, die heute unter dem Namen Therapie fast ausschließlich auf die Opfer unserer Gesellschaft zielt und von den Krankenkassen finanziert wird. Andererseits lässt sich mit den inneren Problemen anderer sehr gut auskommen: Versuchen Sie einmal, auf die Schnelle einen Therapieplatz bei einem namhaften Therapeuten zu bekommen! Schier un-möglich.

Doch viele, die mehr von sich selbst, ihren emotionalen und spirituellen Bedürfnissen wissen wollten, die nach Sinn und Sinnstiftung gesucht haben, wurden und werden massenhaft in die Esoterik verjagt. Esoterik aber bedeutet im Wesentlichen »mehr vom Falschen«, nämlich auch: Konsum. Hier kann man sich durch die Scharlatanerie all derer hindurchwursteln, die in der Grauzone unserer Gesellschaft, ohne jede Art von anerkannten Abschlüssen oder qualitativen Nachweisen, ihren Lebensunterhalt verdienen.

Haben Sie zum Beispiel schon einmal Astro-TV gesehen? Dann ahnen Sie zumindest, wie es um viele Menschen steht, die sich offensichtlich nicht über die wirklich wichtigen Dinge in ihrem Leben mit anderen so austauschen können, dass es ihnen guttut oder ihnen Orientierung bietet. Sie holen sich Wahrheit von der Wahrsagerin, was immer wieder mal zum geraunten: »Und es hat gestimmt!« führt – aber niemals dazu, die eigene Kompetenz zu erhöhen, die eigene Innensteuerung zu stärken, die eigenen Fähigkeiten der Wahrnehmung, der Einschätzung von Menschen und Situationen, des eigenen Repertoires zu erweitern und zu verbessern.

Distribution schlägt Produktion

Auch im Esoterikmarkt entwickelt sich mit dem Wachstum und der Professionalisierung der Branche genau das, woran die deutsche Agrarwirtschaft schon seit dreißig Jahren laboriert: null Relevanz und totale Austauschbarkeit in der Produktion, alle Macht der Vermarktung und Distribution. Produzenten sind – das lehren uns brennende Textilfabriken für deutsche T-Shirts in Bangladesch ebenso wie die dauerhafte Abhängigkeit deutscher Bauern von EU-Subventionen – beliebig und damit vollständig austauschbar. Ihr Produkt ist zwar nötig, verdient wird aber an ganz anderer Stelle: Die Gewinne erwirtschaften diejenigen, die die Waren vermarkten, also die Distributoren.

Die Landwirtschaft beispielsweise hat längst erlebt, dass die Distributoren in Gestalt von Aldi, Lidl und Co. das Geld verdienen, die Produktion aber dahinsiecht – und sie hat er-

staunlicherweise daraus nie eine heilende Konsequenz gezogen. Es sei denn, man versteht die dauerhafte Abhängigkeit
von EU-Mitteln und Zuschüssen als tragfähige Lösung. Ist
das nicht ein Armutszeugnis der Politik und auch der Branche
selbst? Oder kommt man da einfach nicht raus?

Distribution als »Wirtschaftsgewinner«. Die Marken sind
heute die Machtfaktoren der Märkte, nicht mehr die Produzenten. So kann es geschehen, dass Bionade Gott weiß wo hergestellt wird, in Pakistan oder in Polen: Für den Kunden wird
über das Marketing die Markenwelt erzeugt, die zu »Bionade«
gehört: irgendwie öko, aus einem hessischen Familienbetrieb
in die coole Welt der Hippster gelangt, mit einfachen Flaschen
und einfachen Etiketten. Wer die Marke hat, stellt die Bedingungen, und das ist derzeit Radeberger, eine Tochter der
Oetker-Gruppe. Man kann Bionade an beliebigen Orten produzieren lassen, sprich: Die Produktion kann zu Preisen erfolgen, die völlig abgekoppelt vom Verkaufspreis des Produktes
sind. Dafür ist es aber nötig, eine Marke stabil aufzubauen. So
wie es Dieter Mateschitz mit Red Bull vormacht: emotionale
Aufladung von Events, von Sport, ja sogar von Fußballver-
einen mit seiner Marke – und wir, die Konsumenten, können
nicht mehr unterscheiden zwischen einem Lebensgefühl, einer
Marketingstrategie, unseren Bedürfnissen nach Zugehörigkeit,
Kontakt, Beziehungen zu anderen.

Natürlich hilft auch die neue, schöne, bunte Internetwelt dabei, genau diesen Vorrang der Distribution zu stärken. Schließlich liegen in Adressdaten, in Ansprechbarkeit, in der Kenntnis vom Kunden die Stärke, aber auch die Gefahr des Webs.
Lässt sich etwa der Erfolg von Zalando, einem Schuhvermark-
ter, anders erklären? Eine Werbung, in der »vor Glück geschrien
wird«, und ansonsten ein klar definiertes Geschäftsmodell, das
auf die Onlinekunden zielt. Die Brüder Samwer, die mit

Zalando und ähnlichen Internetkonzepten mit eher rüden Methoden und wenig Start-up-Charme erfolgreich wurden, lassen grüßen! Und während Sie Ihre Schuhe zählen, zählen die drei ihr Geld.

Wert oder Preis?

Distributionsfragen führen natürlich auch zu den Fragen nach großen Datenbeständen der weltweit datensammelnden Firmen wie Google oder Facebook. Cookies sind überall unterwegs, die meisten Webseiten wollen, dass wir welche »erlauben«, und oft genug geht es in die Sackgasse, wenn wir das verhindern möchten. Sind wir gläsern? Sind wir, in Zeiten des Internets, überhaupt als Mensch noch etwas wert, oder interessiert alle nur noch der Preis, den unsere Daten kosten, der Preis für die Spuren, die wir im großen Stil im Netz hinterlassen? Wir werden dabei immer argloser, lassen Kreditkarteninformationen ebenso gern abfragen, wie wir durch unser Bestellverhalten erotische Vorlieben offenbaren.

Mittlerweile gibt es verschiedene Börsen, an denen Datenmaterial für gezielte Internetwerbeaktionen gekauft werden kann. Hier geht es um die Kampagnen großer Werbekonglomerate, die gezielt Nutzer ansprechen wollen – und das auch auf diese Weise tun. Diese Börsen entstanden um das Google-Konzept der Textanzeigen, der Fachbegriff lautet RTB, »Real-Time-Bidding«. Es handelt sich um Auktionen, die für Verlage wie auch für Werbetreibende Vorteile bieten: Sie sind topaktuell, denn die Preise werden innerhalb von Sekundenbruchteilen ermittelt, die Werbeplätze in den Onlinemedien lassen sich optimiert nutzen, und natürlich wird auch das nicht so schöne Retargeting unterstützt.

Retargeting bedeutet, dass der Besucher einer Internetseite beim nächsten Besuch einer anderen mit Werbeplätzen ausgestatteten Website wieder an die ursprüngliche Seite erinnert wird, indem Werbebanner oder Produkte eingeblendet werden. Wenn Sie sonntags nach braunen Straßenschuhen gesucht haben, kann es Ihnen also passieren, dass Sie ab Montag beim Besuch anderer Internetseiten mit braunen Straßenschuhen konfrontiert werden – ein, wie ich finde, sehr kundenunfreundliches Konzept. Aber eines mit gigantischem Wachstumspotenzial: Wikipedia etwa weist als Umsatz für die Real-Time-Börse in Deutschland für 2012 etwa 168 Millionen US-Dollar aus und erwartet bis 2016 eine Steigerung auf 692 Millionen US-Dollar.[13] Das sind Summen, die für ein interessantes Grundrauschen in der bei Ergebnissen so unspektakulären Internetwirtschaft sorgen.

Hier wird aber auch deutlich, dass die Daten einer Zielgruppe ihren Preis haben. Jeder Mensch wird als Datenpaket käuflich. Doch wo bleibt unser Wert? Diese Frage scheint vollständig aus dem Blick – oder vielleicht noch nicht genug in ihn hineingeraten zu sein? Wir zählen noch als adressierbare IP-Adressen für die Internetwerbung – und ansonsten? Wem sind wir noch etwas wert? Wir sollen doch für wirklich alles zahlen!

Zwischenstand: Wirtschaft und Diktatur

Die Wirtschaft ist beseelt vom Wachstumsgedanken. Dieser Wachstumsgedanke führt, wie wir alle mehr oder weniger gut wissen und auch in diesem Kapitel gesehen haben, dazu, dass Profit relevanter ist als der Mensch. Wirtschaft selbst halte ich nach wie vor für gut – aber die Dominanz über den Menschen?

So hatten wir uns das doch nicht vorgestellt. Wachstum in Profitkategorien ist in meinen Augen eine Maschinerie zur Verdummung der Menschen – eine Diktatur der ökonomischen Zwänge, die sich jedoch als gar nicht so zwingend und keineswegs so »natürlich« erweisen, wie dieses Kapitel zeigt.

Ohne Wachstum scheint es nicht zu gehen, könnte man einwenden. Dieser Gedanke ist durchaus nachvollziehbar, weil zum Beispiel Einschätzungen über die Kreditwürdigkeit von Staaten von deren Bruttoinlandsprodukt und damit deren Wachstum abhängen. Das heißt: Ein einzelnes Land kann sich nicht gut abkoppeln. Dafür aber wäre Politik hilfreich – die Moderation eines solchen Prozesses wäre wünschenswerter als die vielen Gedanken über Sparauflagen etwa für Griechenland, die sich deutsche Politiker machen. Diplomatische Wege sind lange Wege, und Interesse an reduzierten Wachstumsfantasien haben vor allem China, Russland und wohl auch Indien nicht. Die Lage ist verzwickt. Möglicherweise bedarf es noch einiger Katastrophen, die hausgemacht sind wie etwa der Reaktor-GAU in Fukushima oder die letzte Ölpest im Golf von Mexiko, um zur Vernunft zu gelangen.

Dieser starke Motor »Wachstum« hat außerordentliche Folgen. Einerseits blüht unsere Marktwirtschaft, andererseits verwechseln die Menschen auch hier (und nicht nur bei *Idiocracy*) die Werbung mit der Wirklichkeit. Sicherlich lässt sich Folgendes festhalten:

Kurzlebigkeit: Konzepte wie gezielter Verschleiß sind gelebter Alltag, und zwar durch alle Lebensbereiche. Deutschland ist in einigen Bereichen Exportweltmeister – den Preis dafür bezahlen wir als Gesellschaft. Die Risiken wie etwa Umweltprobleme werden vergesellschaftet, die Profite aber bleiben bei den Unternehmen.

Lobbyarbeit: Kartelle sind in unserer Zeit in den westlichen Ländern nicht gewünscht und gesetzlich verboten. Unausgereifte Konzepte wie die Einführung der Energiesparlampe aber zeigen, dass das Folgekonzept, nämlich die politische Lobbyarbeit, offenbar sehr gut funktioniert.

Konzentration: Die Globalisierung hat statt der losen Kartelle Bewegung in die Besitzverhältnisse gebracht: Ein Prozent der großen Firmen der Welt kontrollieren vierzig Prozent des Wirtschaftsnetzes der Welt. Damit gibt es eine von den Staaten abgekoppelte Autonomie der Wirtschaft, die von einzelnen Regierungen kaum zu kontrollieren sein dürfte.

Verteilungskämpfe: Kriege sind, wie wir in Deutschland am Zweiten Weltkrieg sehen konnten, außerordentlich starke Wachstumsmotoren für die Wirtschaft. Gleichzeitig entfacht eine stark wachsende Wirtschaft große Konflikte bei der Ressourcenverteilung und führt so zu Bürgerkriegen – die uns hier vor Ort allerdings wenig berühren. Sie kommen etwa in der Berichterstattung im öffentlich-rechtlichen Fernsehen kaum vor.

(Selbst-)Ausbeutung: Die Wirtschaft setzt nach wie vor auf Ressourcenausbeutung statt auf Potenzialentfaltung, ist also immer noch dem Grundgedanken des Industriezeitalters verbunden und verweigert hartnäckig neue Wege.

Ökonomisierung: Der Mensch ist keineswegs das Maß aller Dinge; unser Humanismus ist auf dem Friedhof für feine Ideen abgelegt worden, wenngleich noch nicht öffentlich beerdigt. Wir dürfen aber darüber spekulieren, dass es Denker in der Gegenwart gibt, die uns auch die Hoheit der Wirtschaft mit einem schönen Etikett versehen und so die gegenwärtige Situation erträglich gestalten können. Wie wäre es mit Neohumanismus oder Wirtschaftshumanismus?

Schattenmarkt: Die Psychologie hat ihre Angebote auf Industrieniveau reduziert und hilft vor allem bei der Behebung der von der Wirtschaft und einer inhumanen Gesellschaft ausgelösten Kollateralschäden, beispielsweise bei der Therapie von Depressionen und Burn-out – und das oft genug im Billigsegment. Interessenten für Sinnstiftung oder gesellschaftlich relevante Aufgaben wie den Umgang mit Gefühlen, mit einer neuen Logik der Psyche werden dort nach wie vor nicht aufgefangen und finden keine adäquaten Angebote.

Distributionsdominanz: Die großen Verlierer der letzten Jahrzehnte sind die Produzenten. Angebote, die im Markt eingeführt sind, werden beliebig in der Welt hergestellt. Die Erfolge liegen in der Markenbildung und Vermarktung der Produkte, die im Wesentlichen emotional aufgeladen sind und eigene, unantastbare Markenpersönlichkeiten bilden.

Die Wirtschaft, das sind natürlich Menschen. Immer noch wollen viele Karriere machen und das Spiel mitspielen. Sie sind bereit, sich, andere und die Ressourcen der Erde auszubeuten. Dabei könnten sie es heute besser wissen – wir alle könnten es besser wissen. Und wir könnten dazulernen, auch wenn wir uns schwertun.

Neben dem Wachstumsgedanken, ist Marketing ein zentraler Motor der allgegenwärtigen Verdummung. Ob geplanter Verschleiß oder Profit aus Katastrophen, ob Heldentum oder Habgier, ob Marketing oder Distributionsallmacht – all diese Konzepte bauen auf Dummheit oder befördern sie.

Wie aber finden wir zurück in unsere Verantwortung? Oder vielmehr: Wie finden wir heraus aus unserer gut erlernten, schon lange währenden und damit altvertrauten Unmündigkeit? Noch einmal anders: Wie können wir vielleicht als Gesellschaft insgesamt das Projekt der Aufklärung voranbringen? Was haben die Gebildeten dazu zu sagen?

Wir dürfen gespannt sein.

3. Die perfekte Außensteuerung statt Bildung: Wissensmast, Zertifikate, Marketing satt

Im Bildungswesen sieht es nicht anders aus als in den Medien und der restlichen Wirtschaft. Wo aber ist das humanistische Menschenbild geblieben, was ist an seine Stelle getreten, und wie zeigt sich das im Bildungsbereich unserer Gesellschaft? Das sind die Fragen, die in diesem Kapitel diskutiert werden.

Humanismus bedeutet: Der Mensch ist das Maß der Dinge. Er steht für eine Weltanschauung, die sich auf Werte und auf die Würde jedes einzelnen Menschen bezieht und ein Zusammenleben in Gewaltfreiheit, Toleranz und Freiheit des Gewissens hochhält. Der Humanismus, den wir aus der Antike kennen, ist ein Merkmal der Renaissance und so in unsere moderne Gesellschaft getragen worden. Große Verfechter und bedeutende Förderer waren Johann Wolfgang von Goethe und Wilhelm von Humboldt – Ersterer der vielleicht größte deutsche Denker und Dichter, Letzterer der Reformer etwa der deutschen Universitäten. Auch das deutsche Grundgesetz bezieht sich auf humanistische Ideen, wenn es heißt: »Die Würde des Menschen ist unantastbar.«

Bildung als Ideal unserer Gesellschaft: Gilt das eigentlich immer noch? Oder ist der humanistische Bildungsgedanke ebenfalls schon längst dem Primat des Profits geopfert worden? Tatsächlich scheint es, als wäre auch hier der Mensch schon lange nicht mehr das Maß aller Dinge, sondern die Ökonomie – immer mit dem Damoklesschwert von Verarmung,

Arbeitslosigkeit und schwindendem Einfluss über unserer Gesellschaft hantierend. Und sie fährt starke Geschütze auf, wie uns etwa PISA und Bologna lehren.

Geiselnahme durch die OECD

Ein starker Spieler für die Interessen der Wirtschaft ist die OECD, die Organisation for Economic Cooperation and Development. Zu ihr gehören vierunddreißig Mitgliedsstaaten, alle fühlen sich der Marktwirtschaft verpflichtet, und alle gehören zu den »reichen« Staaten in der Welt. Die OECD hat die PISA-Studie initiiert, mit der die Leistungen von Schülern in vielen Ländern seit 2000 immer wieder getestet werden. Auch und gerade in Deutschland wurde die Studie heftig diskutiert, denn die Ergebnisse waren nicht so gut wie erwartet. Die nationale Seele brannte lichterloh, unsere Zukunft stand zur Disposition.

Interessanterweise ist PISA keine wissenschaftliche Studie im klassischen Sinne. Sie wird von Regierungen finanziert, von privaten Instituten durchgeführt und von der OECD ohne weitere Umstände nach Abschluss publiziert, also ohne externe wissenschaftliche Begutachtung, inzwischen sogar ohne Veröffentlichung der Datensätze. Die meisten Instrumente, also die Testaufgaben der Studie, werden geheim gehalten – ein Unding, wenn man akademische Qualitätsrituale kennt. Fehlende Nachprüfbarkeit, fehlende Transparenz, fehlende akademische Standards: Kritiker nennen sie deswegen interessensgeleitet oder sogar interessensgebunden.

Nicht nur unter Wissenschaftlern kommt PISA insgesamt schlecht weg: Es mag Schwung in die biedere deutsche Schuldiskussion gebracht haben, aber die populären Effekte wie die Länderrankings sind ebenso wenig haltbar wie die Idee, wir könnten fundierte Erkenntnisse über das Schulsystem des eigenen Landes im nationalen Vergleich erhalten. Die Lebenswelten unterscheiden sich sehr und damit auch die Motivation der Schüler: Kinder in koreanischen Schulen etwa stehen unter einem völlig anderen Leistungsdiktat; dort wird selbstverständlich »funktioniert«, wenn ein Test wie PISA ansteht. In europäischen Ländern sieht das schon anders aus: Da sollte so ein Test auch dem Schüler etwas bringen, zumindest sollte er Spaß machen oder cool sein. Aber sind unsere Schüler schlechter als andere? Vielleicht ist es unser Schulsystem.

Wenn man bereit ist, die OECD für eine gute Organisation zu halten, wird man solche Bedenken möglicherweise wegwischen; wenn man der OECD allerdings kritisch gegenübersteht, dann ist das gar nicht so einfach. Sicher ist eines: Eine Organisation, die sich der Wirtschaft verpflichtet fühlt, hat es geschafft, von Regierungen das Geld für Studien zu bekommen, die jenseits wissenschaftlicher Regeln privatwirtschaftlich realisiert und ausgewertet wurden – mit einem für die Wirtschaft guten Ergebnis, wie wir gesehen haben: Schüler, sicher aber Studierende werden nicht am Humanismus orientiert ausgebildet für eine Tätigkeit in der Wirtschaft, sondern vielfach zu hochkarätigen Sachbearbeitern eines immer komplexer werdenden Systems.

Stimmt Sie das nachdenklich? Mich auf jeden Fall. Wo ist die Legitimation? Die fehlt schon bei vielen universitären Forschungsprojekten. Aber darf eines, das so umfassend diskutiert wird, frei von allen Regeln wissenschaftlicher Erkenntnis sein? Darf es nicht, werden Sie sagen – und dennoch geschieht das. Das Ansehen der Nation scheint zur Disposition zu stehen, und zuständig dafür sind Schüler, die bitte dem Standort gerecht werden und die Wirtschaft beim Wachsen befördern sollen. Die Debatte scheint sehr vertrackt – und ich bin froh, dass ich sie nicht führen muss. Aber wir, die wir in diesem Land leben, müssen uns fragen, ob uns eine solche Studie, die quantitativ Leistung abfragt und sie mit anderen Ländern vergleicht, eigentlich bei irgendetwas hilft? Ich halte andere qualitative Untersuchungen für sinnvoll, die auch der Wirtschaft neue Impulse verleihen könnten, ähnlich wie die *Shell Jugendstudie*, die seit 1953 untersucht, was unseren Nachwuchs antreibt, und das international. Eine Studie, aus der wir lernen können, statt einer Studie, die uns dazu bringt, auf unsere Schüler mit einigem Misstrauen zu blicken: Werden sie es reißen? Halten die den Wirtschaftsstandort am Laufen?

Über den Erfolg der ganzen Aktion müssen wir im Moment nicht reden: The winner takes it all – die OECD steht im öffentlichen Ansehen mit PISA prima da. Hier haben wir sie wieder, die bitterböse Mischung: veröffentlichte Meinung und öffentlicher Raum, aber auch Quantität statt Qualität, Ranking statt Erkenntnis. Und die Politik? Die hat das Nachsehen, einmal mehr. So kann eine Geiselnahme auch aussehen.

Der Bachelor aus Bologna

Ähnlich ist die Wirkung im Bereich der Universitäten und damit auch des Forschungsministeriums auf Bundesebene. Die Hochschulen unseres Landes wurden weg von der humboldtschen Idee von Reifung und Unabhängigkeit zur verlängerten Ausbildungsbank der Konzerne umgebaut. Gerade die gefragten Studiengänge für Ingenieure und Betriebswirte wurden dazu einerseits entintellektualisiert für eine Wirtschaft, die hochgerüstete Sachbearbeiter für ihre komplexen Kontrollsysteme braucht. Andererseits sind diese Absolventen kaum noch in der Lage, ihre Situation zu reflektieren und eine neue, eine bessere Wahl zu treffen. Doch während man die Hochschulen entintellektualisiert, werden die Schüler intellektualisiert: Alle müssen Abi machen, alle sollen studieren. Wer ist eigentlich auf solch einen Blödsinn verfallen? Die Politik, beraten durch eine ständig unzufriedene und nicht lernbereite Industrie?

Auslöser der Veränderung ist der sogenannte Bologna-Prozess. Dessen ursprüngliche Idee: die Schaffung eines europäischen Hochschulraumes, in dem Studierende leicht an andere Hochschulen wechseln und dort das bisher Gelernte anerkannt bekommen. Die meisten europäischen Wissenschaftsminister unterschrieben dazu 1999 in Bologna eine programmatische Erklärung. Es wurden Zeitplan und Ziele festgeschrieben, und dann ging es ans Werk. Was dabei herausgekommen ist, lässt sich knapp so beschreiben: Vernachlässigung der Grundlagenforschung, stattdessen stärker markt- sprich drittmittelabhängige Strukturen, dazu eine massive Verschulung der höheren Bildung mit einem enormen Verlust akademischer Freiheit und Reife im humboldtschen Sinne. Für unsere Hochschulbildung ist das fatal, aber hoffentlich reparabel.

Auch diesmal steht die Wirtschaft nicht unbeteiligt daneben, jedenfalls bei uns in Deutschland: Denn nur hier gibt es die absolute Forderung nach der »Beschäftigungsfähigkeit der Absolventen« – eine Forderung, die stärker vielleicht noch als der generelle europäische Umbau zur Entakademisierung der Hochschulbildung – mit all ihren Aspekten von Reifung und umfassender menschlicher Bildung durch Wissen – und zu einer schlichten Berufsausbildung geführt hat. Die fast vollständige Zerschlagung des international geschätzten deutschen Bildungssystems ist damit erst einmal vollzogen.

Wie konnte es überhaupt dazu kommen, mag man sich bestürzt fragen. In Deutschland war eine Hochschulreform lange überfällig, das ganze akademische System steckte in einem

Nachwuchs- und Reformstau grundlegender Art. Dieser Stau entlud sich mit der deutschen Einheit: Viele der schon länger mit den Füßen scharrenden Nachwuchswissenschaftler fanden umgehend an den Hochschulen im Osten Deutschlands neue Zukunftsperspektiven. Die deutsche Universität galt als überaltert, das Konzept der Massenuniversität für die Babyboomer-Abiturienten der Siebzigerjahre als untauglich, und man sorgte sich immer wieder um zu wenig Absolventen in den wirtschaftsrelevanten ingenieur- und naturwissenschaftlichen Fächern.

Die Arbeitgeberverbände, die genau diesen Mangel stets adressiert hatten, finden – wir ahnen es längst – diese Reform natürlich gut und begreifen als Ziel der gesamten Veranstaltung die Berufsbefähigung der Absolventen. Damit die neuen Abschlüsse, also Bachelor und Master, von ihnen selbst akzeptiert werden, wollen sie zukünftig am universitären Abschluss beteiligt sein und drängen auf noch engere Kooperation. Für die Industrie ist es also wieder einmal relativ gut gelaufen, jedenfalls kurzfristig betrachtet.

Was aber sind die Folgen für uns, die wir nicht in der Hochschulpolitik sitzen? Wir haben ein verschultes Hochschulsystem, immer noch zu wenig Studienplätze und stattdessen steigende Abbrecherquoten. Dazu müssen wir zähneknirschend feststellen, dass unsere Hochschule für die Wirtschaft ausbildet, was sicher *ein* Auftrag ist – aber eben nur einer unter vielen. Langfristigkeit ade, risikoreiche Grundlagenforschung ade – beides hat sich die Wissenschaft bis Bologna noch erlaubt, beides ist jetzt strukturell nicht mehr angepeilt. Fazit: Die Zukunft unseres Landes im Wissenschaftsbereich lässt sich ziemlich simpel beschreiben mit »drittmittelkonform« und »vermarktbar«.

Die Wissensgesellschaft,
ganz entspannt am eigenen Grab

Die Professorenschar ist nicht begeistert, aber letztlich einsichtig. Die Einführung der Bachelor-Studiengänge wurde nach
einigem Murren realisiert, und nur vereinzelte gallische Dörfer
bieten noch den Exportschlager deutscher Ingenieurskunst an:
das Diplom.

Ansonsten sind alle mehr oder weniger mit dem Ausfüllen
von Antragsformularen für die Deutsche Forschungsgemein-
schaft beschäftigt. Die immer gleichen, erfolgbringenden Leer-
wörter, mit denen diese Anträge garniert sein müssen – »inno-
vativ«, »nachhaltig«, »zukunftsfähig« –, führen direkt zu einer
verbalen Schleimspur, mit der ein nüchterner Forschungs-
ansatz dem Geld bewilligenden Gremium als wirtschaftsfähig
schmackhaft gemacht werden soll. Marketing schlägt Inhalt,
und zwar haushoch. Es darf niemanden wundern, wenn so aus
hochgebildeten, klugen Menschen Zyniker werden.

Daneben wird jetzt gezielte Veröffentlichungsmaximierung
betrieben. Damit der »Quotationindex« gut aussieht, müssen
sich die aktuellen Publikationen möglichst zügig mehren – das
ist gehaltsrelevant. Solche Maximierung bedeutet vor allem
eines: erfolgreiche Themen mehrfach ausschlachten, damit
möglichst viel Profit aus der einen Sache zu ziehen ist. Fach-
liches Interesse? Muss dann, man sehe es nach, ein klein wenig
hinter dem eigenen Profil und Gewinnstreben zurückstehen.

Es gibt das Gerücht, Forschung sei politisch legitimiert.
Das ist leider nichts als eine schöne Idee. Gelder kommen über
den Wissenschaftsrat, und damit wird der Geldfluss bestenfalls
gesellschaftlich legitimiert. Worauf Forschung in unserer Gesellschaft zielt, hat mehr mit Absatzmärkten für Forschungsergebnisse zu tun als mit gesellschaftlicher Relevanz. Wie wäre

sonst zu erklären, dass die Hüftprothetik für Bullterrier so gut entwickelt ist? Die Tiere sind vielfach überzüchtet, haben deshalb Gelenk- und Wirbelsäulenprobleme – aber Herrchen und Frauchen sind bereit zu zahlen. Und wo früher eingeschläfert wurde, wird jetzt der Bausparvertrag des Hundehalters aktiviert und kann in die richtige Richtung fließen – als gäbe es keine wichtigeren Forschungsgegenstände in diesem Land.

Das Jodeldiplom als Normalfall

Vielleicht weist all das ja klug in die richtige Richtung – wenn wir es nicht besser wüssten. Darum sei an dieser Stelle noch einmal gefragt, wer denn in unserer Gesellschaft eigentlich als klug gilt. In der allgemeinen Wahrnehmung zunächst einmal jemand, der bestimmte Prüfungen bestanden und/oder Abschlüsse erworben hat; jemand, der durch- und vor allem weiterkommt. Wir meinen, an Diplomen und anderen Abschlüssen den Grad der Klugheit ablesen zu können.

Bei Frauen in den Achtziger- und Neunzigerjahren des vorigen Jahrhunderts findet man häufig wahre Ansammlungen von »Jodeldiplomen«, wie Loriot diese Abschlüsse genannt hat: Diese Frauen, und ich mitten unter ihnen, waren zwar fleißig, aber insgeheim von der eigenen Inkompetenz qua irgendeines immer fehlenden Studiums überzeugt: Die BWLerin suchte nach Führungskompetenz in der Soziologie, die Physikerin nach Kennzahlenerkenntnis in der Betriebswirtschaft, und die Geisteswissenschaftlerin beschloss, alles durch viel Einsatz wettmachen zu wollen – so jedenfalls kam es mir vor –, doch die wenigsten drangen bis in die Spitzenpositionen der Wirtschaft vor. Ihre Abschlüsse waren ihnen bei ihrem Weiterkommen in keiner Weise behilflich, die Gesetze des Aufstiegs waren ihnen noch nicht bekannt, und sie verwechselten Fleiß und Inhalte mit Durchsetzungskraft und Lust am Wettbewerb, sachlich wichtige Projekte verwechselten sie mit Projekten, die Status und Prestige brachten.

Heute dürfte den meisten Frauen längst klar sein, dass Besser-sein-Wollen selten nach oben führt, sondern oft in ein Hamsterrad, das von innen auch so aussieht wie eine Karriereleiter. Dennoch gilt vielen Frauen nach wie vor die Bereitschaft, sich durchzusetzen und in einen sportlichen Wettbewerb einzutreten, als männliches Erfolgsrezept und wird entsprechend negativ bewertet, aber nicht als eine echte Option gesehen.

Dumme Bauern, dicke Kartoffeln?

Der Klügere ist nicht unbedingt der Bessere, sprich: derjenige, der etwas gedanklich wirklich durchdrungen hat. Im Gegenteil: Zumindest in unserer Wirtschaft ist der Klügere generell derjenige, der sich durchsetzen kann. Und da verhält es sich wie im Sport: Wenn das Foul zum Erfolg führt und nicht geahndet wird, dann zählt nur das Ergebnis.

Erfolg und Klugheit stehen also nicht auf der einen Seite einer Linie, auf deren anderer Misserfolg und Dummheit zu finden sind. Im Gegenteil: Wir können in unserer Gesellschaft außerordentlich erfolgreich sein, ohne besonders klug sein zu müssen. Die Medien machen es uns (wieder einmal) vor, mit vielen Prominenten, von denen wir nur eines sicher wissen: Sie haben die Spielregeln des Erfolgs verstanden. Wie klug oder dumm sie sind, spielt dabei auf den ersten und auch den zweiten Blick überhaupt keine Rolle. Wir halten jemanden für klug, wenn er entweder einen Titel erworben hat, wenn er viel erreicht hat, sprich reich ist, oder wenn er gesellschaftliche Anerkennung in Form von Prominenz erfährt. Wir glauben, dass Klugheit und Reichtum miteinander zu tun haben – dass Letzterer die Konsequenz aus Ersterer ist und dass Klugheit, Können und Prominenz irgendwie miteinander verbunden sind. Dabei lehrt uns die Realität unserer Gesellschaft das genaue Gegenteil:

Nichts verstanden zu haben ist bekanntlich überhaupt kein Hindernis für gesellschaftlichen Aufstieg. Im Gegenteil: Viele Menschen mit den unterschiedlichsten Abschlüssen in verantwortungsvollen Positionen sind strohdumm und inkompetent, was die Umsetzung von Wissen in praktisches Handeln angeht. Viele haben im Studium Wörter und Konzepte auswendig gelernt, großes lexikalisches Wissen erworben, aber keine Ahnung, was sie damit anfangen sollen. Für den Abschluss reichte es – doch für mehr? Noch schlimmer ist, dass die meisten es nicht einmal merken und sich jenseits aller Selbstreflexion per se für besonders kompetent halten. Sie haben ja die richtigen Prüfungen bestanden …

Das heißt, der Unterschied zwischen Intelligenz und Dummheit ist dann gering, wenn der Superintelligente nichts versteht, wenn ihm die Kompetenz abgeht. Fehlendes Verstehen, Begreifen, auch fehlende Methoden und fehlende Fähigkeiten machen aus einem Superhirn einen hilflosen Statisten. Solche Menschen sind gierig nach Informationen und nach Wissen – aber oft nicht in der Lage, das Erlernte in konkreten Situationen nutzbar zu machen. Was ihnen fehlt, sind Erfahrungswissen und Empathie.

Die Logik der Gefühle

Intelligent sollten wir jemanden nur dann nennen, wenn er neben einem gut funktionierenden Verstand auch Zugang zu seinen Gefühlen hat und so über die Urteilskraft verfügt, beispielsweise das in der Werbung Gezeigte oder das von der Politik Propagierte richtig einzuschätzen. Gefühle erden uns und ermöglichen uns einwandfreie Urteile im Hier und Jetzt. Wer ohne Gefühle auskommen will, hat ein ernsthaftes Problem. Der traditionelle Ansatz, das nüchterne Urteil müsse gerade auf Gefühle verzichten, hat sich mit den Neurowissenschaften erledigt.

Wissenschaftlich erarbeitetes Wissen, wie es an Hochschulen vermittelt wird, kommt mit dem Verstand aus und ist sicherlich eine gute Hilfe, wenn es angewendet werden kann. Vorher muss es aber entweder gepaukt werden (und Eingepauktes hält bekanntlich nicht lange vor), oder es muss Begeisterung ins Spiel kommen: Wer nachhaltig lernen will, muss Lust darauf haben, muss wissen wollen, muss neugierig sein. Ohne diese Gefühle tut sich nichts in den Synapsen – Lernen braucht Gefühl.

Das Gleiche gilt für Erfahrungswissen. Auch Erfahrungen hängen davon ab, dass wir einerseits aus unserem Gleichgewicht fallen, etwas fühlen, und andererseits Zeit genug haben, diesem Erleben nachzuspüren, es zu »verdauen«. Erfahrungswissen ist wie Gefühle auch unmittelbar zugänglich: Wer einmal weiß, wie Fahrradfahren geht, kann es selbst vierzig Jahre später noch – soweit er körperlich fit genug ist.

Erinnerungen und Gefühle sind nicht so leicht abrufbar. Wir kennen das alle: Wer beim Geruch von frischem Butterkuchen an seine Tante Marianne denkt und feuchte Küsse zum Geburtstag, weiß um die Merkwürdigkeit solcher Assoziationsketten. Das emotionale System ist wie ein Ackergaul: Es läuft immer, es funktioniert einfach. Nur wie genau?

Der logische Verstand dagegen ist eine Art Rennpferd: begrenzt einsetzbar, begrenzt leistungsfähig, dafür jedoch zu sensationellen Ergebnissen fähig. Der Verstand verbindet und koordiniert über Logik. Mit dem Verstand erzeugte Konzepte lassen sich deswegen meist problemlos nachvollziehen; sie sind strukturiert aufgebaut und als Kausalketten mehr oder weniger schnell überprüfbar (und, wenn nötig, auszuhebeln). Emotionen hingegen dienen uns treu und stetig, sind aber in Verruf geraten, weil wir in unseren Familien den Umgang mit ihnen oft nicht gelernt haben; die schamhafte Reaktion vieler Jungen auf ihr erstes echtes Angstgefühl ist nur ein Beispiel dafür.

Intelligenz ist fragil und muss gut gepflegt werden. Intellektuelles Denken ist weder an Ort und Zeit noch an eine Person gebunden. Im Zusammengang mit dem emotionalen Denken scheint das Ganze ein sinnvolles Tandem zu sein. Aber will heute noch jemand wirklich auf diesem Tandem fahren? Sind nicht inzwischen auch die Hochschulen in die Knie gegangen und haben Außensteuerung zum Nonplusultra erklärt? Und Außensteuerung bedeutet in diesem Zusammenhang: Es wird auf Auswendiglernen gesetzt statt auf Verstehen – die Wissensmast hat Priorität. Dabei altert nichts so schnell wie unser Wissen!

Dagegen hilft – auf einer soliden Grundwissensbasis – die Kombination von Methodenwissen und Fantasie. Denn wenn irgendetwas unbegrenzt ist und dem Einzelnen helfen kann, dann ist es die Fantasie. Patente, Innovationen, neue Erfindungen – all das gelingt nicht allein mit auswendig gelerntem Wissen. Zusätzlich vonnöten ist Kompetenz, auch die Fähigkeit, sich auf seine Intuition zu verlassen. Erinnern wir uns an die Neurowissenschaften: Begeisterung ist nötig, damit wirklich etwas losgeht im Kopf. Beim Auswendiglernen von Fachinformationen wird sie sich kaum einstellen.

Humboldt hatte die zentrale Idee, die Universitäten von staatlichen Forderungen und Zwängen freizuhalten; vor diesem Hintergrund konzipierte er die Einheit von Forschung und Lehre, beide frei von fremder Steuerung. Diese Einheit definierte auch das Verhältnis von Studenten und Dozenten: Studenten sollten ihre eigenen Gedanken nahe an der Forschung entwickeln können und in größtmöglicher Freiheit reifen. Doch das Auswendiglernen, die verstärkte Verschulung an unseren Hochschulen hält gerade ab von dieser ursprünglichen Idee. Und so fehlt es an Zeit und Möglichkeit zu reifen, bis sich Ideen setzen, bewegen, verändern, wachsen … Pure Innensteuerung, aber Vergangenheit.

Was Kompetenz mit Klugheit zu tun hat

Kompetenz ist ein anderes hilfreiches Bildungskonzept. Wir erleben uns als kompetent, wenn wir Fähigkeiten besitzen und diese in Situationen anwenden können, die wir unter Kontrolle haben. Wer etwa eine Bohrmaschine bedienen kann und diese Fähigkeit zum Beispiel beim Umzug von Freunden einsetzt, um deren Bilder im Wohnzimmer nach Anweisung aufzuhängen (Kontrolle der Situation), erlebt sich als kompetent. Es geht also nicht nur darum zu wissen, wie etwas geht – das weiß der Intellektuelle auch –, sondern dieses Wissen situativ richtig anzuwenden.

Wer eine Bohrmaschine zur Verfügung hat und zugleich bohren kann, aber die Situation nicht im Griff hat – also etwa nicht weiß, wo die Bilder hin sollen –, ist nicht kompetent und wird die Aufhängungsorte klären müssen. Wer in einer solchen Situation einfach drauflosbohrt, ist sich seiner eigenen mangelnden Kontrolle nicht bewusst – was zu Anmaßung, Selbstüberschätzung oder einer Kontrollillusion führt.

Die entgegengesetzte Situation wird erlernte Hilflosigkeit genannt: Wer eine Bohrmaschine in Händen hält und genau weiß, wo gebohrt werden soll, aber meint, er sei nicht dazu imstande, vermeidet ein relativ leicht erreichbares Kompetenzerlebnis.

Intelligenz ohne Kompetenz

Zurück zur Intelligenz und der wunderbaren Fähigkeit zu schnellem, analytischem und konzeptionellem Denken. Harvard & Co. sind keineswegs Garanten für Kompetenz, sie sind zunächst einmal nur ein Label, eine Marke – also ein Versprechen: Hier studiert die Elite der Welt! Sie bieten uns nicht unbedingt Kompetenz, sondern zeugen eher von den Anstrengungen, die jemand auf sich genommen hat, um unter dieser Flagge zu lernen und damit einen möglichst hohen Einstieg in einen möglichst gut bezahlten und spannenden Job zu finden.

Elitehochschulen versprechen also nur eine Möglichkeit. Natürlich weiß das jeder – aber es wird gern übersehen. Und aus diesem Grund helfen sie beim Aufstieg außerordentlich: Wer es zu etwas bringen will, leistungsbereit ist und ein gutes Abitur vorweist, kann sich mit einem Studium an einer renommierten Universität entscheidende Vorteile verschaffen und muss wenig begriffen haben. Jeder kennt sie, die blitzgescheiten Berater mit den Doppelabschlüssen, die bei den großen Namen von McKinsey über Boston Consulting bis zu

Booz Allen Hamilton anheuern und dort sehr schnell sehr viel verdienen.

Machen wir uns nichts vor: Überall da, wo Diplome und Zertifikate Auskunft geben sollen über Qualität, wird lediglich Quantität bestätigt. Quantität heißt nichts anderes, als dass die Anforderungen der Hochschule erfüllt wurden: Numerus clausus, Studiengebühren, Auswahltests. Qualität würde verraten, auf welche Weise, ist aber weder einer Note noch einem Titel zu entnehmen. Abschlüsse geben ausschließlich Auskunft über Vorbedingungen, Anpassungsfähigkeit an das geforderte Verhalten und manchmal auch über intellektuelle Schwerpunkte.

Unsere gesamte Bildung, vor allem die Hochschulbildung, ist absolut auf den Intellekt ausgerichtet. Bei Goethe war es noch die Erfahrung, welche die Quelle unseres Wissens ausmachte. Wie aber kommen wir zu Erfahrungen? Vor allem indem wir Erlebtes verarbeiten und daraus lernen. Ein Kind greift nur einmal im Leben auf eine heiße Herdplatte: Der Schmerz löst einen sofortigen Lernprozess aus, die Erfahrung ist da. Und sie ist, wie wir unschwer erkennen können, emotional begründet. Wir erfahren Schmerz, wir fühlen ihn – und das macht unsere Erfahrung aus. Leider ist solches Erfahrungswissen in unserer modernen Gesellschaft als »vortheoretisch« diskreditiert, obwohl erst dieses Wissen uns die vor allem für den Umgang mit Risiken und Gefahren erforderliche Kompetenz vermittelt.

Forschung im Elfenbeinturm

Hochschule setzt im Wesentlichen auf wissenschaftlich erarbeitetes Wissen, dabei spielt Erfahrung nur eine geringe
Rolle. Nehmen wir den Bereich der Organverpflanzungen:
Viele Menschen sind dankbar für die Chance auf ein würdiges
Leben nach einer solchen Transplantation. Aber sind wir ge-
wappnet für die weiteren Auswirkungen und Konsequenzen?
Wie gehen wir mit dem Organhandel um, mit seinen mora-
lischen und ethischen Implikationen? Die jüngsten Skandale
scheinen zu bestätigen, dass auch hier Geld und Profit regieren, dass Machbarkeit Vorrang hat vor allem anderen – wir
begreifen Gesundheit nicht mehr als Wert an sich, sondern vor
allem als Ware, die ihren Preis hat.

Wissenschaftler können heute an Universitäten forschen,
woran sie wollen – solange sie die nötigen Mittel dazu bekommen. Drittmittel, versteht sich, von der Deutschen Forschungs-
gesellschaft, vom Stifterverband der deutschen Wirtschaft,
von der Industrie. Es gibt für viele Forschungsarbeiten, die an
Hochschulinstituten oder deren Umfeld realisiert werden, keinerlei demokratische Legitimation. Diese sähe anders aus: Sie
könnte etwa durch Schwerpunktsetzung eines Forschungsministeriums erfolgen.

Jeder tut das, was ihm am meisten dient. Das kann mit eigener Ethik und Moral zu tun haben, wird aber oft genug auch
dem Profit geschuldet sein – und sei es nur dem zu erwartenden Geldfluss für das sicher kommende Forschungsvorhaben.
Hier wird intellektuelles Kapital ungezielt und unbeschränkt
auf alle möglichen Themen losgelassen. Wo bleibt die Orientierung am Gemeinwohl? Wir blicken ehrfürchtig auf zu denen, die geniale Ideen haben – wie diese nutzbar gemacht werden, ist uns gleichgültig. Wir nehmen Forschungsergebnisse

als gesetzt hin, selbst wenn sie nicht überprüft und nicht durch Metastudien gestützt sind – dabei sind sie von Menschen gemacht und oft genug von Profitstreben motiviert.

Von singulären Forschungsergebnissen etwa leben zwei- bis dreihundert Diäten, die ein großer Teil unserer Gesellschaft ernst nimmt, von denen aber bislang keine in Langzeitstudien erforscht ist – außer vielleicht der Selfish-Brain-Theorie, die jedoch gerade keine Diät empfiehlt, sondern Gewicht und Stress in Zusammenhang bringt. Von diesen Ernährungsstudien profitieren die Medien (zu jeder Diät ein Buch, vielleicht sogar eine Fernsehsendung), die Nahrungsmittelindustrie (eigene Produkte und Ernährungskurse gegen Geld), die wiederum in Anzeigen investieren – ein profitabler Kreislauf. Leider wenig hilfreich zur dauerhaften Gewichtsabnahme, also für den Menschen, der sich damit befasst.

Das Dilemma der Klugen an den Hochschulen scheint mir zu sein: Ihnen fehlt das selbstverständliche Regulativ, um auf gesellschaftliche Akzeptanz zu stoßen, sei es in Form einer demokratischen Legitimierung, sei es die Abwendung von kurzfristiger Marktfähigkeit hin zu dauerhaften gesellschaftlichen Interessen. Doch diese sind heute leider in keiner Form definiert, während früher einfach Humanismus und Humanität unterstellt wurden. Beides ist sicher nicht das Gelbe vom Ei, aber leider wird gesellschaftliche Akzeptanz oft genug auch in absurden Fällen durch Marketing und Werbung geschaffen. Wollen wir die Zukunft unserer wissenschaftlichen Forschung wirklich deren Diktat unterwerfen?

Das führt zu einer weiteren Überlegung: Wohin mit den Absolventen der Elitehochschulen der Welt? Entweder sie bleiben den Universitäten treu, forschen und lehren, oder sie streben direkt eine Karriere in einem möglichst internationalen Konzern an oder gehen in die großen Unternehmensberatungen dieser

Welt, von denen sie extrem umworben werden, wo man sie hoch schätzt und wo sie mit ihrer Qualifikation längst zum Bestandteil des Geschäftsmodells avanciert sind. Einige (eher wenige) landen in PR- und Werbeagenturen, die geradezu geflutet werden vom Nachwuchs, der genug hat von trockenem Studium, einer uninteressanten Hochschule, stupidem Lernen und der endlich zeigen möchte, wie kreativ er wirklich ist, dafür aber mit maximal einem Taschengeld zurechtkommen muss.

Sozial war nie so gemeint

Neuerdings zieht es etliche von ihnen in Stiftungen oder deren Thinktanks. Dort werden zumeist die nicht profitorientierten gesellschaftlichen Ziele, also die »edlen Ziele« verfolgt. Das geben leider auch einige denkwürdige Bündnisse vor, die sich gerade dem Gegenteil verschrieben haben. Ein Musterbeispiel liefert die INSM, die Initiative Neue Soziale Marktwirtschaft – ein unauffälliger Name für den Thinktank des Arbeitgeberverbands Gesamtmetall im Zusammenschluss mit anderen Arbeitgeberverbänden. Dieser Verband finanziert hauptsächlich das Projekt; Mitglieder und Botschafter finden sich im Wirtschaftsflügel verschiedener Parteien, im Wesentlichen von CDU und FDP. Auch Wolfgang Clement, Ex-SPD-Ministerpräsident von Nordrhein-Westfalen mit großer Liebe zur Industrie, ist mit von der Partie. Das Ziel der Denkfabrik: die soziale Marktwirtschaft an die aktuellen Herausforderungen der Globalisierung, des demografischen Wandels und der Wissensgesellschaft anzupassen. Dabei werde man »transparent und offen gegenüber der Politik und im Dialog mit der interessierten Öffentlichkeit« für diese Prinzipien werben, so die Eigenaussage.

Schon 2005 setzte es für das genau gegenteilige Verhalten Kritik vom deutschen Presserat: Das INSM hatte in der Fernsehsendung *Marienhof* dafür bezahlt, dass in einem Gespräch über den PISA-Schock die Figuren mit neoliberalen Argumenten hantierten, also gezielt in Richtung einer »notwendigen, stärkeren Ausrichtung des Unterrichts an Unternehmensbedürfnissen«.[14] Im Bildungsbereich, einem der fünf Hauptschwerpunkte der Initiative, ist sie auch heute besonders aktiv und engagiert sich für eine stärkere Ausrichtung von Schule und Bildung an den Wünschen von Unternehmen. Beeindruckend besonders die Materialiensammlung für Lehrer, hoch professionell, sehr umfangreich und ziemlich hilfreich – allerdings auch, jedenfalls nach Meinung von Lobbycontrol, sehr industrieaffin.[15] Der Teufel sitzt wie so oft im Detail.

Auch zur Bundestagswahl 2013 engagierte sich die INSM. Erinnern Sie sich vielleicht an die großformatigen Plakate mit dem Titel: »Ist es gerecht, Steuern zu erhöhen?« Die Antwort wurde mit »Nein« vorsichtshalber gleich mitgeliefert. Würden wir solche Plakate auch gutheißen, wenn wir den Absender – die Metallindustrie – deutlich erkennen könnten? Sicher nicht.

Die INSM tut ihr Bestes, um sich im demokratischen Kontext unbeliebt zu machen. Entsprechend gibt es ziemlich viel allgemeine Kritik an der Initiative auch und gerade im Internet; die echten Kritikpunkte aber sind sehr nuanciert, fein, kleinteilig und lassen sich nicht leicht verallgemeinern. Deshalb möchte ich hier zwei grundlegende Punkte nennen, die das subtile Vorgehen der Initiative zeigen und zumindest eine gezielte Irreführung nahelegen:

Initiative: Das Wort suggeriert, es handele sich um einen Zusammenschluss von interessierten Personen, die einem bestimmten gemeinsamen Anliegen nachgehen. Hier handelt es sich aber vielmehr um einen Zusammenschluss von Unternehmen zur besseren Wahrnehmung ihrer eigenen Interessen. Der korrekte Begriff dafür ist Lobby.

Sozial: Der Begriff suggeriert eine Orientierung am Menschen. Die Argumentationen und Inhalte der Initiative lesen sich eher wie eine ungezügelte Marktwirtschaft – eine durchaus in Deutschland akzeptable liberale Position, nah an Ludwig Ehrhardt und seinem Politikverständnis, aber wenig deckungsgleich mit dem empathischen »sozial«, das hier anderes suggeriert.

Der von Ludwig Erhard um 1960 geprägte Begriff der sozialen Marktwirtschaft orientierte sich schon immer am Wettbewerb, ist also faktisch nur eine mehr oder weniger graduelle Abweichung zu einer noch stärker liberalen Sicht. Aus heutiger Perspektive lässt sich sagen: Das Attribut »sozial« war vielleicht eher dekorativ gemeint, jetzt aber wirkt es im Zusammenhang mit Politik fast wie Hohn, denn der Sozialstaat, wie wir ihn heute erleben, begreift Bürger in allen Belangen ja schlicht als Unternehmer in eigener Sache. Tenor: Auch ein Hartz-IV-Empfänger muss sich nur anstrengen und Abitur machen, schon ist alles möglich und seine Zukunft gesichert. Und mit etwas Anstrengung wird man dann auch Privatpatient, und das zweite große soziale Thema ist ruckzuck bearbeitet. So jedenfalls möchte ich den gesellschaftlichen Umbau weg von einer Haltung der stärkeren staatlichen Fürsorge hin zur totalen Eigenverantwortung in wirtschaftlicher Hinsicht beschreiben, wie er in erstaunlich liberaler Weise durch die rot-grüne Bundesregierung in den Neunzigerjahren realisiert wurde.

In diese Richtung weisen auch andere kritische Stimmen

wie etwa aus den Geisteswissenschaften, wo einige Forscher in ihrer Analyse *Verschlüsseln, verbergen, verdecken in öffentlicher Kommunikation* zu dem Ergebnis kommen, dass die INSM die Aufgabe habe, den Begriff der sozialen Marktwirtschaft neu und anders als bisher aufzuladen.[16] Möglicherweise geht es auch hier darum, dass wir selbst genauer hinschauen und die Empathie, die im Wort »sozial« mitschwingt, ein für alle Mal aus dem Gerümpel unserer Nachkriegsdeutschlandromantik aussortieren. War Marktwirtschaft nicht bloß so lange sozial, wie das Soziale daran dem Aufbau der Bundesrepublik nicht hinderlich war? Dem wäre einmal nachzugehen.

Das macht die Aktivitäten der INSM nicht solider, aber es hilft uns als kritischen Beobachtern zu einer besseren, zu einer klareren Haltung – zur Desillusionierung. Hut ab also vor dieser vermeintlichen Initiative, die genau mit dem arbeitet, was uns dumm hält: mit Marketing, mit Werbung, mit der Benutzung der richtigen Schlüsselworte. Ein großartiges Instrumentarium für eine Diktatur. Mich allerdings hat der Blick auf die INSM wach gemacht und mir meine Sozialromantik ausgetrieben.

Thinktanks zahlen gut. Die direkte Korrelation zwischen intellektuellen Fähigkeiten und Verdienst ist immer wieder zu beobachten. Aber es geht nicht darum, selbst zu denken und zu eigenen Erkenntnissen zu kommen, sondern darum, den eigenen scharfen Verstand für die optimale Auftragserfüllung zu nutzen. Ist es dabei erlaubt, auch außer der Reihe zu denken, abzuweichen von den Vorgaben, nach den eigenen Impulsen zu gehen?

Auch Denken braucht eine Haltung

Alles ist möglich, aber oft genug korrumpiert uns der Kontext. Das war schon Humboldt klar, als er freie Universitäten wollte – nur so können Forscher ohne Abhängigkeit von der Wirtschaft arbeiten. Oder konnten es jedenfalls, als es noch um Grundlagenforschung ging. Wer nicht im Inhalt seines Themas aufgeht, wer noch etwas werden oder sein will in der Welt, ist möglicherweise schnell bereit, sich den Vorgaben des Arbeitgebers als einem gediegenen, geldwerten Rahmen anzupassen.

Zu guter Letzt wird man natürlich am Ergebnis gemessen, auch als »Denkarbeiter«. Aber wenn klar ist, in welche Richtung zu denken ist, wird schnell einmal Schmalspur gedacht. Dann werden bestimmte Bereiche per se ausgeklammert, etliche Annahmen nicht mehr getroffen, bestimmte Überlegungen sofort unterlassen. Wenn wir ein Thema nicht kennen, haben wir vielleicht auch keine Haltung dazu – und wir werden schneller als gedacht zum willfährigen Vollstrecker fremder Interessen. Es reicht nicht, einen Sachverhalt intellektuell zu durchdringen und für sich zu bewerten – wir müssen bereit sein, mit den Konsequenzen, zu leben.

Aus solchen Gründen sind die intelligentesten Deutschen immer noch oft genug an deutschen Universitäten zu finden, deren Grundprinzip der Freiheit von Forschung und Lehre dem Forschenden oder Lehrenden die Entscheidung überlässt, Gesinnungsgutachten zu schreiben oder doch seinem Gewissen und seiner Wissenschaft zu folgen – und damit oft schlecht entlohnt zu bleiben. Denn machen wir uns nichts vor: Diese anerkannt Klügsten unter uns sind zwar gut beleumdet, aber nicht besonders gut bezahlt.

Was verdient denn Ihrer Meinung nach so ein wohlgelittener

Professor im Alter von etwa fünfundvierzig Jahren? Das ist ganz unterschiedlich, in Berlin beispielsweise etwas weniger als im Rest der Republik, aber im Allgemeinen ungefähr so viel wie ein Lehrer, vielleicht fünfhundert Euro brutto mehr. Ein Lehrer jedoch muss weder promovieren noch sich habilitieren, er kann sogar als ziemlich junger Mensch loslegen. Der typische Professor schlägt sich dagegen bis etwa vierzig mit kurzen Arbeitsverträgen durch, oft genug in Lebenssituationen, die man prekär nennen muss. Das Risiko, in einer Sackgasse zu landen, ist hoch. Ehrlich gesagt, einfach unattraktiv.

Warum machen so viele Akademiker diesen mörderischen Ritt mit? Vermutlich weil die Universitäten in unserem Land immer noch etwas gelten, vielleicht weil der Titel noch etwas zählt, und manchen mag die Lehre tatsächlich Freude bereiten. Insgesamt aber stehen das Ansehen, die Arbeit, der Aufwand in keinem Verhältnis zum gezahlten Lohn, verglichen mit einer Karriere in der Wirtschaft.

Wie Qualität zu Quantität degeneriert

Wie sieht es also mit der professoralen Zukunft in Deutschland aus? Wir haben Exzellenzuniversitäten, die mehr Förderung erhalten als andere, deren Geldmittel und Ausstattung sie für Forschende, Lehrende und Studierende attraktiv machen. Die Exzellenzinitiative von Bund und Ländern will sowohl die Spitzenforschung fördern als auch die Qualität des Hochschul- und Wissenschaftsstandortes Deutschland in der Breite verbessern und nachhaltig stärken, die internationale Wettbewerbsfähigkeit steigern und Spitzen im Universitäts- und Wissenschaftsbereich sichtbar machen. So weit, so gut. Doch wie lässt sich Qualität erkennen? Woran wird festgemacht, ob eine Universität Exzellenz bietet? An der Initiative entzündete sich eine kritische Debatte über das Auswahl- und Begutachtungsverfahren. Quantitative Kriterien scheinen im Vordergrund zu stehen: die Reputation der Hochschulen, der Umfang der eingeworbenen Drittmittel und die erbrachte Publikationsleistung der Forschenden in der Vergangenheit – typische Kriterien, die über das eigentliche Thema jedoch nichts aussagen.

Es wirkt, als würde man seine Socken nach der Farbe sortieren. Doch sagt eine solche Sortierung etwas über die Qualität Ihrer Wäsche aus? Wir aber gehen ständig solchen Einstufungen nach äußerlichen Kriterien, den beliebten Rankings, auf den Leim und nehmen an, dass die bestplatzierte Uni auch die qualitativ beste sei. Weit gefehlt: Sie ist nur diejenige, welche die quantitativen Merkmale am besten erfüllt. Dennoch haben wir oft keine andere Möglichkeit, als uns bei unserer Wahl an solchen äußeren Kriterien zu orientieren. So war es vermutlich auch bei der Exzellenzinitiative. Viele Hochschulen und auch Antragsteller gingen unzufrieden aus dem Wettbewerb hervor. Es wurde schnell vom Matthäus-Prinzip gesprochen: »Wer hat, dem wird gegeben.« Forschungsstarke Hochschulen mit ausgezeichneter Drittmittelbilanz hatten entsprechend erfolgreich abgeschnitten, andere befürchteten dagegen, in einer Abwärtsspirale unterzugehen.

Woran hätte sich in dieser Exzellenzinitiative Qualität erweisen können? Zum Beispiel daran, inwieweit eine Hochschule sich mit aktuellem Zukunftsfragen beschäftigt, vom Klimawandel über die Gestaltung einer gerechten globalen Wirtschaftsordnung bis hin zur Vitalisierung und Erneuerung der westlichen Demokratie. Oder an gezielter Schwerpunktsetzung innerhalb des Hochschulsystems statt einer vertikalen Differenzierung in Spitze, Mittelfeld und abgeschlagene

Verlierer. Eine solche Schwerpunktsetzung oder horizontale Differenzierung könnte am Leitbild der Hochschule sichtbar werden. So plant Lüneburgs Universität, nachhaltige Entwicklungen in Forschung und Lehre zu verfolgen, und in Regensburg wurde ein Spezialprogramm für bikulturell Studierende aufgelegt. Aber wer kümmert sich um solche Ansätze und damit um einen inhaltlich gefüllten Qualitätsbegriff? Stattdessen schielen wir stets nach der Quantität. Wir sind es gewohnt, uns an Zahlen und Messwerten zu orientieren – der Inhalt bleibt dabei auf der Strecke.

Wissen ist begrenzt und veraltet schnell

Gerade die fast vollständig verschulten Bachelor-Studiengänge führen zur Verlängerung einer stark reglementierten Ausbildung. Von den Studenten wird das Studium im Nachhinein eher als »Wissensmast« verstanden, in deren Verlauf sie viel auswendig gelernt, aber wenig begriffen haben. Doch was ist Bildung eigentlich? Geht es um Wissen? Nein, das wäre einerseits zu wenig und andererseits sogar falsch.

Der englische Philosoph Herbert Spencer stellt eine Verbindung zwischen Bildung, Wissen und Handeln her: »Das große Ziel der Bildung ist nicht Wissen, sondern Handeln.« Damit sind wir wieder bei der Kompetenz: Es geht darum, handeln zu können, nicht einfach nur zu wissen. Was konkret bedeutet: ab sofort kein Auswendiglernen mehr, kein Pauken mehr, sondern stattdessen Denken in Szenarien, testen und erproben von Möglichkeiten.

Das kann die Hochschule kaum leisten. Denn die Wirtschaft hat genaue Vorstellungen davon, welche Kenntnisse ein Bachelor mitbringen muss – und dazu gehört vor allem Eingepauktes.

Selbstständiges Denken ist weniger gefragt, bestenfalls Elemente der Selbststeuerung wie der Ablagetest, bei dem der Absolvent im Assessment zeigen kann, ob er zwischen dringend, wichtig und sowohl dringend als auch wichtig unterscheiden kann – ursprünglich übrigens ein typischer Test für Assistentinnen. Die meisten Absolventen kommen mit einem enormen Wissen von den Hochschulen, sind aber nicht in der Lage, dieses in der Praxis anzuwenden. Damit fallen sie einerseits für das praktische Anpacken aus, weil sie immer noch zu intellektuell sind, andererseits können sie nur selten eigene Gedanken weiterspinnen, sind also zugleich entintellektualisiert. Dem Fachkräftemangel ist damit sicherlich nicht abzuhelfen.

Junge Leute strömen in die Unternehmen, frisch von den Hochschulen, mit klaren Vorstellungen, wie viel sie verdienen, welchen Wagen sie fahren wollen – aber ohne eine klare Vorstellung davon, dass sie künftig handeln müssen oder wie sie führen sollen. Die meisten gehen davon aus, dass sie managen, sprich: Aufgaben abarbeiten, Strukturen schaffen, Prozesse analysieren. Das wird aber nicht der Fall sein, im Gegenteil. Immer klarer wird, dass die Hochzeiten des bloßen Managens vorbei sind. In der Wirtschaft ist Leadership angesagt, und das bedeutet vor allem eines: führen können. Führen hat mit Persönlichkeit zu tun und verlangt, seine Mitarbeiter zu motivieren, zu inspirieren, Menschen für erfolgreiche Teams zusammenzubringen und ihnen Gestaltungsraum und Möglichkeiten zu öffnen.

Erich Fromm bezeichnete einen Menschen ohne solche Leadership als »Marketing-Charakter«.[17] Diesem Marketingcharakter sei es wichtig, die richtigen Dinge zu sagen und die richtige Kleidung zu tragen und Autorität zu haben – aber er sei keine Autorität. Autorität haben oder eine Autorität sein bezeichnet bei Fromm den Unterschied zwischen jemandem, der etwas ist, und jemandem, der nur so tut, als sei er etwas. Es geht also um Kompetenz, vielleicht auch um Persönlichkeit.

Was Menschen in die Schule treibt

Sind unsere Schulen die Orte, an denen wir einen Marketingcharakter entwickeln? Blickt man auf unsere Lehranstalten, gewinnt man den Eindruck, dass Lehrer dort noch immer Fächer unterrichten statt Schüler. Wir lesen bei der Befragung von Studenten, dass die Hälfte derjenigen, die Naturwissenschaften für das Lehramt studieren, ein wesentliches Ziel verfolgen, nämlich endlich Autorität als Fachkraft zu erlangen – um mit einer solchen, so folgere ich, in Ruhe gelassen zu werden. Warum das? Endlich einmal Autorität besitzen, um nicht mehr selbst ackern zu müssen? Oder schlimmer noch, um nicht mehr beschämt zu werden? Beschämt werden ist ein großes Feld im Schulalltag, im Umgang mit Scham spiegeln sich immer noch hierarchische Vorstellungen von oben und unten. Hier müssen wir dranbleiben, nachjustieren, Veränderungen durchsetzen.

Auf diesem Feld engagieren sich kleine und große Stiftungen, die zivilgesellschaftliches Engagement entwickeln und auf Bildung anwenden – vom Landesschulpreis für die beste Schule bis zu Lehrsimulatoren für das situative Erlernen neuer Muster. Es gibt sie schon, die klaren Ideen zu Haltung und Menschenbild. Aber sie müssen erst noch wachsen und sich vermehren.

Und es geht nach wie vor um lebenslanges Lernen. Beispielsweise darum, Sinnfragen in der Mitte des Lebens qualifiziert und jenseits des Esoterikmarktes beantworten zu können.

Darum, die eigene Haltung, die eigene Arbeit zu reflektieren und möglicherweise einen neuen Ansatz zu finden. Schon Wilhelm von Humboldt war der Meinung, dass es nicht nur um Bildung für eine berufliche Bildung gehen sollte in Deutschland, sondern dass Menschen die Fähigkeit zum Lernen selbst und zum Um- und Neulernen erwerben sollten – um frei zu sein in der Wahl ihres Lebensunterhalts.

Ausbeutung statt Bildung

Die alten Griechen lieferten die Vorlage, die Humanisten griffen die Idee wieder auf und stärkten sie: Ich spreche vom alten Lehrsatz: »Der Mensch ist das Maß aller Dinge.« Der Mensch hat Anspruch auf ein selbstbestimmtes Leben, allein und gemeinsam mit anderen – ein Leben, das im Diesseits stattfindet. Möglich wird das dauerhaft mit einem umfassenden Bildungsangebot, das für die Entwicklung und Verstärkung der Potenziale und Fähigkeiten des Einzelnen und der Gesellschaft sorgt. Die tatsächliche Situation, bezogen auf Bildung, sieht aber so aus: Unseren Erfahrungen trauen wir kaum, wie sonst wäre das im Medienkapitel beschriebene überbordende Rezeptewissen zu erklären? Das Bildungsangebot in unserem Land ist durchaus umfassend, aber stark auf die Wirtschaft ausgerichtet. Musische Fächer leiden unter ständigen Streichungen, viele Eltern geben den »harten« Fächern in den Schulen den Vorzug. Die Potenziale und Fähigkeiten von Studenten werden zwar gefördert, aber zum Nutzen der Wirtschaft – nicht zu ihrem eigenen.

An die Stelle der humanistischen Basis ist eine verstärkte Ausbeutung unserer Fähigkeiten getreten – eine Ausbeutung, die wir selbst vorantreiben und von der eine Wirtschaft profitiert, die genau darauf setzt: auf »human Resources«, also auf menschliche Ressourcen, statt – und das wäre eine mögliche Alternative – auf die Entfaltung von Potenzialen. Wir scheinen diese Konzepte verinnerlicht zu haben. Wie sonst lässt sich erklären, dass wir dieses System bereitwillig tragen, ohne es zu hinterfragen?

Die Interessen unserer Wirtschaft, ihr Blick auf Menschen als Arbeitskräfte – all das scheint sich durchzusetzen. Ist unsere Leitkultur, der sich alles andere unterzuordnen hat, nicht inzwischen vollkommen ökonomisch determiniert? Sprechen wir nicht alle Wirtschaftsdeutsch und -englisch, sind wir nicht alle bereit, das Wohl und Wehe unserer Familien vollständig an wirtschaftlichem Wohlstand, an finanzieller Absicherung und an wirtschaftlichem Erfolg festzumachen? Ist der Humanismus nur noch ein Etikett, eine romantische Idee für laue Sommerabende? Eine Idee, der wir uns entspannt in unseren Pausen widmen und zu den Zeiten, in denen wir uns nicht mit dem Maß aller Dinge, nämlich unserem Vermögen, unserem Kontostand, unserer Macht, befassen?

Zwischenstand: Bildung und Diktatur

Am Ende dieses Kapitels lässt sich festhalten: Wir dürfen uns nicht wundern über den Zustand unseres Bildungssystems. Es basiert auf größtmöglicher Außensteuerung, ist ausgerichtet auf Ziele und Zwecke der Wirtschaft und ignoriert beharrlich die jüngsten Erkenntnisse der Neurowissenschaften.

Karrierefixierung: Viele Abiturienten interessiert nur eine Frage: Mit welchem Studium kann ich am meisten verdienen? Angehende Zahnärzte beispielsweise büßten für diese Prioritätensetzung mit einem hohen Numerus clausus. Heute ist es schwierig für junge Leute, eine andere als eine ökonomisch basierte Entscheidung zu treffen. Was sind ihre Talente, was ihre Potenziale? Wer schon mit fünf Jahren in der Vorschule Englisch und Chinesisch lernt, sieht sich später vielleicht in der Pflicht, »etwas daraus zu machen«. Aber wo sind die Rollenmodelle für eine Kombination aus Bildung und gelingendem Leben? Wer geht denn tatsächlich noch seinem Interesse nach, wenn es sich um den Lebensunterhalt handelt?

Übermacht des Denkens: Wir erleben um uns herum, dass Intelligenz auch ohne Kompetenz sehr geachtet wird. Wir erleben, dass soziale und emotionale Fähigkeiten dagegen nicht relevant sind, dass vielmehr das Denken uns einen Heidenrespekt einflößt.

Dominanz der Listen: Die Folge ist, dass Quantität vor Qualität geht, dass Rankings, Zertifikate und Abschlüsse uns eine Qualität suggerieren, die gar nicht in ihnen angelegt ist. Dadurch gehen wir Dingen auf den Leim, die sich in den letzten Jahren, in den Zeiten von plötzlich auftauchendem Geldmangel und konjunkturellen Schwächen, entwickelt haben.

Titelhype: Wir verneigen uns vor dem Professorentitel, auch wenn der Mensch dahinter in Relation zu einem Wirtschaftsjob schlecht genug bezahlt wird, sodass er sich kurzfristigen, quantitativen Kriterien auszusetzen hat, um Gehaltserhöhungen zu bekommen: Die Menge an Veröffentlichungen ist dafür genauso relevant wie die beigebrachten Fördergeldmittel. Wir lassen uns vom unterstellten IQ hinter einem Titel beeindrucken, obwohl dieser nichts über Kompetenzen aussagt und ebenso wenig über die emotionale Reife einer Person, ihr

Erfahrungswissen und die Qualität ihrer Intuition. So kommt es, dass wir den Etiketten weiterhin glauben, also etwa einen Harvard-Absolventen per se für genial halten – und doch nicht wissen, ob er überhaupt die grundlegende Fähigkeit hat, eine Konfliktsituation aufzulösen oder ein Team mit Anstand zu führen.

Haltungsfragen: Um den Begriff der Klugheit ist es schlecht bestellt, und auch die Intelligenz ist ganz offensichtlich viel besser beleumundet, als es ihr möglicherweise heute noch zusteht. Wie holen wir etwa die Erkenntnisse der Neurobiologie in unseren Alltag und damit die Emotionen an Bord? Wie kommen wir auf dieser Basis zu neuen Bewertungen? Wie schaffen wir es, genau hinzuschauen, uns mit dem, was wir wirklich wahrnehmen, zu befassen?

Ich halte fest: Wir wissen weniger, als wir wissen könnten. Die Diktatur wirkt gerade in und durch Bildung. Besonders hier greift die Trance, das Diktat von »Wirtschaft als Leitmedium«. Sie bewirkt, dass wir nicht mehr genau hinschauen, und sie hält uns gefangen in Oberflächlichkeit, in Automatismen, im Über-Wichtiges-Hinwegsehen – eine Trance, die uns nolens volens gefügig macht und lammfromm übergibt in die Hände von Marketing, Werbung und Marken, ohne hinter den schönen Schein zu schauen. Sie hält uns gefangen, sorgt dafür, dass wir auf Wachstum fixiert bleiben, erhöht unsere Angst vor Komplexität, beflügelt unsere Selbstausbeutungsfantasien.

Es scheint so, dass die Vielfalt der äußeren Ansprüche, unsere generelle Überforderung uns den gesellschaftlichen Entlastungsmechanismen ebenso ausliefert wie den Mechanismen, die uns eben nicht entlasten, sondern den Druck auf uns noch erhöhen. Oder ist es doch eher eine Hypnose, in die wir gefallen sind? Eine Hypnose, die von denen aufrechterhalten wird, die von den gesellschaftlichen Nachteilen ihrer Wirksamkeit profitieren und den Preis nicht zu sehen vermögen, den auch sie dafür zahlen?

Ob Trance oder Hypnose: Wie finden wir heraus aus der Konzentration auf das, was uns persönlich beschäftigt und was uns die Freiräume raubt, uns mit unserem Umfeld zu befassen? Wie finden wir heraus aus der Banalität und der Emotionalisierung, die Werbung, Medien, Wachstumsgedanken, Marketing jederzeit für uns bereithalten und die in der Lage sind, unseren gesunden Menschenverstand zu untergraben? Unsere Welt und unsere Wirtschaft sind für den Menschen gemacht. Wie bekommen wir sie zum Menschen zurück – zu unserem Nutzen und unserem Vorteil?

4. Wie die Politik mit der Diktatur ins Bett steigt – in Medien, Wirtschaft und Bildung

Bislang standen Medien, Wirtschaft und Bildung zur Disposition. Politik beziehungsweise Politiker gestalten all diese Lebensbereiche, indem sie den Ordnungsrahmen herstellen und gestalten. Unterstützen sie dabei die Diktatur der Dummen, gar mit den Instrumentarien der Demokratie? Ich machte mich auf die Spur des »alltäglichen« Demokratieverständnisses: Verstehen mein Umfeld und ich unter diesem Begriff wenigstens das Gleiche? Ich fragte bei einem Abendessen im größeren Kreis nach. Was mir begegnete, waren vor allem zwei zentrale Irrtümer:

Irrtum Nr. 1: Demokratie ist Herrschaft des Volkes. Das ist Unfug, Demokratie ist ganz sicher nicht die »Herrschaft von vielen«, sondern die Wahl einer Führung durch viele. Sie ist es noch nie gewesen – deshalb konnte auch *Bild* nicht, wie vielleicht Gerhard Schröder es damals unterstellte, ihr Zentralorgan sein.

Irrtum Nr. 2: Das Volk herrscht über das Volk. Diese ebenfalls weit verbreitete Vorstellung, dass wir über uns selbst herrschen, könnte man lustig finden, wenn sie nicht so absurd wäre. Nein, das Volk herrscht nicht über das Volk: Wir wählen Repräsentanten für unsere Interessen auf kommunaler Ebene, im Land und im Bund – wenn wir überhaupt zur Wahl gehen.

Mündig ist schön, strengt aber an

Dabei könnte mehr Volk und damit mehr Einflussnahme der Wähler durchaus hilfreich sein, so wie es einige Initiativen aus dem Bereich der Bürgerrechte und der direkten Demokratie nachdrücklich fordern. Ihr Anliegen ist es, dem Wähler im besten Sinne mehr zuzumuten als das ein oder andere Kreuz zu den drei Standardwahlen in Stadt, Bundesland und Land. Sie wünschen sich mehr Mitbestimmung für mündige Bürger und wehren sich gegen die immer wieder aufflackernden Unterstellungen von Berufspolitikern, Bürger seien eben gerade nicht mündig und deshalb müsste besonders auf Bundesebene die Parteipolitik im Vordergrund stehen.

Zu den Zielen solcher Initiativen gehört es etwa, dass Verfassungsänderungen und Verlust der Souveränität von Bürgern, aber auch völkerrechtliche Verträge mehrheitlich in direkten Abstimmungen legitimiert werden. Bürger sollen eine Einspruchsmöglichkeit erhalten, und im gleichen Zuge können Gesetze zur Abstimmung kommen, die von den Wählern selbst entwickelt wurden. Welche Ergebnisse so etwas zeitigen kann, zeigte uns der Nachbar Schweiz im Jahr 2013: Da ging es um Managergehälter (zu hoch, deshalb deckeln) oder um Verschärfung des Asylrechts (Erleichterung der Abschiebung), aber auch um die Wehrpflicht (abschaffen oder nicht). Alljährlich steht dafür in jedem Quartal ein Termin fest, sodass sich die Bürger sehr kontinuierlich mit ihrer demokratischen Aufgabe befassen – und das auch vehement und kontrovers tun.

Ein weiteres Thema liefert die Demokratisierung von Parteien selbst. Das könnte möglicherweise Lösungen wie die Einführung von Mitgliederentscheiden bedeuten, wie wir sie 2013 bei der Kandidatenaufstellung der Grünen oder beim

Aushandeln einer großen Koalition zwischen SPD und CDU/CSU erleben konnten. Die Grünen stellten fest, dass die Basis tatsächlich anders wählt, als man es dort gewünscht hatte. Die SPD wiederum wurde, fast liebevoll, von Sigmar Gabriel an die Hand genommen und zum »Ja« geführt. Man stelle sich das für die CSU vor: Ob das in quasi autokratisch regierten Regionen etwas ändert? Man weiß es nicht, aber es wäre einen Versuch wert.

Wer solche Freunde hat

Versucht hat es auch die NSA, die National Security Agency der USA, sprich: der Geheimdienst unseres »besten« Verbündeten. Und dieser Versuch jedenfalls war über Jahre erfolgreich: Unsere Regierung wurde abgehört und sogar das Handy unserer Bundeskanzlerin Angela Merkel seit mehr als zehn Jahren. Wer hätte das gedacht! Der Feind sitzt quasi im eigenen Land, wenn schon nicht im eigenen Bett.

Interessant der gesamte Umgang mit der NSA-Affäre und auch symptomatisch – so, als könne es einfach keiner glauben, als wäre nicht möglich, was nicht wahr sein darf. Es hatte etwas von *Lindenstraße* und Mutter Beimer, wie da zuerst der deutsche Innenminister in die USA flog und dort ein wenig schimpfte. Wobei man durchaus den Eindruck haben konnte, dass er gar nicht wusste, wo eigentlich das Problem lag – denn beim ersten Besuch ging es ja »nur« um das Abhören von Hunderttausenden Telefonen deutscher Bürger. Dann plötzlich nahm der Skandal Fahrt auf, als das Handy der Kanzlerin in den Fokus rückte: Jetzt war auch der Kanzleramtsminister betroffen, von dem man eigentlich gar nicht wusste, dass er noch da ist. Weder Innen- noch Kanzleramtsminister übernahmen dann Verantwortung oder Konsequenzen, sondern taten ganz überrascht: Wer hätte das gedacht! Unsere Freunde! Die Frage, was einen Profipolitiker auf höchster Ebene auszeichnet außer dem Parteienproporz im Kabinett, wird – versteht sich – nicht gestellt, weder von den Kollegen noch von den Medien.

Letztere sind am Ende auch verstimmt. Schließlich zeigten gerade sie uns so gern das Bild einer lächelnden, im Bundestag munter SMS schreibenden Kanzlerin: medienaffin, modern und meist gut gelaunt – das in Zeiten von Wikileaks und von Prism. Muss man das nicht unbeschreiblich naiv nennen? Waren sowohl Medien als auch Politik so mit der Skandalisierung von Alltagsproblemchen beschäftigt, dass niemand in den Redaktionen Zeit hatte, hier zwei und zwei zusammenzuzählen?

Sprechen Sie leibhaftig mit Politikern!

Vielleicht sollten wir also wieder mehr mit unseren Politikern sprechen. Dann jedenfalls könnten wir uns eine Meinung bilden, die aus den Medien heutzutage nicht mehr zu bekommen ist. Wählen sollen wir, doch selbst hier gilt wie so oft: Wir wählen eine Verpackung und erhalten häufig einen ganz anderen Inhalt. Wir wählten grün, demonstrierten für Frieden und bekamen die Kriegsteilnahme auf dem Balkan geliefert. Wir wählten schwarz, dachten konservativ und handelten uns einen Atomausstieg ein. Wir wählten rot, wollten die Rechte der Arbeitnehmer stärken und fingen uns einen Genossen der Bosse. Wir wählten hellrot oder rosa, weil wir eine nicht kapitalistische Zukunft wollten, und bekamen im Wesentlichen eine Kritik der Vergangenheit geliefert. Kurz: Vor jeder Wahl werden wir gezähmt, nach jeder Wahl ruhiggestellt.

Was liefert uns denn die Demokratie heute, im Jahr 2013? Müssen wir das nicht eine Als-ob-Politik nennen? Eine Politik, die sich nicht mit den großen Linien der gesellschaftlichen Entwicklung befasst, also mit den Fragen etwa, wie Zukunftsprobleme gelöst und auch bezahlt werden können – eine Politik, die sich in unsäglichen Überschriften wie »Klartext« oder »Raute« auflöst und zu einer Art Ruhigstellung des Patienten Deutschland führt. Anstelle der großen Fragen von Energie, Klima, Gerechtigkeit, sozialem Umbau beschäftigen wir uns mit politischem Kleinkram, bleiben mental vor unserer eigenen Haustür, befassen uns mit unserer Steuererklärung und unserem Bankkonto – und das in einer Ausschließlichkeit, die mir suspekt ist. Eine Politik, die suggeriert, dass keine Frage ungelöst bleibt, dabei aber alle Reformfragen unter den Teppich kehrt, die Ängste vermeidet und alle Verlustängste in Sachen Status, Altersversorgung, Sicherheit weglächelt. Ist es das, was wir wirklich wollen? Und haben wir eigentlich eine echte Wahl?

Woher beziehen wir unsere Informationen, unsere Erkenntnisse? Woher wissen wir, was besser und was schlechter für uns ist? Es besteht natürlich immer die Gefahr, dass wir der Wahlwerbung zum Opfer fallen oder aber, wie wir gesehen haben, der Berichterstattung in den Medien. Wer macht sich noch die Mühe, sich einen Kandidaten persönlich anzuschauen? Und wer hört sich die politischen Phrasen schon freiwillig an? Vielleicht doch lieber der Werbung trauen?

Politiker setzen offenbar ebenfalls darauf, dass wir als »Zielgruppen« dumm handeln – dumm im Sinne von automatisch, also ohne Überprüfung durch Verstand oder Wissen, oder dumm im Sinne von dumpf, also ohne emotionalen Abgleich. Die Frage ist, ob die von uns gewählten politischen Akteure ebenfalls dumm handeln. Das wäre ganz natürlich, schließlich lesen Politiker die gleichen Zeitungen und Zeitschriften, schauen die gleichen Sendungen, haben Kinder auf den gleichen Schulen und kaufen in den gleichen Läden oder bei Ebay ein. Allerdings gibt es (mindestens) drei zentrale Unterschiede: im Umgang mit den Medien, die Öffentlichkeit für politisches Handeln schaffen, im Blick auf die Wirtschaft, deren Ordnungsrahmen politisch erzeugt wird, und bei der Steuerung von Bildung.

Medien ziehen Politiker magisch an – für sie ist es wichtig, Gegenstand der Berichterstattung zu sein und eine gewisse Prominenz zu erlangen. Hier kommt es zu der bekannten Zwickmühle: Man wäre gern beliebt und würde am liebsten positiv in den Medien dargestellt, um wiedergewählt zu werden, muss aber auf der anderen Seite für auch ungeliebte Strukturen und Ordnung sorgen. Das führt zu kritischen Schieflagen, wie viele aktuelle Beispiele zeigen.

Der zweite Unterschied liegt im Blick auf die Wirtschaft. Hier gelten für Politiker ebenfalls andere Gesetze. Sie müssen die Dynamik wirtschaftlichen Handelns durchschauen, um überhaupt angemessen steuern zu können. Sie brauchen also Transparenz in den vielfältigen Bereichen der Wirtschaft. Sie müssen die »Verpackung« ignorieren, also gegen die Verführung von Marketing und Werbung immun sein, und sich stattdessen Klarheit verschaffen über den »Inhalt«, sprich die Handlungsstränge und Steuergrößen verfolgen und in den geeigneten Zusammenhang stellen.

Der dritte Unterschied betrifft die Bildung, die in Deutschland Ländersache ist. Jeder Bildungsminister darf und kann hier machen, was er will und durchzusetzen in der Lage ist – und zwar gezielt für das eigene Bundesland. Natürlich gibt es Koordinationsstellen wie etwa die Kultusministerkonferenz oder das Bundesministerium für Bildung und Forschung – was bedeutet das aber für die Verdummung im System? Befördert es eher binnenpolitische Aushandlungsprozesse, zum

Beispiel Priorisierungsprobleme in den politischen Agenden von Land und Bund? Erleichtert es anderen Akteuren auf diesem Feld möglicherweise die Einflussnahme?

Die Medien treiben die Politik vor sich her

Die Medien wurden in der Frühzeit der Bundesrepublik hoch gelobt als vierte Macht im Staate und haben entscheidend zu unserer Demokratie beigetragen, indem sie politisches Handeln beschrieben, erläuterten und kritisierten. Medien haben Öffentlichkeit hergestellt für die politischen Prozesse, in denen unsere politischen Vertreter agieren – oder schreibe ich besser »agierten«? Denn wir haben gesehen, dass Medien heute verstärkt auf unkritische Leser oder Zuschauer setzen, auf Automatismen und auf Gewohnheiten, dass sie bei vielen Themen die Schamgrenzen nach unten verschieben, immer mehr auf das Private zielen und den öffentlichen Raum dadurch verändern – eine durchaus fragwürdige Rolle im Gleichgewicht der demokratischen Kräfte.

Was bedeutet dies für unsere Demokratie? Gibt es sie noch, oder ist Dummheit hier nicht mehr nur ein Schlagwort, sondern womöglich schon manifest in Form einer »real existierenden Diktatur der Dummen«? Oder gibt es gar Anzeichen für eine Diktatur der Klugen, und wir haben es nur nicht bemerkt? Lassen Sie uns zur Beantwortung dieser Fragen auf zwei politische Ereignisse des Jahres 2013 schauen, auf die Rücktritte von Bundespräsident und Bildungsministerin, und dann die Frage beantworten, die mir auf der Seele liegt: Wer herrscht in unserem Land, wer regiert eigentlich? Oder, etwas weiter gefasst: Wer führt uns wirklich?

Woran Führung eindeutig zu erkennen ist, erleben wir in

jedem alltäglichen Gespräch: Es führt derjenige, der die Fragen stellt und die Entscheidungen trifft – keineswegs der Antwortende. So auch im Unternehmen: Die Fähigkeit zum Fragenstellen unterscheidet die Führungskraft ganz wesentlich von der Fachkraft, deren höchste Kunst wiederum im hoch differenzierten, sachgerechten Antworten liegt. Wer fragt, der bestimmt den Verlauf ebenso wie den Gegenstand des Gesprächs – während die anderen am Gespräch Beteiligten sich damit beschäftigen, Antworten zu geben.

Ein Blick auf die Rücktritte von Christian Wulff und Annette Schavan zeigt, dass in unserem Land die Medien die großen Fragen stellen. Aber wer antwortet? Bei Christian Wulff reagiert der Justizapparat, ein Staatsanwalt erhebt Anklage – das scheint mir passend, dafür ist die Justiz da. Doch aus den Reihen der Politik geschieht nichts: Einige stellen sich hinter Wulff, aber wer stellt sich vor ihn? Wer hält die Medien ab von groben Vorverurteilungen, sprich: Wer definiert die Flughöhe möglicher Unterstellungen? Wer stellt den Medien die Fragen? Ich bin keine Juristin und urteile nicht aus juristischer Perspektive, sondern aus der Sicht einer Bürgerin, die klare Erwartungen an die Demokratie hat. In unserem Land dürfen zum Glück die Medien Fragen aufwerfen. Aber was ist, wenn sie übers Ziel hinausschießen? Wer hat hier die Fähigkeit, sich hinzustellen und – statt inhaltlicher Antworten – die Verantwortung zu übernehmen?

Meine Fragen laufen alle auf das Gleiche hinaus: Durfte der öffentliche Druck auf Christian Wulff so groß werden? Ist ein staatsanwaltlicher Anfangsverdacht schon ein Urteil? Ehrlich gesagt, ich vermisse ein Kanzlerwort, ein Einhalt-Gebieten. Wer trat der Vorverurteilung entgegen? Wer brachte die Fragen von echter Relevanz ins Spiel vonseiten der Politik? Niemand. Keiner wollte das Amt beschädigen – und für diese

Beschädigung sorgte Wulff denn auch selbst, mit seinem Taktieren, mit seinem millimeterweisen Zurückweichen angesichts der Medienrecherchen; anders gesagt: mit fehlender Souveränität und fehlendem Gefühl für seine Verantwortung.

Im zweiten Fall, dem Rücktritt der Bildungsministerin, liegt die Sache noch einfacher: Wie konnte die Universität Düsseldorf Annette Schavan Vorsatz nachweisen? Woran bloß um Himmels willen ist vorsätzliche Täuschung in Doktorarbeiten zu erkennen? Eine unsägliche Aktion. Die Hochschule schoss deutlich über ihre Möglichkeiten hinaus und wurde zur Täterin – vielleicht auch um nicht zum Opfer einer Rufschädigung zu werden. Verantwortliches Handeln sieht anders aus. Zwar stellte sich die Kanzlerin hinter ihre Bildungsministerin, doch wer wehrte die Hetze ab? Wer wies die Universität in ihre Schranken?

Beide Fälle klingen nach einer Mischung aus Bananenrepublik und spätfeudalistischer Ständegesellschaft, nach einer Diktatur der Dummen – aber nicht nach einer ausgewogenen, reifen Demokratie. In einer solchen hätte die Politik wissen können und müssen, dass – im Fall Schavan – ein Vorsatz niemals von außen erkennbar ist und – im Fall Wulff – ein Vorverdacht allein nicht für die Vorverurteilung herangezogen werden dürfte. Dabei war es um die Jahrtausendwende, also vor etwa dreizehn Jahren, noch ganz gut bestellt um unser System. Damals hieß das Mediendemokratie. Erinnern Sie sich noch an den Begriff? Der entstand nach einem Bonmot von Gerhard Schröder: »Zum Regieren brauche ich nur *Bild*, *BamS* und die Glotze.« So kannte man Schröder, (Medien-)Kanzler von 1998 bis 2005; »damals«, möchte ich sagen und bin beinahe geneigt, von einer guten alten Zeit zu sprechen: die Medien und unser Kanzler im öffentlichen Kräftemessen. Hat die Politik diesen Wettbewerb mittlerweile verloren?

Verschollen im Verantwortungsloch

Das lässt sich so leicht natürlich nicht beantworten. Aber fest steht einerseits, dass sich die aktuelle Bundeskanzlerin Angela Merkel vor einer Komplizenschaft mit den Medien hütet und dass andererseits die gesamtgesellschaftliche Abwertung von Politikern auf einem Höhepunkt angekommen ist. Wir schätzen »unsere Regierung« wenig bis gar nicht, Angela Merkel aber persönlich kommt mit sensationellen Ergebnissen durch Umfragen und Bundestagswahlen. Gerade weil sie keine Stellung bezieht, keine Haltung zeigt, keine Verantwortung übernimmt? Weil sie das macht, was viele von uns heute für normal halten?

Wähler und Nichtwähler sind sich jedenfalls einig: Das ist klasse, was Frau Merkel abliefert. Die überlässt die Schmutzarbeit den Medien – und verbietet auch schon mal dem Vorsitzenden des Bundesverfassungsgerichts, der ins Verantwortungsvakuum springt, eine politische Meinungsäußerung. Im Fall Schavan hätte sie die Freundin vielleicht gern geschützt, aber da fiel ihr auf die Füße, was in anderen Fällen hilfreich war: Verantwortung übernehmen und Stellung beziehen will geübt sein.

Das Aufdecken und Entlarven öffentlicher Missstände ist sicher eine wichtige Aufgabe der Medien, aber haben wir fürs Bestrafen nicht ein Rechtssystem? Von dem wissen wir natürlich alle, dass es (a) bürokratisch organisiert ist und nur schwerfällig funktioniert, (b) nichts mit Gerechtigkeit per se zu tun hat und (c) im Ergebnis oft nicht zufriedenstellt. Was passiert also? Wir überlassen den Medien wie im Fall Wulff die Vorverurteilung, wir schauen wie im Fall Schavan beim Lynchen und beim Lästern zu. Das mag ja reinigende Wirkung haben, aber geht es wirklich nur darum?

Wer hätte denn – außer der Kanzlerin – aufstehen und das Wort ergreifen können? Vermutlich jeder, der noch in der Lage ist, selbst zu denken, der fähig ist, einen eigenen Gedanken zu verfolgen und dabei zu bleiben – jeder, der gelernt hat, sich eine Meinung zu bilden. Sie, ich, wir alle. Wir hätten denken und etwas sagen können: bei Facebook, auf den Kommentarseiten der Zeitungen, im Freundeskreis – und zwar nicht zur Persönlichkeit von Ministerin oder Bundespräsident, nicht zur Beziehung zur Kanzlerin, sondern zu den einfachen Fakten: Vorsatz nachweisen ist nicht möglich, Vorverurteilung ist nicht rechtens.

Ich habe hier und da etwas gesagt, und das war kein gutes Gefühl. Ein Plagiat lässt sich mehr oder weniger gut erkennen und möglicherweise nachweisen – aber Vorsatz? Unter Professorenkollegen habe ich die Frage gestellt, woran man Vorsatz erkennen kann. Kriegt man dann einen Button ans Jackett? Färbt das ab? Die Mitglieder der Bildungselite schauten mich ebenso entsetzt wie ratlos an, keiner wusste so recht, wovon ich rede und, schlimmer noch, was ich denn wollte. Eine eigene Meinung? Wie mühsam! Und gleichzeitig sah ich hier und da ein schlechtes Gewissen durchblitzen. Im Verlauf der Diskussion wurde ich verstanden, und es wurde uns allen in dieser Runde unangenehm klar: Irgendwas ist hier aus dem Ruder gelaufen mit unserem System, aber auch mit jedem Einzelnen. Noch sind wir bei der Politik nicht in einem Fernsehformat – aber vielleicht bald?

DSDSP – Deutschland sucht den Superpolitiker

Ich könnte mir vorstellen, dass Karl-Theodor zu Guttenberg einen ausgezeichneten Juror abgeben würde, einen richtig guten »Dieter Bohlen des Politikercastings«. Weil er alles hat, was den Deutschen in der Seele guttut: Er liefert den wunderbaren Schein einer glücklichen Familie, vollendet und rund, mit einer schönen Frau und zwei prima Töchtern, mit gutem Benehmen und genügend Reichtum, um nicht kleinlich nach Geld schauen zu müssen, mit einem exzellenten Hintergrund. Ihm – so könnte ich mir gut vorstellen – würden wir es sehr gern zutrauen und auch abnehmen, wenn er in einer DSDSP-Sendung die fälligen Kommentare zur Kleidung des möglichen Spitzenpersonals abgeben würde. Hier ein Wort zum Jackett der Kanzlerin, dort ein Hinweis auf die Tränen ihres Herausforderers. Könnte das etwas sein oder werden?

Hier jedenfalls wären die Politiker endlich einmal nicht länger die Getriebenen, sondern könnten das üben, worum es im politischen Geschäft ja offenbar primär geht: um Symbole, um Selbstmarketing, ja, Selbst-Branding. Oder größer betrachtet: um eine Vermarktwirtschaftlichung der Politik, die weniger auf politische Linien, sondern stattdessen auf den Erhalt eines Markenkerns zielt. Als Ausbildungs- und Talentschuppen der Republik wäre eine solche Show ziemlich genial. Die politischen Inhalte wechseln, mit Intrigen umgehen, immer wieder redundant das Gleiche sagen und dafür beklatscht werden – wie das und Ähnliches geht, das könnten die Teilnehmer dieser, bei Licht betrachtet, längst überfälligen Show üben und zugleich dem geneigten Publikum vorführen, versteht sich. Alle Wahlkreise schicken ihren politischen Nachwuchs systematisch her, und alle profitieren.

Verzeihen Sie mir den Ausfall. Die Art jedenfalls, wie Medien über Politiker berichten und wie wir also Politiker im Wesentlichen erleben, geht genau in die Richtung: Es wird immer banaler, als könne man niemandem mehr zumuten, sich wirklich in etwas zu vertiefen. Kein Wunder, dass ein großer Teil der Wähler frustriert und unterfordert ins Desinteresse abwandert und in beispielloser Konsequenz dieser Unterforderung die Verkünder der simplen Wahrheiten leichtes Spiel haben: Nieder mit dem Euro und zurück zur guten alten D-Mark!

Wollen wir, das Wahlvolk, das denn wirklich so: Politik als Show? Alle vier Jahre ein DSDSP auf allen Kanälen, ohne dass wir wegschalten können, stattdessen aber ein politischer Raum, der weitgehend leer bleibt und in dem das Schweigen Ohrenschmerzen macht?

Nach der Mediendemokratie: das Diktat der Headline

Freie Medien seien ein zentrales Indiz von Demokratien, behauptet Freedom House, eine Organisation, die weltweit seit vierzig Jahren den politischen Zustand der Völker unseres Planeten begutachtet. Das trifft sicher immer dann zu, wenn Diktaturen betrachtet werden oder Bürgerkriegsgebiete einzuschätzen sind, immer dann also, wenn wir es nicht mit einer Demokratie zu tun haben. Was ist aber, wenn wir uns in einer Demokratie befinden und die Medien diese Indikatorqualität längst erreicht und mittlerweile schon wieder verspielt haben?

Auch in einer Gesellschaft wie der unseren darf die Frage gestellt werden: Woran erkennen wir freie Medien, was ist denn frei? Reicht es, nicht zu einem Kartell zu gehören, was uns das Bonner Kartellamt sehr vorbildlich definiert? Aber ist da noch mehr, über die reinen Besitzverhältnisse hinaus? Was passiert etwa, wenn Medien keinen Gegenspieler mehr haben? Ist das dann noch Demokratie, oder lenken uns genau diese Medien, die auf wirtschaftliche Interessen und Profit ausgerichtet und, wie wir gesehen haben, auch dumm sind? Was, wenn sich die vierte Macht im Staat in die falsche Richtung verselbstständigt? Statt »Politic-Watch« lieber »Politiker abwatschen«, statt aufdecken lieber gleich per Presse verurteilen?

Gibt es hier das Diktat einer veröffentlichten Meinung, also eine heimliche Diktatur, verstanden als die Machtübernahme durch eine Person oder eine Gruppe von Leuten, jenseits freier Wahlen? Eine Herrschaft, die sich auch an den Folgen erkennen lässt: Sie bringt Vorteile für eine Gruppe, welche die Macht besitzt – auf Kosten und zu Lasten der Gesellschaft. Das scheint mir hierzulande durchaus der Fall zu sein – wenn auch nicht für alle Protagonisten am Medienmarkt, so doch für die großen Unternehmen, für Fernsehsender, für *Bild*, für Google oder Facebook.

Politik nutzt all diese Kanäle zunehmend, selbst Angela Merkel beantwortet im CDU-eigenen Internetfernsehen Fragen ihrer Wähler. Die Pressesprecher der Fraktionen twittern, wenn die Politiker es denn nicht schon längst selbst tun. Es wird gepostet, gemailt, geliked und kommuniziert, was das Zeug hält. Aber können wir, die wir die Empfänger all dieser Kommunikationen sind, uns daraus ein Bild von der Haltung unserer Politiker machen? Wissen wir so, wer es mit seinen Versprechungen ehrlich meint, oder lernen wir auf diese Weise vielmehr indirekt die Marketing- und Werbeberater unserer Volksvertreter und deren Fähigkeiten kennen?

Wirklich Relevantes aus der politischen Arena erfahren wir ja auch aus den Talkshows, die von Jauch bis Will, von Maischberger bis Illner, die politischen Themen und gesellschaftlichen Entwicklungen vor dem geneigten Zuschauer diskutieren. Der Sonntagabend mit Günter Jauch ist der Inbegriff der »wertigsten« dieser Shows mit dem allerbesten Sendeplatz, nach dem *Tatort,* zum Ausklang der Woche und zur Einstimmung auf das, was uns ab Montag wieder etwas angehen soll.

Es wurde schon vielfach darüber diskutiert, ob Politik bei uns eigentlich im Bundestag stattfindet oder in den Arenen der TV-Moderatoren, ob der politische Ton für die parlamentarische Debatte nicht längst in den Medien gesetzt wird. Das lässt sich für mich nicht eindeutig belegen, aber schaut man nur kurz hinter die Kulissen, etwa hinsichtlich der Gästeliste einer Talkshow, dann spricht alles für ein verändertes Machtgefüge: Selbst Minister müssen sich nach den Vorgaben der Redaktionen richten, werden rigide auf Abruf gehalten, müssen parat stehen, sich aber auch – wenn das Thema es erfordert – klaglos wieder ausladen lassen. Respekt vor Politikern? Das klingt angesichts solch absolut üblicher Herumschiebereien nach »guter alter Zeit«, es klingt ganz vermufft und nach zwanzigstem Jahrhundert … Vor dem Talkmaster sind alle gleich: die Obersten des Senders, also die Intendanten, und die Obersten der Republik, also das Kabinett. Sonderbehandlungen, so erlebe ich das als Zuschauerin, erfahren nur der Bundespräsident – wenn er nicht gerade gejagt wird – und die Bundeskanzlerin.

Das Buhlen um Aufmerksamkeit hat dazu geführt, dass die Medienpräsenz als unschlagbares »Verkaufsargument« nicht zu toppen ist. Politiker, angewiesen auf Wiederwahl, dazu bedürftig einer gewissen positiven oder besser noch positiv-kritischen Visibilität, haben systemgemäß keinen Zugriff auf die Medien, deren Aufmerksamkeit ihnen wiederum ihre Präsenz und Wirksamkeit zu sichern scheint – ein typischer »Double-Bind«. Läuft er jetzt in eine andere Richtung? Haben die Medien die Sache für sich entschieden? Oder wirkt die Politik inzwischen nur viel ängstlicher als ihr ehemaliger Counterpart, die Medien?

Die Wirtschaft hilft sich, selbst zuletzt

Gar nicht ängstlich jedenfalls scheint die Wirtschaft, allen voran die Banken, wenn es um Nähe und Kontakt zur Politik geht. So lud beispielsweise Angela Merkel zu Josef Ackermanns Geburtstag ins Kanzleramt ein. Das war noch in den »guten alten Zeiten«, also im Jahr 2008, kurz vor der Bankenkrise, die im Herbst desselben Jahres von den USA ausgehend über mehr oder weniger alle Staaten mit Geld hereinbrach.

Die Deutsche Bank überstand diese Krise sehr gut. Sie ist nach wie vor das größte Kreditinstitut Deutschlands und in der Bilanzsumme mehr als doppelt so groß wie die Commerzbank (2010), aber sie ist auch der größte Devisenhändler der Welt mit einem Marktanteil von etwa einundzwanzig Prozent. Und, wen wundert es, sie gehört zu den größten Spendern in Deutschland: In den Jahren 2000 bis 2009 spendete sie mehr als 4,4 Millionen Euro an die Bundestagsparteien – im Mittel etwa 440 000 Euro pro Jahr. Die Deutsche Bank überstand aber nicht nur die Krise sehr gut, sondern sie wurde auch von Attac mit einem Negativpreis ausgezeichnet, weil sie mitverantwortlich war für die Bankenkrise, indirekt und über Steuergelder aus den USA und Deutschland gestützt wurde und dazu noch an der Krise gut verdient hat.[18]

Doch es wird auch von anderer Seite Enttäuschung und Kritik kolportiert. So soll Angela Merkel kurz nach der Bundestagswahl 2009 bemerkt haben, dass wir es ja leider erlebt hätten, wie Banken den Staat erpressen. Darf man das auch auf die intensive Beratungstätigkeit von Josef Ackermann beziehen? Der hat in der Krise allgegenwärtig, geradezu legendär beraten, und zwar für ein überbordendes Rettungspaket und gegen eine Änderung der mangelhaften Bankregulierung.

Die Begründung für diese beiden Leitplanken lautete: Es müsse genügend Kreditvolumen für deutsche Unternehmen sichergestellt werden. Leider entspricht diese Aussage zwar dem Wunsch deutscher Unternehmen, aber längst nicht der Praxis der Banken – Kreditbereitstellung ist ein immerwährender Punkt auf der Wunschliste der Mittelstandsvereinigungen der deutschen Wirtschaft. Wünsche des Mittelstands haben mit dem Selbstverständnis einer Deutschen Bank nicht allzu viel zu tun. Denn wenn wir sehen, wie viel Gewinn die Bank mit Krediten für Unternehmen macht, dann haben wir es einmal mehr mit den berühmten Peanuts zu tun – zum Beispiel im ersten Quartal 2010: Da waren es keine zehn Prozent, schlappe 2,5 Milliarden dagegen allein im Investmentbanking.

Bankenkritiker wie Facing Finance oder Urgewald, beides Nichtregierungsorganisationen mit nun schon vielen Jahren Erfahrung und profunder Arbeit, plädieren für eine Zerschlagung der Deutschen Bank. Diese sei »too big to fail«, also zu groß zum Scheitern, und könne entsprechend Druck auf unsere Regierung ausüben, weil sie als systemrelevant gilt. Können wir uns wirklich in der Bundesrepublik eine Bank leisten, die wir am Ende in einer Krise gar nicht mehr freikaufen könnten? Und was für die Deutsche Bank gilt, ist sicher auch ein Problem anderer großer Finanzinstitute oder multinationaler Konzerne: nicht nur »too big to fail«, sondern »too big for everything« entziehen sie sich der Kontrolle durch Politik und Gesellschaft. Können wir uns das wirklich leisten?

Zockerparadies Europa

Solche Überlegungen treiben weltweit die Experten um, die in Heerscharen mit der Finanzkrise befasst waren und noch sind. Viele von ihnen fordern eben gerade, Banken in überschaubare Einheiten zu zerlegen oder sie in solchen zu belassen – aus genau diesen Gründen. Und was geschieht bei uns?

Feststeht eines: Der Profit gewinnt, die Wirtschaft und insbesondere die Banken halten die Politik in Schach. Die Investmentbanker trinken längst schon wieder Champagner, zur Not auch aus Louboutin-Pumps (die mit den rot lackierten Sohlen …), während die Politik noch immer mühsam und unter allen möglichen Anrufungen damit beschäftigt ist, den Flurschaden zu beheben. In Europa sorgt an vorderster Front Angela Merkel dafür, dass andere Volkswirtschaften nach deutschem Denken handeln und sparen. Sie lässt sich dafür zur Buhfrau des Kontinents machen, gänzlich ungeschützt von den nationalen Politikern vor Ort, die geradezu dankbar für so ein prima Feindbild sein dürften, das sie selbst grundlegend entlastet und für den Erhalt verschiedener Regierungen sorgt.

Wie wenig veränderungsmächtig unsere europäischen Demokratien sind, zeigt sich seit 2008 sehr deutlich: Sie lassen oft wenig echte Alternativen bei einer Wahl zu, sie modernisieren ihre Länder nicht, sie achten nicht – im deutschen Sinne – auf Effektivität und Effizienz etwa im Beamtenapparat. Dazu kommen Wirtschaftsexzesse der besonderen Art: Da ist die zypriotische Bankenwirtschaft, die offenbar von Schwarzgeldgeschäften in gigantischem Ausmaß gelebt hat und diesen schönen Erwerbszweig nur ungern aufzugeben bereit war. Oder die spanische Immobilienbranche, die gern Wohneigentum mit hundert Prozent finanziert, aber bei Nichtzahlung im

Kleingedruckten ganz selbstverständlich beides in Anspruch nimmt: die Immobilie und dazu noch die nahezu lebenslängliche Rückzahlung des Kredits – für die zurückgegebene Immobilie, die der finanzschwache Käufer ja jetzt gar nicht mehr besitzt.

Überall und vor allem im Süden scheint die Sonne auf dunkle Flecken, Europa ächzt unter den Auswirkungen – ja, wovon eigentlich? Unter den Auswirkungen der ungebremst freien Märkte, die sich sogar in mehr oder weniger sozialistisch orientierten Ländern entwickelt haben? Unter den Auswirkungen einer globalisierten Wirtschaft, die nationalstaatliche Schranken großzügig zu umgehen weiß und an Findigkeit keinen Mangel hat? Ächzt Europa darunter, dass die Politik den nationalen Blick schärft, bestenfalls europäisch tickt, während die Finanzwirtschaft aber längst höchst professionell global denkt?

Die Frauenfrage: exklusive Männerwirtschaft

Ich möchte die merkwürdige Positionierung von Wirtschaft und Politik noch an einem zweiten Thema zeigen, und zwar bei dem Versuch der Politik, Frauen in die Topetagen zumindest der börsennotierten deutschen Unternehmen zu bringen. Auch hier zeigt sich ein merkwürdiges Ungleichgewicht der Kräfte: Es scheint, als lehne sich die Wirtschaft entspannt zurück, während die Politik aufgeregt hin und her wuselt.

Jedenfalls ist das Beharrungsvermögen der Männer auf den Toppositionen im wirtschaftlichen Leben, selbst das der als weise zu denkenden Senioren im Corporate-Governance-Ausschuss, sensationell hoch. Oft lässt sich an solcher Beharrlichkeit feststellen, was besonders gefürchtet wird: Möglicherweise stehen Frauen eben nicht für einen zügellosen Kapitalismus, eine totale Ausbeutung, sind Frauen eben nicht verdächtig, sich schnell von Wettbewerb, Poleposition und der nächsten Flasche Champagner einlullen zu lassen. Das wäre jedenfalls eine uns Frauen schmeichelnde, ja edle Erklärung für eine Situation, die nahezu absurd ist.

In einem Europa, in dem Inklusion Pflicht ist, also die gleichberechtigte Behandlung von Minderheiten wie etwa Menschen mit anderem Geschlecht, mit anderer Religion, anderer Ethnie und so weiter, ist die Bundesregierung nicht einmal in der Lage, eine Quote für Frauen in Vorständen und Aufsichtsräten durchzusetzen. Liebe CDU, wir danken dafür, dass bis 2020 eine feste Frauenquote ins Wahlprogramm aufgenommen werden soll – Umsetzung entsprechend später. Und ist die Wirtschaft in dieser ferneren Zukunft nicht willig, dann, ja, was dann? Gibt es eine gesetzliche Quote, und die nächste generalstabsmäßige Erpressungsaktion nimmt ihren Lauf?

Wir dürfen von Quoten halten, was immer davon zu halten ist. Eine Quote ist hilfreich als Übergangslösung und bietet sich dann an, wenn alte Muster, alte Seilschaften, alte Strukturen nicht freiwillig aufgegeben werden, obwohl es längst an der Zeit ist. Frauen in ihren Reihen, das verstört die alten Männerbünde, die an sich kein Nachwuchsproblem sehen, weil sie ja im Wesentlichen alle Väter von Söhnen sind, die ebenfalls gut untergebracht sein wollen. Der Kreis rekrutiert sich aus sich selbst heraus. Wozu da Frauen hinzuholen? Es ist verblüffend, wie hier die Traditionen bewahrt werden, denn natürlich suchen sich im Privatleben Männer meist immer noch die Frauen aus. Die halten ihren Gatten dann den Rücken frei und engagieren sich im Sozialen. Andersherum: Die Männer halten auch zu Hause im Wesentlichen die Frauen aus ihren Geschäften fein heraus – bis jetzt jedenfalls. Und derzeit geschieht das brav unter Mithilfe der Politik. Einwandfreie Lobbyarbeit, muss man, sprich frau, hier wohl festhalten.

Natürlich könnte Politik in Zeiten von großen Veränderungen wie unseren auch anders handeln und sich ein Beispiel an Leuten wie Abraham Lincoln nehmen: Der hat die Sklaven befreit und sich damit die Plantagenbesitzer zu Feinden gemacht. Das ist, so scheint es mir, manchmal vonnöten, denn manchmal geht es vor allem um die aufrichtige Entscheidung und die große Geste – um eine Geste, ausgerichtet am Menschen als Maß aller Dinge, an unseren Grundsätzen von Gleichwertigkeit, von gleichen Chancen, von gesellschaftlicher Gerechtigkeit. Und selbst wenn Ausgangspunkt der lincolnschen Überlegungen in erster Linie der Erhalt des großen Ganzen war, der Erhalt der Union, der Vereinigten Staaten, passt am Ende die Tat zur Haltung.

»Woman is the Nigger of the World«, so texteten John Lennon und Yoko Ono 1972. Vielleicht sind wir doch noch gar nicht so viel weiter? Sicher war der Job von Lincoln in Sachen Sklaven ungleich schwieriger als der, hoch qualifizierte Frauen mit guten Umgangsformen, einem sensationellen Verständnis für gute Gelegenheiten und mittel- bis langfristigen Strategien in Aufsichtsräte zu holen. Auch hier erlebe ich sie, die Geiselhaft der Wirtschaft – einer Wirtschaft, die laut ruft: »Bitte nicht regulieren!«, und dann weiter gegen die Gleichheitsidee verstößt.

Kill your darlings!

Weitere Themen, mit denen die Wirtschaft die Geiselnahme der Politik betreibt, sind schon hinlänglich kritisch diskutiert und im Detail vermutlich so bekannt, dass ich sie hier nur kurz anführen möchte. Es handelt sich dabei um die Standardfragen zur Standortpolitik: Wo und unter welchen wirtschaftlich angenehmen Bedingungen siedelt welches Unternehmen sich mit einer Tochter an? Daran gekoppelt ist das Erpressungskonzept der Steuerflucht: Wo sind die Steuern so attraktiv, dass das Unternehmen wirklich gern bleiben mag?

Heute kommt dazu noch der zunehmende Mangel an Fachkräften: Wir wissen, dass die wenigsten Firmen mit ihrer Produktion nach Tschechien oder Pakistan gehen, weil dort gerade Fachkräfte von den Bäumen gefallen sind. Sie erinnern sich an die Greencard-Überlegungen des Schröder-Kabinetts, als es darum ging, indische IT-Spezialisten anzuwerben? Der Fachkräftemangel ist, so möchte ich behaupten, von der Wirtschaft selbst gemacht. Er wird in seinen Folgen jetzt, angesichts des demografischen Wandels, den Firmengremien mehr und mehr bewusst. Er hat wenig oder gar nichts mit der Ausbildung in Deutschland zu tun, sondern mit ganz anderen Dingen: damit, dass junge Leute immer noch als Ressourcen begriffen und in Unternehmen ausgebeutet werden wie weiland die Kohlevorkommen im Ruhrgebiet. Damit, dass man Leistungsbereitschaft zwar nicht steigern, aber im hohen Maße behindern kann – durch schlechte Führung, also durch magere Kommunikation, fehlendes Zuhören, fehlende Entscheidungen. Und, so schließt sich der Kreis, nicht zuletzt damit, dass immer noch Frauen am Aufstieg behindert werden, obwohl sie ja in etwa fünfzig Prozent der Gesellschaft stellen.

Der Fachkräftemangel ist ebenso wie die Standortpolitik zur Killerphrase mutiert, zu einem Begriff, mit dem man sein Gegenüber leicht zum Schweigen bringen kann. Viele Grüße an die Herren aus den Lobbys der Republik! Wie Lobbyarbeit genau die Interessen der Politik unterspülen, unterminieren, aufgreifen und zugleich konterkarieren kann, hat uns der Fall von PISA bereits hinlänglich gezeigt.

Zwischenstand: Diktatur und Politik

Hier ist zu erkennen, wie schmal der Grat ist, auf dem wir laufen: Natürlich gibt es zwischen handelnden Partnern immer ein Geben und ein Nehmen, mal ist der eine dran, mal der andere. Wenn wir aber auf die gerade diskutierten punktuellen Analysen schauen, dann wird Folgendes klar:

Medienhatz: Die Medien haben der Politik die Führung abgenommen. Politiker werden zunehmend gehetzt; im System ist dafür kein Gegenprogramm vorgesehen. Es gibt kein Kanzlerwort (mehr), das einer Hetzjagd Einhalt gebieten könnte. Auch die Kanzlerin hält sich im Wesentlichen aus der öffentlichen Diskussion heraus, selbst da, wo anderes möglich wäre.

Veröffentlichte Meinung: Die veröffentlichte Meinung ist wichtiger, lauter und durchdringender als eine öffentliche Meinung, nach der nicht mehr gefragt wird.

Medienwirtschaft: Die Medien sind primär Wirtschaftsunternehmen. Diese Erkenntnis ist möglicherweise heute, in Zeiten knapper Kassen und wegbrechender Regionalzeitungen, wichtiger und für Inhalte ausschlaggebender als ihre früher unantastbare Relevanz für demokratische Prozesse.

Sozialisierung von Problemen: Wir bekommen es zunehmend mit einer Vergesellschaftung von Problemen zu tun, die auf dem Handeln der Konzerne beruhen; auch die Bankenkrise wurde zugunsten der Banken bearbeitet. Gleichzeitig werden die Profite in den Konzernen quasi privatisiert und zur Machtakkumulation genutzt, indem in relevantem Umfang Anteile an zentralen internationalen Unternehmen gekauft werden.

Geiselnahmen: Wirtschaft kennt diverse erfolgreich erprobte Geiselmaßnahmen für Politik: Neben der Standortpolitik und den Steuerfluchtdiskussionen ist das auch der Fachkräftemangel.

Wachstumspolitik: Die Schulen sind mit den Auswirkungen von PISA beschäftigt; die OECD hat sie eingespannt für den Nationalstolz und das weitere Wachstum der Wirtschaft in unserem Land. PISA wird von Wissenschaftlern als nicht wissenschaftliche Studie betrachtet; die OECD setzt sich – mit den Mitteln der Vermarktung – darüber hinweg.

Kleinstaaterei: Statt umfassender Bildungsziele verharrt Deutschland in seiner Föderalismustradition und schafft es auch nicht, mehrheitsfähige Reformen für große gemeinsame Linien zu entwickeln.

Unmündigkeit: Den Bürgern wird von der Politik weiterhin Unmündigkeit unterstellt, auch Wahlmüdigkeit. Bestrebungen nach mehr Einfluss oder einem souveränen Wähler werden allerdings nicht gestärkt.

Naivität unter Freunden: Die Bespitzelung großer Bevölkerungsteile durch die NSA hat zunächst nur mäßige Empörung ausgelöst. Erst das abgehörte Kanzlertelefon führte zu Aufruhr. Hat sich die Politik schon so an die umfassende Datenberaubung durch Google und Co. gewöhnt?

Die Politik, so mein Fazit, schafft es in allen genannten Bereichen nicht, sich gegen ihre Gegenspieler in ein Gleichgewicht zu bringen. Das liegt sicherlich einmal an der besseren Finanzausstattung etwa der Wirtschaftslobbyisten, aber auch daran, dass nicht mehr alles gewusst wird, was Politik wissen könnte – weil hier dumm gehandelt wird. Dumm im bekannten Sinne: emotional stumpf, mit erlernter Inkompetenz.

Medien, Wirtschaft mit Wachstumsgedanken und Marketing als Motoren sowie Bildung haben sich zu Maschinerien der Verdummung entwickelt, die aus besten Gründen für die Gesellschaft und ihr Wohl in Bewegung gesetzt wurden und sich in den letzten Jahren gegen die Gesellschaft gewendet haben.

5. Fazit: Die Diktatur ist längst in unserem Alltag angekommen

Nach dieser Tour de Force durch Medien, Wirtschaft und Bildungswesen mit ihren Querverbindungen zur Politik lässt sich feststellen: Wir befinden uns nicht länger in einer wünschenswerten und guten Balance der Kräfte von Medien und Wirtschaft, von Bildung und Politik. Damit trägt auch eine große Sicherheit, die uns die Aufklärung brachte, nicht länger: Wir stehen nicht mehr mit dem Schicksal auf Augenhöhe, wir sind vielleicht weiterhin aufgerufen, jeder für sich, den Kampf um unser Schicksal aufzunehmen – aber sind wir auch fähig, ihn zu meistern?

Uns ist eine mutige und souveräne Sicht auf die Möglichkeiten des Lebens in den letzten Jahren abhandengekommen. Die Gesellschaft als Ganzes und jeder Einzelne von uns unterliegen in einem nicht offensichtlichen, umfassenden Maße den Steuerungsmechanismen von Medien, Marketing und Werbung. Wir haben nicht mehr ein Schwert in der Hand und kämpfen um ein selbstbestimmtes Leben – wir schauen uns viel lieber im Internet ein Schwert an, mit dem unsere Avatare den Highscore in Sachen selbstbestimmtes Leben erzielen. Wir simulieren Selbstbestimmung, aber in unserem Alltag scheinen wir die Freiheit, die Innen- oder Selbststeuerung verspielt zu haben – abgegeben an die Mechanismen von Werbung und Marketing, die wir einerseits in ihrer Tiefe, ihren Wirkweisen und ihrer Beeinflussung nicht mehr durchdringen, die uns andererseits süße Freizeit, Anerkennung und schönen Zeitvertreib mit großen Gefühlen, großen Abenteuern und großen Mitspielern versprechen. Wir bekämpfen eine starke Außensteuerung im Berufsleben zugleich mit einer ebenfalls intensiven, starken Außensteuerung in der Freizeit und verlieren uns dabei fast gänzlich aus den Augen.

Das nenne ich Diktatur. Es gibt ein Diktat, dem all diese Mechanismen unterliegen – nennen wir es Wirtschaftswachstum, Profitgier oder Kapitalismus. Für mich ist das Schlimmste daran die Tatsache, dass wir selbst die Führung abgegeben haben, dass die wenigsten von uns noch am Steuer ihres Lebens sitzen. Das haben wir abgegeben an diejenigen, die von uns Quantitatives wollen: Geld, Zeit, Aufmerksamkeit, sprich Wirtschaft und Medien.

Doch auch die Politik steht mit ihrem ordnungsgebenden Anspruch mehr oder weniger hilflos da: Während etwa die Bundesregierung für die europäische Bankenkrise auf Beratung durch die Deutsche Bank angewiesen ist, wird sie nationalstaatlich handlungsunfähig – ein solcher Deal hat immer einen Preis. Es fehlt in der breiten Politik an Kenntnis und an Beschreibbarkeit von Zusammenhängen, sodass Fehlsteuerungen etwa in eine Sprache übersetzt werden können, die generell vermittelbar und transparent ist. Kein Wunder also, dass Wirtschaft und vor allem die Finanzwirtschaft großen Wert auf Intransparenz legen. Was im großen Stil passiert, also quasi »Business to Business«, das geschieht auch mit uns als Kunden und Verbrauchern, also »Business to Consumer«: Marketing und Werbung schrecken vor wenig zurück. Zu ihren beliebten Mitteln zählen grobe Lügen ebenso wie Emotionalisierung bis hin zur Euphorisierung von Produkten, Inszenierungen bis hin zum Spektakel, um Marken zu installieren – alles Techniken, die eine gewisse Produktionssicherheit für die Wirtschaft herstellen, ausschließlich am Bedarf orientiert. Technik, welche die Befriedigung unserer Bedürfnisse absichert? Fehlanzeige! Diese Bedürfnisse werden manipuliert und umgebogen, aber nicht ernst genommen. Und immer gibt es einen »Double-Bind«: Die Wirtschaft, die uns persönlich als Zielgruppe missbraucht, ist zugleich unser Arbeit- oder auch unser Auftraggeber.

Daraus wird schnell ein Killerphrasenkonzept, wie uns die Wachstumslobby vormacht. Doch dieses Konzept zeigt Wirkung, und zwar massiv. Unsere Gesellschaft scheint dafür mehrheitlich auf »Autopilot« umgestellt zu haben, auf ein automatisches, unbewusstes Verhalten mit einer starken Orientierung an den Medien, die zunehmend unseren Alltag durchdringen. Schließlich sind zur guten alten Tageszeitung die audiovisuellen Medien hinzugekommen, das Fernsehen hat den Printmedien vielfach im Bereich Information den Rang abgelaufen, und das gilt wohl ebenso für die neuen Medien. Laufen auch diese unserem echten Leben den Rang ab, indem sie uns Nähe, Intimität und freie Wahl unserer Persönlichkeit vorgaukeln?

Und wo leben Ihre Sklaven so?

Die Wirtschaft mit ihrem Credo von ungehindertem Wachstum erweist sich als immer doppelbödiger, immer verlogener. Die Welt ist geteilt in eine reiche westliche Sphäre mit Europa und Nordamerika, in eine aufstrebende, reicher werdende Sphäre mit China und Indien sowie eine immens große Region, die für uns im Dunkeln liegt; in Asien, in Afrika, in den östlichen Bereichen der ehemaligen UdSSR etwa arbeiten viele Menschen, vielfach Kinder, quasi unter Ausschluss von Menschenrechten. Ist das Sklaverei? Ja, sagen etliche Nichtregierungsorganisationen und verweisen auf alle die, die für westliche Luxusgüter in erniedrigenden, unmenschlichen Zuständen leben und arbeiten.

Es gibt sie faktisch, jetzt, in unserer Gegenwart – aber an trostlosen, völlig glamourfreien Orten, an Orten, die uns nicht sonderlich interessieren, über die in den Nachrichten nur dann berichtet wird, wenn der Zusammenhang unübersehbar oder die Katastrophe groß genug ist: die abgebrannte Fabrik in Pakistan für europäische Textilien, Blutdiamanten aus den Minen Südafrikas, Überschwemmungskatastrophen an den Küsten Asiens. Überall auf der Welt leben, wenn wir etwa der Internetseite www.slaveryfootprint.org folgen, etwa siebenundzwanzig Millionen Sklaven – eine Zahl, die der Einwohnerschaft von Australien und Neuseeland zusammen entspricht.

Wer auf der genannten Internetseite sein eigenes Leben anhand einiger Fragen analysiert, der erfährt, wie viele Kinder, Zwangsarbeiter unter Militäraufsicht und Menschen in anderen würdelosen Verhältnissen für den eigenen Lebensstandard tätig sind. Als ich das Profil von Slavery Footprint ausfüllte, nahm ich an, dass es für mich glimpflich ausgehen würde. Ich besitze nicht viel und bin kein Technikfreak. Trotzdem kam einiges zusammen: Bei mir waren es immerhin sechsunddreißig Sklaven, die vor allem für meine Kleidung und Wäsche, aber auch für meine Bürotechnik arbeiten.

Das macht deutlich: Wir sind Diktatoren und wollen es nicht wissen. Dieses Wissen ist anstrengend, und unser Alltag kostet uns schon Kraft genug. Es macht schlechte Gefühle, und die bringen wir bereits vom Job mit nach Hause. Es zwingt uns, unser Leben infrage zu stellen, wo wir doch froh sind, dass wir das gerade so austariert bekommen – wir sind sogar heilfroh, wenn wir die Fragilität unserer Beziehungen, die Ungewissheit unserer Arbeitsverhältnisse nicht spüren.

Erlernte Inkompetenz

Hier kommt die Dummheit ins Spiel und zurück zur Diktatur. Der schwedische Organisationsforscher Mats Alvesson führt als zentrales Mittel für Produktivitätserhöhung die sogenannte »funktionelle Dummheit« an.[19] Darunter ist eine Kombination aus »nichts spüren«, gepaart mit »nichts wissen« im Arbeitsalltag zu verstehen, die sich in wesentlichen Verhaltensmustern ausdrückt. Dazu gehören die Weigerung, Prozesse intellektuell zu durchdringen, der schnelle Verzicht auf ein eigenes Urteil, dazu eine positiv auf das Produkt gerichtete Kurzsichtigkeit. Das trifft besonders alle Bereiche, in denen Marken und (andere) immaterielle Leistungen verkauft werden, in denen also mit Geschichten und Symbolen gehandelt wird: Beratung, aber auch Medien oder Mode – überall da, wo emotionalisiert, euphorisiert, inszeniert und überhöht wird, wo anstelle eines Produktes eine Welt verkauft wird.

Gut für die Unternehmen, denn dort, so Alvesson, führt funktionelle Dummheit zur Steigerung der Produktivität und ist deshalb natürlich von oben sogar dringend erwünscht. Mittel- und langfristig allerdings scheint der Weg in die Katastrophe auf diese Weise gut gebahnt, denn die Organisation lernt nichts mehr dazu oder vor allem unnützes Wissen. Aber wer wird denn auf einmal anfangen, langfristig zu denken?

Es lässt sich natürlich dagegenhalten, dass schon unser hoch komplexer, ungewisser und dynamischer Alltag eine Art von »normalem Wahnsinn« darstellt. Dieser hält uns davon ab, etwas zu spüren, genau hinzuschauen, die Wahrheit auch körperlich zu fühlen – hält uns davon ab, den Dingen, die wir erleben, auch emotional Raum zu geben. Das könnte ja Folgen haben! Genau: Wir halten uns emotional zurück, werden stumpf, ja dumpf gegenüber dem, was wir nicht wissen wollen.

Die funktionelle Dummheit, die Alvesson auf Organisationen bezieht, wie auch der von mir beschriebene Begriff einer Dummheit, die eine Diktatur ermöglicht, beruhen zum einen genau auf dieser emotionalen Stumpfheit, zum anderen auf einer erlernten Inkompetenz, das vorhandene Wissen zu nutzen. Diese beiden Muster, die hinter dem Begriff der Dummheit stecken, sagen viel über die gegenwärtige Gesellschaft und ihre Anforderungen an jeden Einzelnen aus und haben natürlich Schutzfunktion: Wir spüren eben nicht mehr, wir haben »damit« nichts zu tun, was in unserem realen Leben geschieht. Wir verlieren den Kontakt zu unseren Gefühlen und unseren tiefen inneren Bedürfnissen. Zugleich lässt sich ein wachsendes Unwissen um die eigenen Bedürfnisse und um die des Nächsten feststellen, begleitet von einer tief sitzenden Unfähigkeit, die eigenen Gefühle und die anderer Menschen zu spüren und angemessen zu beantworten. Hinzu kommt ein gesellschaftliches Credo von »Jeder ist sich selbst der Nächste« oder »Hilf dir selbst, sonst hilft dir keiner«. Slogans wie diese enthalten neben der gesunden Hinwendung auf die eigenen Wünsche zugleich die Abwertung des anderen. Um das eigene Leid, aber auch das des anderen nicht zu spüren, um all das nicht mitzubekommen, müssen wir stumpf werden.

Mehr noch: Wir verstecken uns hinter solcher Stumpfheit, hinter einem bloßen Funktionieren, weil wir uns mit emotionalen Gemengelagen nicht gut auskennen. Wir können mit einer gefühlsgetragenen Welt, wie sie Antonio Damásio mit *Descartes' Irrtum* 1994 oder 2005 mit *Ich fühle, also bin ich* beschrieb, noch zu wenig Konkretes anfangen. Wir befinden uns am Anfang einer Renaissance der Gefühle und den fast zwangsläufigen Schwierigkeiten unserer Gesellschaft, neben einer auf wissenschaftlich erworbenem Wissen beruhenden kausalen Logik Platz, Instrumente und Fähigkeiten zu schaffen für ein

Wissen aus Empathie und Resonanz, aus Emotion eben. Wir befinden uns mitten in einem Paradigmenwechsel und tun doch so, als wäre nichts gewesen.

Neben der Stumpfheit steht die »erlernte Inkompetenz«: eine eingeübte systematische Unwissenheit über Fakten, Zusammenhänge und Wirkungsweisen, konkret also fehlende Kenntnisse in Kombination mit dem punktuellen oder vollständigen Mangel, vorhandenes Wissen auf unseren Alltag und unsere Lebenswirklichkeit anzuwenden. Was ist darunter zu verstehen? Die Akzeptanz inakzeptabler, verlogener und sachlich falscher Werbebotschaften durch erwachsene Menschen wie etwa »gesunde« überzuckerte Cerealien als Kinderfrühstück, »vitaminreiche« Bonbons, »lustige« Medizin, »nahrhafte« Tütennahrung, billiges Fleisch von »glücklichen« Tieren. All das widerspricht dem, was wir wirklich wissen können, wenn wir denn zu Ende denken und entsprechend handeln würden.

Erlernte Inkompetenz und emotionale Stumpfheit scheinen entweder die Ultima Ratio zu sein oder sich wirklich auszuzahlen in einer Gesellschaft, in der die Wirtschaft das Maß aller Dinge ist. Wie anders als funktionierend, quasi automatisch lassen sich viele der Tätigkeiten ausüben, die uns begegnen? Zehn Stunden an der Kasse eines Supermarktes mit Kunden wie Ihnen und mir, die auch nicht immer gut drauf sind, oder tagelang im Controlling eines Konzerns über Exceltabellen brütend, die nachher sowieso entweder keiner liest oder keiner begreift oder, letztes Beispiel, von acht bis siebzehn Uhr etwa im Jobcenter mit dem alltäglichen Wahnsinn von Kunden, die überhaupt keine sind, sein wollen und sein können. Das alles macht uns nicht froh, und dennoch sind all diese Jobs besetzt, lassen wir unsere Familien dafür ab und an im Stich, setzen unsere Priorität dort statt bei unseren Kindern, die – Überraschung – plötzlich das Abitur haben und gerade eben doch erst laufen lernten. Würden wir so handeln ohne eine grundlegende emotionale Ignoranz?

In Summe heißt das: teure Designermode für Qualität halten, Kindersüßigkeiten für gesund erklären, Schleimmonster bei Bakterien und Viren einsortieren, den General für denjenigen halten, der unsere Fußböden putzt. Das alles sind deutliche Zeichen für funktionelle Dummheit, für emotionale Stumpfheit oder auch erlernte Inkompetenz, die natürlich Gutes für uns tun, uns schützen und entlasten von einem Zuviel, die fünf gerade sein lassen und die vor allem davon ausgehen, dass die Dinge schon irgendwie funktionieren werden.

Lebendigkeit versus Funktionieren

Funktionieren: Das ist das Wort, an dem sich die meisten Dinge festmachen. Die Wirtschaft will funktionieren und orientiert sich am Profit, das verstehen fast alle. Dass wir dazu ebenfalls funktionieren müssen, ist schon sehr heikel (und erleichtert die Kritik an der Wirtschaft, um die es hier nicht geht). Und es ist, so sehe ich das, Realität. Welches sind nun die Mittel, mit denen wir im Modus des Funktionierens bleiben und damit auch ohne eigentliche Not dumm handeln? In alle unsere Lebensbereiche haben sich folgende Mechanismen geschlichen:

Die Verführung durch Bedarf: Quantitatives Denken sichert einen klaren Bedarf und dient so der Wirtschaft als Planungsgröße für ihre Produktion. Dieses Marketing hat mit menschlichen Bedürfnissen wenig zu tun, im Gegenteil: Es verdrängt, umschmeichelt, dominiert unser eigentlich vorhandenes Wissen darüber, was wirklich unsere individuellen Bedürfnisse sind. Wer mit Appetit und dem Wunsch nach einem frischen Salat nach Hause kommt, während im Fernsehen eine geniale Pizza angepriesen wird und der Ehepartner auch eher was Handfestes will, landet ganz schnell bei der Fertigpizza.

Der Vorrang von Quantität: Quantität ist zählbar, leicht handhabbar, eine feine Kennziffer, eine einordnenbare Benchmark. Sie tritt an relevanten Punkten an die Stelle der gewünschten, notwendigen, gewollten Qualität. Diese aber ist oft nur beschreibbar, nicht gut messbar. Wer beispielsweise Französisch lernen will und dafür eine Sprachschule besucht, interessiert sich meistens nicht nur für den Abschluss – im Gegenteil: Der Spracherwerb steht im Vordergrund, der qualitative Inhalt. Quantitativ wäre etwa, sich mit dem Sprachkurs und dem dazugehörigen Abschlusszertifikat zu schmücken, ohne die Sprache zu beherrschen.

In der Folge kommt es zu den bekannten und geschilderten Konsequenzen: Big Data feilscht um den Preis einer Person; ihr Wert kommt in der Wirtschaft nicht mehr vor – und bei uns? Ist uns der lässige Freund, der uns nichts bringt, genauso wichtig wie der aktive Netzwerker, der ständig überall dabei ist und in dessen Feueratem wir schon die eigene Karriere, die Lösung aller finanziellen Probleme spüren? Je älter wir werden, desto knapper scheint die Zeit; trennen wir uns da womöglich zu schnell von den Menschen, die uns glücklich machen, mit uns träumen, die uns entschleunigen und uns andere Welten zeigen, zugunsten derer, die uns »etwas bringen«?

Die Wirtschaft hält uns am Laufen und wir sie

Im System, das wissen wir gerade seit Hannah Ahrendt, hat der Mensch die Tendenz, seine Aufgaben zu erfüllen und nicht allzu viele Gedanken an Rechtmäßigkeit, Humanismus oder Werte zu verschwenden. Wenn es hochkommt, richtet er sich nach Prinzipien von Moral oder Arbeitsethik und lebt widerspruchsarm, aber arbeitsam sein Leben. So geht es vielen von uns mehr oder weniger auch in den Unternehmen: Wir befördern die Wirtschaft, indem wir ihre Prozesse mitmachen, mit optimieren, mitgestalten und damit die Weichen stellen für mehr Menschenverachtung, aber auch mehr Selbstausbeutung und mehr Leistungssteigerung.

Gerade die Leistungskultur von Unternehmen ist eine vertrackte Sache. Während eine Disziplinarkultur, wie sie beispielsweise in öffentlichen Verwaltungen herrscht, nur zum Ausdruck bringt, was eigentlich getan werden sollte, haben wir es in den Unternehmen faktisch mit einer Leistungskultur zu tun: Hier zählt, was geschieht. Wirtschaft fragt damit nicht nach Effizienz, sondern ist radikaler: Sie fordert mit dieser Kultur schlicht, dass der Einzelne bitte für seine optimale Selbstausbeutung zu sorgen habe. Hier gilt nur, was tatsächlich geleistet wird. Das muss nicht ethisch sauber sein oder dem Unternehmensziel direkt dienen; es reicht, wenn es den Interessen der obersten Führungsebene zuspielt. Wie wir als Teilnehmer von Wirtschaft am Raubbau mitwirken, zeigt sich an verschiedenen Stellen – und überall mit dem gleichen Tenor: Selbstdenken ist nicht gefragt.

Besonders hilfreich bei der Selbstausbeutung, aber auch bei der Ausbeutung unserer Ressourcen durch andere sind Computer, Smartphones und digitale Medien. Ich habe selbst seit 1984 einen Computer und möchte meinen Alltag nicht unbedingt ohne ihn gestalten, bin also keineswegs eine Technik-feindin. Die Überhöhung der neuen Medien jedoch als wahl-weise Kulturtechnik oder Heilsbringer halte ich für vollständig an der Realität vorbeigedacht. Mit der bloßen Benutzung scheint der Sog des Monitors unsere Bereitschaft auf »Be-wusstheit« zu zersetzen oder auszusetzen bis hin zu einer zeit-vergessenen Besinnungslosigkeit:

Wir haben als Lebewesen aber bloß eine einzige Möglich-keit auf, sagen wir: ein genussvolles Leben. Das wird nur möglich im Hier und Jetzt. Wäre Bildung uns wirklich wich-tig, könnten wir solche Dinge wissen; Genuss nämlich defi-niert sich durch den Zustand von Entschleunigung, durch Langsamkeit, durch die Anwendung aller Sinne, durch ganz intensives bei sich selbst und in diesem Moment sein. Und Bildung lieferte uns einst die Instrumente für ein solches Wissen.

Bildung ist schön, vor allem dekorativ

Doch Bildung ist nur noch begrenzt etwas wert, nämlich in den versprengten, humanistisch geführten Haushalten der Repu-blik, wo es neben Geld und Status auch noch um Menschlich-keit geht. Doch davon gibt es möglicherweise nicht mehr all zu viele. Vielmehr hört man von Menschen, die am Status inter-essiert sind, der mit Bildung verknüpft wird, etwa an einem Doktortitel. Das Geschäft mit den Titeln läuft und die Skan-dale um gekaufte oder nur halbwegs selbst gebaute Titel eben-falls. Besser noch ist die doppelte Dröhnung: ein Titel plus gesellschaftliche Prominenz. Bildung macht aus einem attrak-tiven, medientauglichen Politiker einen klugen Kopf, dem auch ein schwarzer Rollkragenpullover gut stehen dürfte, ohne dass es unseriös wirkt. Bildung jedenfalls scheint auf Statusproduktion reduziert zu sein.

Natürlich machen sich viele Eltern Sorgen um ihre Kinder und kümmern sich deshalb intensiv um die Schule – aber sind nicht auch Kinder heutzutage zum Erfolg verdammt? Es gibt ja keine »zufälligen« Geburten mehr, da muss einfach aus jedem etwas werden. Der Druck ist hoch, die Fallhöhe ebenfalls. Das bremst die notwendige Veränderung von Schule an sich. Hier sollen zukünftig Schüler unterrichtet werden, nicht mehr Fächer – da sind sich alle einig.

Unter dem gleichen Stern sehe ich das unselige Duo von unsinniger Intellektualisierung von Jugendlichen, die möglichst alle Abitur machen sollen – vermutlich haben die Handwerkskammern hier wieder einmal geschlafen und sich von Industrie und Handel überrumpeln lassen – bei gleichzeitiger Entintellektualisierung des Studiums, das im Wesentlichen Sachbearbeiter in Bachelor-Studiengängen produziert, ohne dass jemals einer dieser Studenten einen eigenen Gedanken denken muss. Die Komplexität der Steuerungsprozesse in der Wirtschaft scheint es erforderlich zu machen, und die Hochschulen üben den Kotau.

Die Führung der Bildungsdiskussion hat jedoch die OECD als Wirtschaftsorganisation übernommen; die Politik tut sich nicht leicht, sich dieses Feld zurückzuerobern. Dieses Hijacking von relevanten Veränderungsthemen durch Lobbyisten oder wirtschaftsnahe Organisationen scheint sowieso ein probates Mittel zu sein – sowohl für die wirtschaftsfreundliche Steuerung übergreifender Change-Prozesse als auch für die Profitsicherung durch Verwirtschaftlichung dieser Prozesse.

Ein Szenario: Diktatur mit Demokratie light

Gehört zu diesen Steuerungsprozessen auch bewusst der einer Diktatur? Sprich: Haben wir es mit einer Diktatur der Wirtschaft zu tun? Lassen Sie mich probeweise folgendes Szenario aufmachen: Es herrscht eine globale Diktatur verschiedener Gruppen, etwa von Finanz- und Wirtschaftsunternehmen, die schon jetzt einen Großteil der weltweit agierenden Konzerne besitzt. Diese Gruppe könnte einfach so weitermachen wie bisher und auf diese Weise sicherstellen, dass sie in solidem Reichtum ein gutes Leben führt. Sie würde auch weiterhin keine direkte politische Macht übernehmen, sondern im Hintergrund über die schon erprobten Einflusspfade – dann gern mit einigen Erleichterungen – die relevanten Fäden spinnen.

Ich stelle mir beispielsweise fünf große Blöcke vor: eine chinesisch, eine indisch, eine arabisch, eine europäisch und eine nordamerikanisch dominierte Kapitalgruppe, die um Rohstoffe, menschliche Arbeitskraft und Profitoptimierungsideen buhlen und die Welt unter sich aufteilen. Im Vordergrund ließen sie Platz für die alterprobten Demokratien, die akzeptierten Garanten vor allem von Frieden, Ruhe und Ordnung in den Regionen. Wir könnten brav weiter wählen, hätten das Gefühl von Mitbestimmung und wären generell entspannt. Wir würden weiter auf der Ebene unseres Staates als Konsumenten brav funktionieren, dürften auch schon mal eine Demo abhalten, aber all das ohne irgendwelche Konsequenzen für die Weltordnung derer, die über Mittel, Geld und Ressourcen verfügen.

So weit mögen Sie nicht gehen? Gut, dann bleibt es beim Diktat der Außensteuerung mittels Verführung durch Marketing und Werbung, mittels Entintellektualisierung, Brainwash und gleichzeitiger Verkopfung, mittels Emotionalisierung und

Euphorisierung bei gleichzeitiger zunehmender genereller Verdummung, die unempfindlich macht für das eigene Gefühl, die eigene authentische Wahrnehmung, das eigene Wissen. Und ehrlich gesagt: Das reicht durchaus.

Mehr Angst, weniger Gewissheit überall

Während ich diese Zeilen schreibe, wird mir einmal mehr klar, wie stark sich Dinge um uns herum in den letzten Jahren verändert haben oder besser gesagt: Wie sich unsere Weltsicht gewandelt hat. So ist die Politik der Bundesrepublik Deutschland als beherrschendem Gestalter unserer persönlichen Alltagswelt nicht mehr so relevant wie früher, gilt nur noch als »eine unter vielen« in einer immer globaler agierenden Welt.

Gerade rund um die Jahrtausendwende sind wir aufgeschreckt, sind quasi herausgefallen aus einer Art Zukunftsgewissheit (»Wir schaffen das!«) und haben stattdessen eine Form von Zukunftsangst entwickelt (»Die Weltmächte einigen sich nicht auf die Rettung des Planeten!«). Die Ursachen? Klimakonferenzen laufen ins Leere, konzertierte Aktionen der G-8- oder der G-20-Staaten in Sachen Natur, Humanismus, Umwelt gibt es nicht, die Weltmächte sind sich uneinig. Die neuen globalen Spieler wie Indien und China möchten erst einmal gerne auch etwas reicher werden, bevor sie sich mit so hehren Dingen wie der Rettung der von den USA und Europa abgewirtschafteten Erde befassen. Das treibt zwar immer mehr Menschen auf die Straßen, nicht aber die Politiker und Wirtschaftsführer der reichen westlichen Staaten. Sie stehen zähneknirschend vor den verständlichen Forderungen der großen neuen Player, deren Märkte zugleich zentrale Absatzmärkte für die Konsum- und Luxusgüter des Westens darstellen und nicht unwichtig sind für unseren gegenwärtigen Reichtum.

Dennoch sind weder Haltung noch Verständnis besonders hilfreich, weil das Ende der bisherigen Gewissheiten die Existenz unseres Planeten umfasst. Schließlich können wir nicht auf Mars oder Mond auswandern und unser Glück in einer Fremde suchen, die von diesem Raubbau (noch) nicht betroffen ist. Wir kommen hier nicht weg – und das bedeutet: Die Lage ist ernst. Das jedenfalls begreifen immer mehr Menschen, die einerseits alles haben, weil sie wie selten zuvor in der Geschichte in Frieden und Wohlstand leben, die sich andererseits jedoch auf die Suche nach Sinn, nach Nachhaltigkeit, nach lohnenden Lebensmöglichkeiten für sich und ihre Kinder machen.

Wir können nicht die Welt ändern. Aber wir können bei uns selbst anfangen. Wir können unsere Welt ändern und gestalten, wir können uns unser Leben zurückholen. Davon handelt der zweite Teil.

Teil 2

Holen wir uns unser Leben zurück!

Was tun wir mit all den Erkenntnissen über das, was schiefläuft, was nicht zieht, was falsch ist? Was tun wir mit den Prozessen, die uns in Unbewusstheit und Konsum festhalten, die
uns abhängig machen und vereinzeln? Was tun wir mit den
»Konvertierern«, den Wörtern mit »...sierungen«, den Begriffen, die uns aus Emotionen nur noch Emotionalisierungen,
aus Skandalen nur Skandalisierungen und aus Glück und
Euphorie nur Euphorisierungen bescheren? Die dazu führen,
dass wir – durch starke Impulse abgelenkt von unseren persönlichen Interessen – es fast zwangsläufig verlernt haben, auf
uns und unsere innere Stimme zu hören?

Nach der Lektüre der ersten Kapitel wissen wir jetzt sehr
viel mehr von der Diktatur der Dummen, von der Art ihrer
Verdummung und ahnen auch, dass wir selbst, die wir doch
am liebsten die Klügeren wären, möglicherweise die Dummen
sind – die Dummen, die einerseits das Ergebnis eines Diktats
der Verdummung bilden, andererseits aber zugleich das Rad
der Verdummung ordentlich am Laufen halten. Für mich bedeutet die Analyse bis hierher auch: Offenbar lassen uns die
Prozesse in Wirtschaft, Medien, Bildung und Politik glauben,
dass die Alternative zum »Weitermachen wie bisher« ein kollektives Scheitern ist, eine sozialromantische Illusion für Extre-
misten, der Weg aus der Gemeinschaft hin zu Isolation, zu
einem Sonderweg, vielleicht sogar zu Sektierertum.

Ich glaube nicht an diese Polarität und trage in diesem zweiten Teil deshalb Materialien zusammen, die auf Machbarkeit ausgerichtet sind: Wie genau kommen wir raus aus dieser Außensteuerung und rein in eine angemessene, passende und alltagstaugliche Innensteuerung? Wie übernehmen wir Verantwortung und bleiben dabei doch im Kontakt mit denen, die uns lieb und teuer sind? Und was lässt sich ändern, ohne dass wir uns plötzlich mutterseelenallein im Regen wiederfinden?

Schon bei diesen beiden naheliegenden Überlegungen stocke ich. Will wirklich jemand etwas ändern, womöglich bei sich selbst? Lust auf Veränderungen haben nach meiner Erfahrung vor allem Säuglinge in nassen Windeln. Deshalb lassen Sie mich an dieser Stelle zunächst noch einmal auf Möglichkeiten, Notwendigkeiten und Blockierer von Veränderung kommen. Auch wenn der erste Teil dieses Buches vielfältige Anlässe für eine tief gehende Beunruhigung angesprochen hat, so sind die wenigsten von uns Revolutionäre. Selbst die engagierteren wie auch die jüngeren, die es kaum aushalten, in einem solchen fehlerbehafteten, sich selbst ad absurdum führenden System zu leben, kommen mit punktuellen Aktionen ebenso wenig weiter wie mit Occupy.

Occupy ist und war ein Signal – ähnlich wie ein Vulkan das Signal für einen unsichtbaren, weil tiefer liegenden Aufruhr, für brodelnde Glut, für zurückgehaltene Energie sein mag. Aber Occupy lief den Spielregeln der Medien zuwider: zu wenig Personalisierungen, weil es nie um einzelne Leute ging, sondern um die Sache; zu wenig Alarmismus, weil es zu oft um Genauigkeit, um Details, um das Zusammenwirken von Prozessketten ging; zu wenig, das sich einbauen ließe in die üblichen Verwertungsketten der Medien. Natürlich ist Occupy nicht etwas für jeden. Auch wenn wir das Wochenende sonntagabends eher vorm *Tatort* entspannt ausklingen lassen, als dass uns die gegenwärtige Situation auf die Straße jagt, so ist doch der Virus von Veränderungsenergie hier und dort zu spüren. Oft genug allerdings fehlt es an praktischen, konkreten Ideen, was wir überhaupt zu bewegen vermögen, und es fehlt am Zutrauen, dass diese Einzelaktionen gelingen könnten.

Hindernis und Chance: selektive Wahrnehmung

Zugleich begegnen uns, ist der Virus erst einmal aktiviert, an allen Ecken und Enden Informationen, die uns in unserer Wahrnehmung von Krise unterstützen. Da lässt sich gegenhalten, dass diese Art von Verstärkung eine Form selektiver Wahrnehmung ist, die geradezu zwangsläufig dazu führt, was der Physiker Lichtenberg »instinktiven Magnetismus« nannte: Der mit gebrochenem Bein sieht ständig andere mit Beinbruch, die jungen Eltern finden die Stadt neuerdings voller Kinderwägen, und der UFO-Gläubige hat schon wieder die Landung einer außerirdischen Gruppe lückenlos dokumentieren können. Stimmen die Grundlagen nicht mit der Realität überein, haben wir es mit dem »Thomas-Theorem« zu tun. Es besagt: Wenn wir einmal einen Zustand für wahr einschätzen, ordnen wir das gesamte Folgeerleben dieser Wahrheit unter. Bekannt wurde dieses Konzept aus der »Hysterieforschung« der Vierzigerjahre insbesondere aufgrund von Masseneffekten, wie sie bei der Radioerstausstrahlung von Orson Welles' *Krieg der Welten* am 30. Oktober 1938 zu erleben waren.

In diesem Hörspiel landen feindliche Außerirdische in kriegerischer Absicht in den Wäldern von New Jersey. Damals kam es dort zu Massenfluchten und Massenpaniken, und obwohl es während der Sendung ständig hieß: »Dies ist Fiktion«, glaubten die Zuhörer den offensichtlichen Symptomen eines

Zusammenbruchs der Ordnungssysteme mehr als dem Radio selbst: Telefonanrufe bei der Polizei kamen nicht durch, Nachbarn wurden beobachtet, wie sie ihre Autos mit dem Notwendigsten beluden, Straßen waren verstopft. Etwa zwei Millionen Menschen bekannten anschließend, dass sie den Inhalt des Hörspiels ernst genommen hatten.

Man könnte ihnen zugutehalten, dass sie damals noch wenig Erfahrung mit dem Medium Radio hatten, aber das allein ist es nicht. Denn fünfzig Jahre später passierte das Gleiche in Portugal: Dort wurde das Hörspiel wieder ausgestrahlt, diesmal fand die feindliche Landung in den Wäldern von Sintra statt. Auch diesmal glaubten die Menschen an die Realität der Fiktion, auch diesmal flohen sie aus der Gegend – mit einem Unterschied: Am nächsten Tag versuchten erboste Hörer, den Radiosender zu stürmen. Es bleibt in Sachen Realität also bei dem bekannten Satz von Alexander von Humboldt: Nicht die Dinge entscheiden, sondern die Meinungen, die wir von den Dingen haben.

Was bedeutet das jetzt für Sie als Leserin, als Leser? Welche Meinung haben Sie von der Diktatur der Dummen? Wollen Sie etwas ändern? Oder bleiben Sie bei der immer wieder gern bemühten Kölner Wahrheit »Et is noch immer jut jejange«? Vieles spricht für notwendige Veränderungen. Ich bin mir sicher: Wir können zwar weitermachen wie bisher, aber wollen wir mit den Folgen leben? Denn schon beim einfachen Hochrechnen und Weiterdenken der jetzigen Lage ist das Ergebnis eher eine Dystopie, also eine negative Zukunftsvision. Die auszudenken fehlen mir Fantasie, Lust und jegliche Energie, was aber ihre Möglichkeit nicht einschränkt.

Es darf mehr Evolution sein

Wir könnten uns einmal darüber informieren, warum und wie andere Gesellschaften, insbesondere sogenannte Hochkulturen vor unserer untergingen. Genau das hat Jared Diamond in seinem 2005 erschienen Buch *Kollaps* untersucht.[20] Für ihn sind die Ruinen von Angkor Wat, die Moai-Statuen der Osterinsel, aber auch die Maya-Tempel mehr als bloß touristische Highlights: Sie zeigen auf untergegangene, hoch entwickelte Gesellschaften und liefern ihm das erforderliche Material für seine Analysen.

Diamond setzt sich auf die Spur ihrer »Untergangskonzepte« und kommt insgesamt zu drei zentralen Faktoren, die zu einem Untergang beitragen: (a) Klimaveränderungen, (b) unangemessene Reaktionen auf Klimaschäden, also fehlende intellektuelle und organisatorische Fähigkeiten einer Gesellschaft, mit Umweltkatastrophen fertig zu werden, sowie (c) Feindseligkeiten von Nachbarn oder Handelspartnern. Der rational und dabei sehr umweltbewusst diskutierende Autor macht deutlich, dass und wie mit dem ökologischen Niedergang auch das Soziale, das Miteinander erodiert: Am Ende der untersuchten Kulturen stehen Kannibalismus und Krieg nebeneinander. Dabei beschreibt er die jeweiligen gesellschaftlichen Untergänge nüchtern anhand vielfältiger Belege aus verschiedenen wissenschaftlichen Disziplinen, immer auf der Spur einer inneren Folgerichtigkeit der Abläufe.

Doch was hätte der Einzelne ändern können? Was wäre hilfreich gewesen? Für mich waren wesentliche Erkenntnisse aus der Lektüre von Diamonds Buch, dass (a) die Verantwortlichen alle mehr oder weniger einer Kontrollillusion anheimfielen – sie glaubten sich selbst auf dem Weg zum Abgrund, noch sicher mit ihren alten und der Realität nicht mehr entsprechenden Entscheidungen – und dass (b) die großen Linien genereller Entwicklung nicht beachtet wurden zugunsten kurzfristiger Effekte. Was aber wäre das Richtige gewesen?

In seinem Buch *Weiße Elefanten* zeigt der Professor für Zeitgeschichte Dirk van Laak,[21] dass viele Vorhaben schlicht und ergreifend an zu viel Ehrgeiz scheitern. Seine These: Evolution wirkt besser als Revolution.[22] Sein Rat: Eine bereits existierende Entwicklung aufgreifen und ihr eine neue Wendung geben, sie damit »evolutionär« machen, statt auf revolutionäre »Jahrhundertprojekte« zu bauen und auf die eigene Unsterblichkeit. Konkret also: Statt große Stauseen zu bauen erst einmal kleine Stauungen vornehmen, die Akzeptanz testen, die unberücksichtigten Folgen wahrnehmen – im Kleinen klug lernen, wo uns das Große mit Wucht aus den Schuhen hebeln würde.

Erinnern Sie sich noch an den Growian, dieses Windkraftgroßprojekt aus den Achtzigerjahren? Zweifelsohne die richtige Richtung, aber weit vor der Zeit, lange vor einer möglichen breiten Akzeptanz, zu früh und viel zu groß. Die kluge Lösung heißt also: den Weg der Evolution gehen. Sprich: Auf dem Weg zu großen Projekten zu lernen, gemeinsam mit dem Umfeld zu gehen, um dann bei Erfolgen auch evolutionäre Sprünge machen zu können – das sind die Wege der Zukunft und eine solide Möglichkeit, wie Veränderung gelingen kann.

Vorm Abgrund der nächste Schritt

Eine solche Neuausrichtung leicht machen uns erfahrungsgemäß Krisen und Katastrophen oder deren Bekanntwerden, welche die Realität in einem neuen, wahren Gesicht zeigen; vor Kurzem etwa die Missbrauchsskandale an kirchlichen und Reformschulen. An ihnen wird die Kraft des Einzelnen deutlich: Betroffene, die nicht mehr schweigen wollten oder konnten, die ihrem Leid nicht ausgewichen waren und ihre individuellen Erlebnisse zum Kraftpunkt, zum Ansatz von Veränderung machen konnten, haben den Missbrauch thematisiert. Es braucht nicht immer noch mehr System, noch einen Arbeitskreis, noch einen Obmann – es reicht auch, wenn Menschen bei sich bleiben, der eigenen Wahrheit trauen und dann Worte finden oder Öffentlichkeit. Anders formuliert: Es reicht, der eigenen Innensteuerung zu trauen.

Dieses Bei-sich-Bleiben und Sich-selbst-ernst-Nehmen macht einen wesentlichen Teil meines eigenen Mutes aus, mit dem ich dieses Buch schreibe. Denn bei allem Hang zur Erneuerung: Sind nicht all unsere aktuellen Konzepte statt auf Veränderung eher auf Beharren, auf Festhalten, auf Verstärken dessen ausgerichtet, was nicht funktioniert? Wollen wir nicht eine gerade gut funktionierende Beziehung zum Partner genauso und bloß nicht anders festhalten bis zum Ende – und töten damit möglicherweise alles Lebendige? Wollen wir im Beruf nicht »nur noch die nächsten drei Jahre« den unerträglichen, aber gut dotierten Job machen – und denken, das würde spurlos an uns und unserer inneren Gesundheit vorbeigehen?

Konservieren wollen, das Gute schätzen, ja lieben, aber damit zwangsläufig den Lebensprozess anhalten, einfrieren, lähmen, ist in unserer Gesellschaft ein völlig normales und akzeptiertes Konzept, wie sich an der zunehmenden Akzeptanz von Schönheitsoperationen genauso erkennen lässt wie am Festhalten an längst überholten Beziehungen. Doch andererseits, wenn es eben nicht gut läuft: Wie gehen wir damit um? Heißt es meist nicht »mehr vom Falschen«, wohin wir auch schauen? Etwa im privaten Bereich: mehr Fernsehen, wenn der Job öder wird, mehr Liebeslieder, wenn die Liebe um uns weniger wird, mehr Facebook, wenn wir uns im realen Alltag weniger verbunden und zugehörig fühlen?

Mehr vom Falschen steht für ein Verhalten, das einen Moduswechsel nicht kennt oder übersieht – und am Alten beharrlich festhält. Noch mehr Gas geben im ersten Gang. Mehr vom Falschen heißt gesamtgesellschaftlich etwa mehr Technik, mehr ausbeutende Produktionen in fernen Ländern, mehr Rohstoffnutzung für Produkte, die wir gar nicht benötigen. Mehr Wachstum, obwohl uns die Menschenwürde außerhalb unseres Lebensumfelds zwischen Alltag und Urlaub abhandengekommen ist, immer billigere Medienangebote mit immer niedrigeren Schamgrenzen, die uns den Verlust der Menschenwürde auch vor der eigenen Haustür im Reality-TV klarmachen. Mehr vom Falschen bei der Bildung: mehr Gleichmacherei für Europa durch Bachelor-Studiengänge, aber definitiv weniger Geist in den Hochschulen.

Was dürfen wir erwarten?

Was aber ist wirklich machbar? Dieser Frage gehe ich auf den folgenden Seiten nach, und zwar mit dem Ziel, sowohl konkrete Ansatzpunkte für den Einzelnen als auch neue Aspekte für gesellschaftliche Handlungsoptionen vorzuschlagen. Bisherige Ansätze, sei es Kapitalismuskritik, sei es ökologische Kritik, haben uns kaum weitergebracht. Vielleicht reicht das allein nicht aus, um uns zu mobilisieren – oder vielleicht ist das auch für die meisten von uns zu viel Ideologie? Deshalb konzentriere ich mich in den folgenden Kapiteln mit Überlegungen, Konzepten und Möglichkeiten in der Bandbreite von »lebenspraktisch« bis hin zu »konzeptionell bedenkenswert«.

Das erste Kapitel in diesem Teil befasst sich mit Optionen des Einzelnen gegen die grassierende Außensteuerung. Wie finden wir zu einem Leben, das sich an unseren wandelnden Gefühlen und Bedürfnissen ausrichtet, also an einer sehr persönlichen Prozessorientierung und Steuerung von innen anstelle einer auf die Produktionsleistung von Wirtschaftsbetrieben ausgerichteten Bedarfsorientierung? Eine solche Innensteuerung ist am Menschen selbst orientiert und hilft zunächst einmal sicher nur jedem Einzelnen selbst – mit charmanten Nebeneffekten: Genau dieser Einzelne hört auf, Marionette von Marketing und Werbung zu sein, und erhält so auch eine echte Chance auf Zufriedenheit und erfüllte Bedürfnisse.

Das zweite Kapitel sammelt die Möglichkeiten, die im Alltag mit anderen, also in normalen gesellschaftlichen Zusammenhängen, realisierbar sind. Wie kann ich im Umgang mit den Menschen um mich herum zu einer verantwortungsvollen Haltung kommen? Welcher Dynamik im Zusammenleben mit anderen lässt sich widerstehen, und das noch mit Eleganz und persönlichem Gewinn? Und aus welchen Ansätzen lassen sich die dafür nötigen Energien gewinnen?

Im dritten Kapitel schließlich finden Sie konkrete Vorschläge zu den Möglichkeiten, die wir auf gesellschaftlicher Ebene haben. Wie kann eine Wirtschaft sich neu erfinden, die Bedürfnisse erfüllen soll, aber auf Bedarf ausgerichtet ist? Was sollte in der Bildung geschehen, um aus den Fallen herauszukommen, in die uns Pisa und Bologna getrieben haben? Was ist für eine Erneuerung der Medien erforderlich, die uns heute in der Außensteuerung trainieren und im Konsum festnageln?

6. Innensteuerung:
für ein menschliches Maß
und Autonomie

Eine Diktatur der Dummen basiert ganz wesentlich auf einer Steuerung von außen, einer Steuerung des Einzelnen durch andere, einer interessensgeleiteten Steuerung. Das Gegenkonzept nenne ich deshalb bewusst »Innensteuerung«. Unter dieser Überschrift stelle ich die Instrumente und Konzepte zusammen, mit denen sich die überbordende Außensteuerung in unserem Leben auflösen lassen kann. Ziel des Kapitels ist, einerseits Mittel gegen durch Außensteuerung erzeugte oder verstärkte Dummheit zu finden, die ich als emotionale Stumpfheit und erlernte Inkompetenz verstehe, andererseits wirksame und attraktive Mechanismen zur Bewältigung der Diktatur mit ihren raffinierten Manipulationsmechanismen zu zeigen.

Ist es möglich, aus einer Trance aufzuwachen, in die uns Dummheit und Verführung über die Jahre immer stärker gezogen haben und weiter ziehen? Können wir aufwachen und einen neuen Weg wählen, ohne dass wir einen Guru oder Führer benötigen – also einen, der uns sagt, wo vorne ist, dem wir folgen sollen und von dem wir unser Glück abhängig machen? Personalisierungen oder eben Gurus sind Konzepte, mit denen unsere Gesellschaft umzugehen weiß. Damit können die Medien etwas anfangen (und sich darauf stürzen), damit lässt sich für die Wirtschaft hantieren (beispielsweise als Werbeikone), und damit können auch die Politiker befriedet werden:

im Gespräch oder auf dem Foto mit dieser Ikone einer Veränderung. Genau darum geht es mir nicht.

Ich bin mir sicher, dass jeder von uns schon all das zur Verfügung hat, was die Wirtschaft in teuren Forschungslaboren entwickelt und uns als Fortschritt verkaufen möchte – wir schätzen und nutzen es nur nicht. Mir geht es zunächst um Erkennen und Erleben unserer zutiefst menschlichen Fähigkeiten, weil ich hier die solide und langfristige Antwort auf eine Diktatur der Dummen sehen kann – und das kostenfrei, friedlich und mit »Bordmitteln«.

Natürlich geht es auch darum, noch mehr von der Diktatur zu begreifen: Ist die Dummheit ein Mittel, mit dem andere bewusst arbeiten, ist sie eine eigene Macht, der wir uns stellen müssen, oder entspringt sie unserem alltäglichen Suchtverhalten und ist quasi das Mittel unseres oft auf Defizite gerichteten Denkens, mit dem wir uns in lebensfeindlichen Prozessen verankern? Unabhängig von den konkreten Antworten stellt sich auf jeden Fall die Frage nach der eigenen Verantwortung. Es geht in diesem Kapitel also um Wachmacher, aber auch um Gegenmittel. Es geht darum, nicht alles klaglos zu schlucken, sondern auch darum, Bewusstheit zu entwickeln, um schließlich verantwortlich zu leben – ob nun gefährlich, verrückt oder langweilig, ganz wie gewünscht.

Bewusstheit als Mittel gegen die Trance

neniE ztaS sträwkcür nesel ... Wie bewusst sind Sie bei der Lektüre dieses Textes dabei? Konnten Sie die vier Worte sofort entschlüsseln zu »Einen Satz rückwärts lesen ...«? Möglicherweise hat Sie das gestört, und Sie sind einfach zum nächsten Absatz gesprungen. Gehört nicht hierhin, meinen Sie? Stimmt einerseits. Andererseits handelt dieser Text von Bewusstheit. Diese beginnt dann, wenn wir aus dem ruhigen Fluss unseres üblichen Tuns auftauchen. Typischerweise geschieht selbst das Lesen nicht besonders bewusst, jedenfalls nicht wenn wir schon lange Erfahrung mit dieser Kulturtechnik haben.

Ohne Bewusstheit kommen wir nicht zu einer wirklichen Entscheidung: Will ich, oder will ich nicht? Wenn wir vor dem Fernsehen sitzen, in Zeitung oder Buch vertieft sind, beim Kreuzworträtsel oder Sudoku, verlassen wir uns, neurowissenschaftlich gesehen, auf ständig wechselnde, kurzfristig aktivierte Neuronengruppen, die in unseren Köpfen individuelle, kurzzeitige Arbeitsgemeinschaften bilden, die ihrerseits für die nötigen Hirnaktivitäten beim Kreuzworträtsel oder beim Krimi sorgen.

So jedenfalls sieht das der Mainzer Philosoph Thomas Metzinger. Er geht in seinem Buch *Der Ego-Tunnel*[23] davon aus, dass durch all diese wechselnden Arbeitsgemeinschaften von Neuronen eine Simulation entsteht: Die Simulation eines Selbst sowie die Simulation der Welt, die sich diesem Selbst erschließt, inklusive des Selbsts als Mitspieler. Alles also, die Welt, wir selbst und unsere Idee von uns selbst, nur neuronales Theater? So schreibt der Philosoph. Ich schreibe vorläufig dagegen: Wir sind keineswegs an dem Punkt, über die Abschaffung von Bewusstheit zu reden, bevor wir sie denn erreicht haben.

Ohne Selbstreflexion sind wir ausgeliefert

Sicher liefert uns der *Ego-Tunnel* auch folgendes Bild: Wir bekommen unsere Welt nur indirekt mit, weil wir nur diesen indirekten Zugang zu ihr haben. Wir sind entsprechend darauf angewiesen, dass in unserem Gehirn ein Bild von Welt, ein Bild von uns selbst und ein Bild des reflektierenden Selbsts entsteht. Und wir müssen akzeptieren: Wir sind all das nicht, unsere Wahrnehmung ist gekoppelt an Hirnaktivitäten, dort spielt sich die Show ab.

Damit ist jeder Gedanke an Objektivität perdu, aber auch unsere ursprüngliche Idee vom einfachen sinnlichen »Wahrnehmen«. Wahrnehmung unter dieser Perspektive bedeutet, unseren eigenen Simulationen auf den Leim zu gehen: Wir glauben nur, unser Umfeld zu sehen und unseren Körper zu fühlen. Jedenfalls begreifen wir das, wenn wir auf die verwirrenden Bilder von Escher oder das bekannte Gummihandexperiment[24] stoßen. Dann bleibt uns nichts anderes übrig als das Eingeständnis: Es gibt offenbar eben nicht einfach nur die eine Wahrnehmung, den einen Körper, die eine Welt oder gar ein fest definiertes Selbst. Im Gegenteil: Wir konstruieren uns quasi einen Bewusstseinstunnel, in dem wir uns selbst wahrnehmen können, der aber zugleich wir selbst sind. Das nennt Metzinger den »Ego-Tunnel«. Für uns hat das einschneidende Konsequenzen. Er bedeutet: Überall ist Spiel drin, wir können gestalten, verändern, uns selbst neu erfinden oder optimieren. Und das bedeutet auch: Wir können ein neues Verhältnis zu uns selbst und zum eigenen Selbst entwickeln.

Was ist nötig, um diese Veränderung hinzubekommen? Metzinger reklamiert zwei Dinge: eine grundlegende Bildung und die Fähigkeit zur Reflexion, die es ohne Bildung nicht geben kann. Wir müssen etwas wissen über uns, über unsere Art zu denken, zu konstruieren, zu sein. Nur dann können wir erkennen, dass wir sowohl Darsteller als auch Dramaturgen in diesem neuronalen Theaterstück sind. Das eine als Voraussetzung für das andere – und dann ist vieles möglich.

Dann ist beispielsweise möglich, was leichthin mit »sich

selbst neu erfinden« beschrieben wird, wenn nämlich jemand sein Leben auf den Prüfstand stellt und sich entscheidet, diesem eine neue Richtung zu geben. Auslöser solcher Neuerfindungen können Grenzerfahrungen unseres Lebens sein: extreme Situationen wie der Tod eines Partners oder eine schlimme Krankheit, aber auch die Wechsel in den Lebensphasen – eine Ehe eingehen, die Kinder aus dem Haus entlassen oder das Ende der Erwerbstätigkeit. Katastrophen und Krisen, könnte man sagen, bringen uns dazu, das Vertraute aufzugeben und etwas Neues zu riskieren.

Neben Katastrophen und Krisen hilft noch ein Drittes bei Erneuerung: das Spielen. Im Spiel erfahren wir, ob eine Veränderung uns gefällt oder nicht, ob sie mit uns zu tun haben könnte oder nicht, ob in ihr ein Reiz liegt oder doch nur eine andere Rolle. Holen wir uns also die Leichtigkeit, die Konzentration, die Versenkung und die Freude des Spielerischen zurück!

Für das Neue haben wir viel mehr Einflussmöglichkeiten zur Verfügung, als wir uns vielleicht vorstellen können. Wir sind frei, wir können experimentieren und selbst erproben: Welche Technik hilft am besten, unsere Wahrnehmung zu erneuern? Was katapultiert uns am effektivsten, am freundlichsten oder am liebenswürdigsten aus einem mehr oder weniger automatischen Leben in ein anderes, bewussteres Leben?

Gefühle sind einfach klüger

Als ein Muss erweisen sich unsere Gefühle, welche die Hauptangriffsfläche der Diktatur geliefert haben. Mit ihnen sind wir zwar anfällig für Manipulation, wie wir aufgrund der Emotionalisierungen und Euphorisierungen gesehen haben, sie können aber auch Orientierung liefern und sind zudem bei Weitem nicht so entgrenzt wie unser Verstand. Der ist jedoch für viele Menschen immer noch das Nonplusultra für Entscheidungen und reduziert auf sachliche, nüchterne Klugheit – trotz aller Erkenntnisse der Neurobiologen seit Mitte der Neunzigerjahre.

Schon eine Kurzlektüre wie die von Gerhard Hüthers *Bedienungsanleitung für ein menschliches Gehirn* macht klar: Verstand und Gefühl finden beide im Gehirn statt; Gefühle, Emotionen sind unsere erste und beste Orientierung, in jeder akuten Situation auch die schnellste Orientierung; Verstand, Intellekt sind insgesamt wirkmächtiger als Gefühle, liefern aber weniger persönliche Information und können sich auch vollständig von der Realität abkoppeln. Doch was unterscheidet jetzt dieses ominöse Emotionale vom Intellektuellen, was Gefühle vom Verstand? Was ist mächtiger am Verstand, und warum brauchen wir überhaupt noch das Fühlen?

Einig sind sich alle darin, dass der Intellekt wirkungsvoller und mächtiger ist als die Gefühle. Der Intellekt kann sich über vieles hinwegsetzen, zum Beispiel über die Vergangenheit. Wenn wir denken, können wir alles denken: Wir können denken, dass es den Zweiten Weltkrieg nicht gegeben hat oder dass wir bei *Star Wars* waren. Dem Verstand ist das egal. Ebenso lassen sich problemlos Erfahrungen wegblenden, wie es uns beispielsweise die Neonazis mit der Leugnung des Holocausts vormachen. Der Verstand ist großartig, wenn es um theoretische Leistungen geht, also bei Aufzählungen von Vor- und Nachteilen einer Sache oder bei wissenschaftlichen Forschungen. Aber er kann eben auch Atombomben oder Landminen erfinden. Um den Verstand »menschenwürdig« zu halten, sind die Gefühle hilfreich: Sie geben uns Orientierung in allen Bereichen, die mit dem Hier und Jetzt sowie direkt mit uns selbst zu tun haben.

Ihre Wirksamkeit lässt sich an diesem Beispiel gut erklären: Stellen Sie sich vor, Sie sind an einem verregneten Tag bei hereinbrechender Dämmerung mit dem Auto unterwegs. Das Radio spielt, Sie planen die Einkäufe für morgen und überlegen schließlich, was sie heute Abend zum Theaterbesuch anziehen sollen. Da springt vor Ihnen ein Reh aus dem Dunkel auf die Straße – und alles ändert sich. Sie werden von Emotionen geflutet: Ihre Wahrnehmungsschwelle steigt, Sie fokussieren sich komplett auf das Tier, die Zeit vergeht langsamer, Radio, Einkaufszettel und Theaterbesuch sind wie weggewischt. Sie reagieren, direkt, emotional gesteuert, unmittelbar.

Wenn Sie das intellektuell bewältigen wollten, wären Sie mit verschiedenen Pros und Contras beschäftigt. Sie hätten das Reh überfahren, bevor Sie zu einer Entscheidung gekommen wären. Ganz anders wenige Stunden nach solch einem Erlebnis: Dann sind Sie in der Lage, die Situation intellektuell zu bewerten. Sie ärgern sich, dass Sie bei Ihrer Reaktion nicht an den schon demolierten linken Kotflügel gedacht haben, und schwören, das nächste Mal eine solche Überlegung in Ihr Verhalten einzubeziehen. (Und Sie wissen schon jetzt: Das wird vermutlich nichts werden.)

Dumm wie ein Computer

Denken kann auch ein Computer, und zwar mörderisch schnell. Was er nicht kann: einschätzen, ob ihm jemand die falschen Daten eingegeben hat, ob er mit manipulierten Materialien gefüttert wird und mit solchem Material nun munter weiterrechnet. Ähnlich geht es dem Verstand: Er kann genauso den falschen Daten auf den Leim gehen, wenn er kein Korrektiv hat und sich etwa nur an bürokratischen Richtlinien orientiert. Dann sind Menschen ähnlich »dumm« wie Computer.

Aber wir können eben auch anders: Wir sind in der Lage, qualitative Unterschiede zu machen, und dafür brauchen wir nicht mehr und nicht weniger als einen Zugang zu unseren Gefühlen, die zwar – wer hätte das gedacht – auch in unserem vermeintlich edelsten Körperteil, dem Gehirn, sitzen, aber doch ganz anders und vor allem vorbewusst funktionieren. Was heißt das konkret?

Durch die Neurowissenschaften wissen wir, dass es dem Verstand oft genug an Gefühl fehlt. Wenn die Emotionen aus unserem Leben herausdiskutiert werden, sind sie noch lange nicht weg. Wer eine Situation im üblichen Sinn versachlichen möchte, entzieht ihr meist die größte Kraft: die emotionale Befindlichkeit. Dabei lässt sich ganz wunderbar sachlich über Gefühle und von Gefühlen sprechen. Wir sind diesen nicht ausgeliefert, und es ist ohne Weiteres möglich, etwa der eigenen Wut nüchtern Ausdruck zu verleihen. Aber wer hat schon gelernt, seine Gefühle zu erkennen und ganz simpel zu regulieren? Wir haben es hier mit einem krassen Mangel zu tun, dem abgeholfen werden kann.

Das Gehirn entwickelt immer das, was trainiert wird und was uns begeistert. Begeisterung, so etwa der deutsche Hirnforscher Gerald Hüther, ist Dünger fürs Gehirn. Begeisterung ist notwendig, damit die Synapsen zwischen den Nervenzellen glühen, sich austauschen und neue Wege bauen. Wer sie bei intellektuell zu bearbeitenden Themen entwickelt, wird auch dort die besten Verbindungen im Gehirn haben. Wer sich allerdings nie für seine Gefühlswelt begeistern konnte, bei dem liegen zwangsläufig hier die Synapsen brach.

Wie wir wissen, was wir fühlen

Gefühle werden durch neurochemische Vorgänge ausgelöst. Diese erleben wir dann, wenn das Gehirn aus seinem ursprünglichen Gleichgewicht fällt. Gefühle können wir auch beschreiben als den situativen Lösungsansatz des Gehirns, um wieder in sein Gleichgewicht, die sogenannte Homöostase, zurückzufinden. Das bedeutet: Wir fühlen nur etwas, wenn wir aus dem Gleichgewicht geraten. Dieser Vorgang ist ganz persönlich und höchst individuell. Was mich beunruhigt, lässt Sie möglicherweise ganz kalt. Sprich: Gefühle sind immer zutiefst subjektiv.

Sie sind also keineswegs dummes Zeug, Spielmaterial für Frauen und für Groschenromane, im Gegenteil: Sie liefern uns in der Situation, in der sie anfallen, gleich einen Lösungsansatz mit. Wenn Ihr Kind von einem Fremden geschlagen wird und Sie daraufhin wütend reagieren, dann hört sich das völlig passend an, oder? Wenn Sie abends allein an einen Wald kommen und Angst empfinden, ist das doch sehr konstruktiv – ebenso wie der Impuls, der Sie weglaufen oder umdrehen lässt. Das heißt, Gefühle bieten uns Orientierung für die Situation, in der sie auftreten, und geben uns konstruktive Lösungsansätze mit.

Was bedeutet eine solche Erkenntnis in unserer auf Verstand basierten Gesellschaft? Zunächst einmal: Es ist nicht hilfreich, sondern im Gegenteil sogar absolut kontraproduktiv, Gefühle abzuspalten, zu verdrängen oder zu ignorieren, wie es der gegenwärtigen Kultur unserer Gesellschaft entspricht. Die Abwertung von Gefühlen führt uns immer wieder in eine Sackgasse: Wir nehmen uns die Möglichkeit zu wissen, was unser System als situativ hilfreich vorschlägt.

Außerdem passiert nur da, wo unser Gehirn aus dem Gleichgewicht fällt, etwas mit Vorrang. Kommen wir beispielsweise in eine Gefahrensituation, erhält der innere Prozess absolute Priorität: Wenn wir, um auf unser voriges Beispiel zurückzukommen, abends im Auto auf nasser Straße einem Reh begegnen, sind die gerade gehörte Musik, die Überlegungen zum Sport und zum Abendessen, sofort und schlagartig wie weggefegt; die Wahrnehmungsschwelle steigt, es kommen nur noch Informationen auf unseren Radar, die relevant für die Verarbeitung der akuten Gefahrensituation sind.[25]

Wie das ein jeder macht, ist völlig individuell: Jeder Mensch hat seine eigenen emotionalen Schemata. Ein Angstschema etwa wird bei dem einen durch Stirnrunzeln des Gegenübers, bei dem andern durch eine laute, erhobene Stimme vorbewusst aktiviert, beim Dritten vielleicht durch Dunkelheit. Jedes emotionale Schema enthält die individuellen Elemente Affekt, Handlungstendenz, Bedürfnis und Kognition. Es funktioniert wortlos im Sinne einer Regieanweisung und ist dabei ungeheuer schnell ansprechbar. So entstehen aus dem unbewussten Schema ganz bewusste Emotionen. Sie verbinden sich mit Sorgen und Wünschen, mit Gedanken bis hin zu Handlungstendenzen und führen schließlich zu einem (hoffentlich) konstruktiven Verhalten in einer bestimmten Situation.

Offen für Veränderung: gut und schlecht

Bei dieser Hoffnung stoppe ich, denn es gilt, an dieser Stelle einen weitverbreiteten Irrtum aufzulösen: Wir sind unseren Gefühlen keineswegs ausgeliefert, nur weil wir sie fühlen. Wir können unsere Gefühle fühlen und uns dann für eine mögliche Handlungsoption entscheiden. Anders gesagt: Wir sind in der Lage, unsere Gefühle zu regulieren und mit ihnen klug, ja, verantwortungsvoll umzugehen. So behandelt die »Emotion-focussed Therapy« des kanadischen Forschers Leslie S. Greenberg den Umgang mit unseren Gefühlen.[26]

Greenberg unterscheidet hilfreiche und weniger hilfreiche Emotionen. Die hilfreiche Sorte verhält sich unkompliziert: Solche Gefühle stellen eine angemessene Reaktion auf die jeweilige Situation dar. Sie operieren unter dem wissenschaftlichen Namen »adaptive primäre emotionale Reaktionen«. Wenn Sie, um auf das Beispiel von oben zurückzukommen, abends in einen düsteren Wald gehen, ist Angst eine adaptive emotionale Reaktion – denn Umdrehen oder Weglaufen könnten angemessene Lösungen für Sie sein.

Andere Arten von Emotionen bezeichnet Greenberg als dysfunktional, also als nicht hilfreich zur konstruktiven Bearbeitung einer Situation. Am weitesten verbreitet sind die folgenden drei Varianten:

Maladaptive primäre (falsch erlernte) Emotionen: Sie sind zwar ebenfalls direkt und spontan, helfen aber nicht, die aktuelle Situation konstruktiv zu bewältigen, sondern stören im Gegenteil eine effektive Vorgehensweise. Beispiele dafür sind »falsch« erlernte Emotionen aus traumatischen Erfahrungen; so könnte liebevolle Nähe bei jemandem Wut auslösen, der aufgrund einer Missbrauchserfahrung diese Reaktion erlernt hat.

Sekundär reaktive (falsch überlernte) Emotionen: Sie erfolgen blitzschnell auf primäre Reaktionen. Menschen reagieren oft auf eine Emotion (zum Beispiel Angst) mit einer zweiten Emotion (zum Beispiel Scham). Die zweite Emotion verschleiert die erste und führt zu einer situativ nicht angemessenen Bearbeitung der Situation – sich schämen statt weglaufen etwa ist bestenfalls verwirrend, wenn nicht sogar gefährlich.

Instrumentelle (manipulativ verwendete) Emotionen: Sie werden mit der Absicht ausgedrückt, den anderen zu kontrollieren oder zu beeinflussen. Dabei handelt es sich um manipulative Gefühle, wie wir sie in allen Formen der Verführung in der Werbung, aber natürlich auch im Kino erleben können oder von der Dramaqueen unter unseren Freunden.

Selbstverständlich wären wir alle sehr gut bedient, wenn wir nur die hilfreichen Emotionen spüren würden – Emotionen also, die uns konstruktiv dabei helfen, bestimmte Situationen angemessen anzugehen und zu bewältigen. Leider ist das nicht so. Viele von uns sind gebunden an alte Traumata, an falsch erlernte oder überlernte Gefühle und an längst überholte emotionale Muster aus der Kindheit, die oft bis ins hohe Alter wirken.

Wir haben es in unserer Gesellschaft zudem mit vielfältigen manipulativen Gefühlen zu tun, wie der erste Teil des Buches umfänglich gezeigt hat; es gibt weder vonseiten der Wissenschaft noch vonseiten der Wirtschaft konkrete Ansätze, um das zu verändern. Im Gegenteil: Wir dürfen sicher sein, dass ein mündiger Konsument nicht wirklich gewünscht wird – ein solcher ließe sich weder in eine Diktatur bringen noch ohne Widerstand immer aufs Neue in die Verdummung treiben. Zur Diktatur der Dummen jedenfalls gehört die emotionale Manipulation unbedingt und direkt dazu.

Allerdings sind wir dazu fähig, die Schieflage aufzulösen, in die uns falsch erlernte, überlernte oder manipulierte Gefühle bringen. Das ist über Veränderungen unserer fehlerhaft funktionierenden emotionalen Schemata möglich. Kinder etwa verändern ihre Schemata unentwegt; sie lernen, indem Schemata zusammengeführt oder auf höheren Ebenen aufgelöst werden. Das Schema »Laufen« beispielsweise entsteht, indem das

Schema für »Fallen« und das Schema für »Stehen« neu zusammengeführt und anders aufgelöst werden.

Auch Erwachsene können lernen, ihre Schemata zu erneuern; sie können dazulernen. Gerade in der Mitte des Lebens entsteht ein starker Bedarf nach neuen Konzepten, weil andere Lebensthemen neue Antworten erforderlich machen. Lernfähig sind wir alle – es stellt sich eher die Frage: Sind wir auch lernbereit? Diese Frage stellt sich nicht nur für das Dazulernen, sondern auch für ein Umlernen, das selbst in hohem Alter noch machbar ist. So lassen sich vielfältige Kindheitserfahrungen wieder auflösen, die bei Erwachsenen zu emotional nicht konstruktiven Reaktionen und nicht hilfreichem Verhalten führen.

Das soll nicht heißen, der Umgang mit Emotionen wäre simpel oder ein Kinderspiel, das ist es keineswegs – den eigenen unguten Mustern auf die Spur zu kommen macht nicht nur Freude. Mir geht es an dieser Stelle um eine zentrale Erkenntnis: Nicht die Emotionen sind das Problem, sondern ihr schlechter Leumund während der vergangenen Jahrhunderte. Dass sie jetzt, besser analysiert denn je, am Horizont unserer manipulierten, oft genug für dumm verkauften Gesellschaft auftauchen, scheint mir eine geniale Koinzidenz zu sein.

Ohne Emotionen keine Erfahrungen

Die neurochemischen Vorgänge, die unsere Aufmerksamkeit lenken, erzeugen unsere Emotionen und sorgen dafür, dass wir uns auf irgendeine Art verhalten. Doch damit nicht genug: Wenn wir diesem mehr oder weniger unbewussten Verhalten gezielt Zeit und Raum geben, können wir aus einem simplen Erleben eine Erfahrung machen.

Erfahrungen haben einen sensationellen Vorteil gegenüber jedem bewussten Denken: Sie beruhen auf emotionalen Schemata und sind deshalb rasend schnell im Zugriff. Als geübte Autofahrer profitieren wir enorm von genau diesem Erfahrungswissen: Wir nutzen meist unseren »Autopiloten« und müssen uns nicht mehr um den üblichen Fahrbetrieb wie Gasgeben, Bremsen, Kuppeln, Schalten kümmern. Aber sobald eine Störung auftritt, etwas nicht reibungslos läuft, holen uns unsere Emotionen zurück. Wir kennen Ähnliches auch vom Expertenwissen: Wenn ein Architekt sagt, dass die Mauer schief ist, benötigt er dafür kein Lot und kein anderes Hilfsmittel; er weiß es einfach. Expertenwissen hat natürlich auch mit Erfahrungen zu tun, es handelt sich dabei aber nur um einen Ausschnitt aus unseren gesamten Lebenserfahrungen.

Erfahrungswissen, also die passenden Schemata im Gehirn, erzeugen wir auf denkbar einfache Weise: Wir können unser Erleben bewusst verarbeiten, beispielsweise indem wir Tagebuch schreiben oder zur Therapie gehen, tief gehende, sehr persönliche Gespräche führen, uns Rechenschaft ablegen, und das, ohne uns zu verurteilen. Indem wir meditieren oder beten und dabei das, was uns den Geist vernebelt, klären oder abgeben, indem wir etwas so lange tun, bis es uns in Fleisch und Blut übergegangen ist.

Erfahrungswissen stellt damit etwas ganz kostenlos zur Verfügung, was sonst kaum zu haben ist: Es macht uns einzigartig und sammelt unser persönliches Weltwissen. Um es auf der Produktebene zu sagen: Erfahrungswissen macht uns »unique« und mehr noch, wir werden mit zunehmender Erfahrung immer souveräner, klarer in unserer Entscheidung, sicherer im nächsten klugen Schritt. Indem wir von uns etwas wissen, können wir die Welt auf die uns gemäße Weise angehen, erobern, gestalten – was auch immer gerade angesagt ist.

Wir wissen, was wir wissen – was aber brauchen wir?

Um unser Erleben zu reflektieren und unser Selbst zu bilden, benötigen wir eine gewisse Bildung – das jedenfalls lässt sich dem Konzept des Ego-Tunnels entnehmen. Reflexionsfähigkeit ist also etwas, was Bildung unbedingt erzeugen müsste, damit Menschen jeden Alters und jeden Hintergrunds in der Lage sind, ihr eigenes Selbst zu gestalten, sich neu zu erfinden, aus einem fremdgesteuerten Leben ein nach eigenem Gusto gestaltetes zu machen. Was aber wird in Schule und Hochschule gelehrt? Wir haben davon ausführlich gehört: Es wird Wissen vermittelt, das auswendig gelernt und lexikalisch im Hirn abgelegt wird – Wissen, das ungeheuer schnell veraltet und dazu noch, um Einstein zu zitieren, immer begrenzt ist. Sein Vorschlag wäre übrigens: Fantasie nutzen und mit Fantasie arbeiten.[27] Wo aber lernen Schüler Reflexion, wo den Umgang mit Fantasie?

Wir sind uns vermutlich schnell einig: Lexikalisches Wissen können wir im Internet abrufen oder in Büchern. Einen soliden Fundus davon benötigen wir schon für die Bewältigung unseres Alltags, aber darüber hinaus? Da geht es vor allem um Instrumente oder Techniken, um neues Wissen auf seinen Wahrheitsgehalt zu checken, um Plausibilitäten zu überprüfen, um Stichproben zu machen. Wir brauchen also sicherlich eines: Methodenwissen.

Des Weiteren ist Kompetenz erforderlich: Ziel von Bildung sollte es sein, dass wir nicht nur wissen, sondern auch diesem Wissen entsprechend handeln. Es geht also nicht so sehr um den guten Willen, der vielleicht nicht gegen das persönliche Phlegma ankommt, sondern vielmehr um die Fähigkeit, Wissen umzusetzen – und zwar situationsadäquat. Doch die erlernte Inkompetenz, die uns gerade durch Medien und Wirtschaft beigebracht wird, hindert uns an einem autonomen und von uns selbst bestimmten Leben – im Hinterkopf läuft bei vielen das immer wieder suggerierte: »Einer allein kann doch nichts ändern.«

Wir können vielleicht nicht die ganze Welt ändern, aber wir können, und das wissen wir hier schon definitiv, ganz sicher uns selbst ändern.

Suchtprozesse: Hype statt Flow

Der größte Verhinderer einer solchen Einsicht ist Realitätsferne, sind Illusionen. Sie führen uns geradewegs zum Thema Sucht und damit zu einer wunderbaren Assistentin der Diktatur. Möglicherweise ist sie die hauptsächliche, die treibende Kraft der Versklavung, die sich, sobald sie einmal freigesetzt ist, immer stärker ausweitet und unsere Kultur lautlos und klammheimlich zersetzt.

Immer mehr Menschen, so scheint es mir, beamen sich weg aus dem schnöden Leben, träumen sich in Illusionen, in andere Welten. Von der virtuellen Welt der Computerspiele bis zur recht handfesten rosaroten Barbie-Mädchenwelt ist vieles möglich und gesellschaftlich akzeptiert – akzeptierter jedenfalls, als nicht mitzumachen: Wer auf einer Feier keinen Alkohol trinkt, kann manchmal derjenige sein, der die Stimmung killt.

Wir helfen uns mit Substanzen wie Alkohol, Drogen, Nikotin oder auch Zucker, um uns aus dem grauen Alltag herauszunehmen, aus einer Realität, die es mit uns nicht so richtig gut zu meinen scheint. Daneben setzen sich immer stärker Prozesse durch, von denen wir abhängig werden können: Wir verfallen in Liebes-, Sex- oder Romanzensucht, landen in Arbeits- oder Computersucht, sind süchtig nach dem körpereigenen Adrenalin, was uns unser Heil in Extremsportarten suchen lässt. All diese Substanzen und Prozesse haben eines gemeinsam: Sie halten uns davon ab, an der Realität unserer Gegenwart etwas zu verändern, emotionale Schemata zu erkennen und Konflikte zu bearbeiten.

Suchtprozesse unterscheiden sich von »gesunden« Prozessen dadurch, dass uns Erstere Energie kosten, während uns Letztere Energie zurückgeben. Wer eine lange Wanderung gemacht hat, wird die angenehme Erschöpfung zusammen mit dem bekannten Flowgefühl genießen können und sich dabei belebt fühlen. Flow ist ein komplexer Zustand, der sich an den folgenden drei Eckpunkten festmachen (und auch über sie erreichen) lässt: Es gibt (a) ein klares Ziel, das herausfordernd und attraktiv ist, (b) eine klare Zeitvorgabe und (c) klare Spielregeln.

Flow ist nun gerade keine Sucht, kein Rausch und kein Hype, wie wir sie etwa beim Bungee-Jumping verspüren oder nach einem Marathon, wenn der Körper neuronal so geflutet ist, dass wir gar nicht wissen, wie wir nachts einschlafen sollen. Überprüfen Sie Ihre Hobbys in dieser Hinsicht: Bringt Ihnen der Marathon wirklich mehr Energie, oder fühlen Sie sich doch »nur« in Ihrem Ego bestärkt? Bringt Ihnen der Sprung am Seil mehr Lebendigkeit, oder fühlen Sie sich eher vom Adrenalincocktail beglückt?

Sucht ist individuell. In der ganz persönlichen Antwort auf die Frage nach Ihrer eigenen Vitalität liegt ein Fingerzeig darauf, was Sie selbst süchtig machen kann.

Was machen wir nun mit den Drogen und Prozessen, die nur selten das Bewusstsein erweitern, sondern uns Energie kosten, uns abhängig machen und auf subtile Weise unsere Autonomie nehmen, ja, uns am Ende unser Leben kosten können? Wie kommen wir raus aus ganz vertrauten Abhängigkeiten von Zucker oder Kaffee? Wie raus aus den Gewohnheiten, die bloß eine Handbreit von solchen Abhängigkeiten entfernt sind – dem täglichen Feierabendbier, dem Schnaps nach dem Mittagessen, dem abendlichen Fernsehgucken?

Wer sich mit Süchten auskennt, weiß: Es geht um einen Ausstieg. Das muss heute nicht mehr zwangsläufig Abstinenz bedeuten, es geht möglicherweise um eine neue Balance, ein ganz anderes Bild. Immer mehr Alkoholiker lernen etwa, einen Drink zu genießen statt sich total von Alkohol fernzuhalten. Genuss scheint eine qualitative Größe zu sein, mit der einer Sucht begegnet werden kann – und das ganz offensichtlich mit Erfolg. Könnte ein Ausstieg aus der Verdummung bedeuten, das eigene Leben zu genießen?

Riechen Sie mal hier!

Diese Frage ist vielleicht arg suggestiv, aber sie zielt auf die Übernahme von Verantwortung und liefert uns vielleicht Lösungsangebote. Genuss ist gerade das Gegenteil von »unbewusst handeln«, von automatischem Leben. Aber was ist das darüber hinaus? Offenbar stehen besonders das Riechen und Schmecken mit dem Genießen in Verbindung, doch es gibt auch viele andere Genüsse: das gute Buch, das gehaltvolle Gespräch, der stimmungsvolle Sonnenuntergang.

All diesen Beschreibungen ist eine Qualität beigefügt, die den Unterschied macht. Es braucht zum Genießen offenbar vor allem folgende Elemente: (a) Zeit, sogar eher Muße, heute auch als Entschleunigung beschrieben, (b) Kenntnis von der Sache sowie (c) Fokussierung der eigenen sinnlichen Wahrnehmung. All das sind Dinge, die in unserer reizüberfluteten Zeit eher selten sind und nirgendwo gelehrt werden.

Bei Genuss geht es eben nicht um immer wieder neue Reize, die in unserem Gehirn Dopamine ausschütten, sondern um eine totale Konzentration auf das subjektive Erleben einer Sache. Das wiederum verstehe ich als einen Teil der Innensteuerung: Wie genau riecht dieses Essen? Was daran erscheint uns besonders, anders, was gefällt uns daran oder eben auch nicht? Was schmeckt besonders, was daran spricht uns optisch an? Wir konzentrieren uns auf unsere Wahrnehmung, lassen uns Zeit und geben uns den erforderlichen Raum, um wirklich mit allen Sinnen zu genießen. Genuss macht autonom für die Zeit des Genießens – wenn wir nicht süchtig nach ihm werden. Das ist das Vertrackte an Sucht: Sie kann sich auf jeden Prozess setzen und alles befallen. Wir sind aufgefordert, immer wieder unsere Unabhängigkeit, unsere Nüchternheit, unseren Realitätssinn zu überprüfen.

Genuss heißt auch, sich zu entschleunigen, sich zum Herrn über die eigene Zeit zu machen. Ich war zu Weihnachten in einem Sternerestaurant essen, unter lauter festlich gekleideten und gut gelaunten Menschen, darunter auch ein junges Paar, das jedes Gericht erst fotografierte, bei Facebook einstellte und sich dann überlegte, was die »Freunde« wohl dazu sagen würden. Das ist bestenfalls Genuss aus zweiter Hand, der nur im Spiegel der anderen wirkt. Und schlimmstenfalls ist hier jemand süchtig nach Facebook und der schnellen Anerkennung, die durchs »Liken« vermittelt wird.

Woran aber erkennt man neben Abhängigkeit und Vitalitätsverlust noch, ob man süchtig ist oder nicht?

Polarität als Suchtkennzeichen

Schwarz oder Weiß, Ja oder Nein, Entweder-Oder – Polarität ist für jeden erfahrenen Therapeuten ein Signal dafür, dass er es mit Suchtprozessen zu tun haben könnte. Süchtige müssen in bestimmten zentralen Lebensbereichen alles jetzt und sofort haben, können sich dem Prozess des Lebens nicht anvertrauen, sind selten in der Lage, sich mit einer mittleren Lösung zufriedenzugeben. Sie sind Held, oder sie scheitern.

Die Psychotherapeutin Anne Wilson Schaef hat viele Jahre darauf verwandt, sich mit Prozessen zu befassen, die uns entweder schwächen (Sucht) oder stärken (Vitalität, Gesundheit). Nach ihrer Erfahrung zeigt sich ein Suchtprozess in folgenden Wesenszügen und Merkmalen:[28] Unehrlichkeit, von Lügen über Projektion bis hin zur Verleugnung, Kontrollverhalten und Perfektionismus, Verwirrung, Gefühlsstau, Angst, Negativismus, Rigidität, Selbstbezogenheit und Verlust der inneren Moral, Außenorientierung, Fremdbestimmung, geringes Selbstwertgefühl und Angeberei, gestörte Denkstrukturen wie zwanghaftes Denkenmüssen, Überbewertung des linearen, logischen, analytischen Denkens sowie dualistisches Denken in Polaritäten, unklare Wertvorstellung und fehlende eigene Spiritualität.

Das klingt doch sehr nach der schon diagnostizierten Außensteuerung. Es hört sich mehr noch so an, als wäre Sucht der Normalzustand unserer Gesellschaft. Als wäre Sucht ein Faktor, der so stark in unser persönliches und gesellschaftliches Leben durchgreift, dass wir kaum mehr frei zu sein scheinen. Ich jedenfalls war erschrocken, als mir das klar wurde. Auf jeden Fall gibt es ziemlich viele Verbindungen zwischen dem, was wir gesamtgesellschaftlich erleben, und einem Suchtprozess: Er entmündigt, macht abhängig, macht unfrei und führt uns immer wieder in Trance. Viele der gerade beschriebenen Kriterien treffen sicher auch auf unseren Alltag zu.

Welche Lösung hat Anne Wilson Schaef, wie sieht der Ausweg aus? Für sie geht es um eine radikale Entscheidung, eine klare Einsicht: So geht es nicht weiter. Die Konsequenzen könnten sein: (a) eine Therapie oder (b) der Besuch einer »anonymen« Gruppe, um dort ein Zwölf-Schritte-Programm zu absolvieren. Solche Programme sind in ihren Strukturen so konzipiert, dass innere und äußere Unabhängigkeit gewahrt wird – und meist wenig attraktiv. Hier lässt sich kein Status gewinnen, sondern nur solche Dinge wie Autonomie, Freiheit, Zugang zur eigenen Spiritualität, Zugang zur eigenen Integrität.

Und man kann dabei in die Irre gehen, unpassende Leute treffen, nicht immer unbedingt sofort Wirkung spüren. Man ist auf sich selbst angewiesen und lernt bei der Gelegenheit (und manchmal ziemlich hart), wie kostbar das Wissen um das sein kann, was dem Einzelnen wirklich hilft. Sicher ist ein solches Zwölf-Schritte-Programm einen Versuch wert und eine Option für alle, die aus dem Massenkonsum, aus Wirtschaftswachstumsfantasien und aus Verführung durch Werbung aussteigen wollen. Ich möchte deutlich machen: Das Leben ist komplex, auch hier, und überhaupt nichts für Feiglinge. Wer Sucht bei sich auflösen will, der macht sich auf einen Weg, der durchaus länger dauern kann und dadurch erleichtert wird, dass man seine Umwege als Lernchancen begreift.

Was bedeutet die Heilung von Sucht in Sachen Diktatur der Dummen? Für mich heißt das zu allererst: Dummheit ist individuell auflösbar, also heilbar. Und es hört sich zudem so an, als müsse jeder Süchtige kolossal auf der Hut sein, weil es immer wieder passieren kann, dass man sich von »normalen« Prozessen und Substanzen abhängig macht und wieder in neue

Illusionen fällt. Nüchternheit ist offenbar eine Herausforderung, die fürs Leben gilt, und eben kein Schalter, der sich umdrehen lässt. Wer sich daranmacht, sich seinen Abhängigkeiten zu stellen, der ist aufgefordert, richtig viel von sich selbst zu lernen. Und das tut not.

Es braucht eine neue Psycho-Logik

Höre ich mich im Bekanntenkreis um, stoße ich immer wieder auf eines: auf ein erschütterndes Unwissen über das eigene innere Geschehen. Einige Menschen mit hoher Bildung und akademischen Ehren sind ganz erstaunt, wenn ihnen jemand bestimmte psychologische Konzepte erklärt, andere, vor allem aus dem ingenieurwissenschaftlich-technischen Bereich, sind völlig überrascht, wie strukturiert, nachvollziehbar und verständlich das Wissen über Emotionen ist.

Psychologie – das sollte eigentlich selbstverständlich sein – gehört in die Schulen, und zwar von Anfang an. Wie können wir sonst etwas über uns selbst oder über andere wissen? Wie erfahren wir etwas von den wirklich relevanten Dingen in dieser Welt: von der Fähigkeit, ich selbst zu sein und dabei doch in Beziehung zu anderen zu leben, von der Fähigkeit zur Innensteuerung und dabei gleichzeitig zur Anschlussfähigkeit an andere Menschen. Wie lernen wir es, Beziehungen einzugehen, zu gestalten und abzuschließen, wo können wir lernen, mit Konflikten angemessen umzugehen und eine eigene Art zu entwickeln, konstruktiv und zielführend in Konflikten zu handeln?

Es gibt viele Themen, die für ein autonomes, freies Handeln relevant wären – und die nicht in unserem Bildungsapparat vorkommen. Manche Menschen landen fast zwangsläufig in den weniger profund entwickelten Bereichen eines an die Psychologie angedockten Marktes: Denn die Alternative ist ein mehr oder weniger heimliches Herumlavieren in der Esoterikabteilung von Kaufhaus oder Buchhandlung. Das mag vielleicht auch praktikable Lösungen liefern, schreckt andererseits wieder mit Außensteuerung, mit Verführung und Abhängigkeitsmustern ab. Anders gesagt: Die üblichen Mittel der Verdummung wirken auch dann, wenn es um die Vermarktung etwa spiritueller Literatur geht.

Die Verführer, ob in der Esoterik oder in den Großkonzernen, arbeiten mit den Erkenntnissen der Hirnforschung. Neuromarketing ist selbstverständlich und nachgerade Pflicht für die Werber. Und wir? Wir harren mehr oder weniger munter mit unserem völlig veralteten Schul- und Hochschulwissen längst vergangener Tage in der vagen Hoffnung aus, dass wir uns damit nicht mehr befassen müssen. Wie kommen wir bloß zu so viel Naivität?

Lassen Sie uns die Dinge jetzt angehen. Was wir jetzt nicht tun, wird nichts werden. Der Kraftpunkt liegt immer im nächsten Schritt. Warten wir nicht länger! Lassen Sie uns die Erkenntnisse der Neurowissenschaften annehmen, auch auf die Gefahr hin, dass diese sich noch verändern, ausweiten, präzisieren. Wir können schon jetzt das in Angriff nehmen, was uns zu einem gelingenden Leben verhilft: unser Selbst.

Autonomie geht auch in Sklaverei

Wir glauben, dass wir unser Leben kontrollieren können. Der Weg zum Bus mit Ohrstöpseln ist nur ein Symbol dafür, was wir alles mit Süchten, mit dem Verstand und mit Unbewusstheit tun, wie sehr wir uns wünschen, dass sich das Leben nach uns richtet, wie sehr wir uns aus dem öffentlichen Raum und dem normalen Leben wegwünschen. Während wir zur Schule oder zur Arbeit gehen, hören wir die Musik, die uns erfreut, die uns berührt, die uns etwas angeht. Was würde passieren, wenn wir offen für Sinneseindrücke herumlaufen würden, statt uns zu »bedröhnen«? Was, wenn wir alternativ auf unsere innere Stimme hören, den Anregungen und Intuitionen von innen nachgehen würden?

Wir kämen möglicherweise darauf, was wir wirklich brauchen, was uns wirklich fehlt, wir würden unsere Emotionen und damit unsere Bedürfnisse kennenlernen. Das muss gar nicht unbedingt dazu führen, dass wir alles ändern – ganz im Gegenteil. Wenn wir unsere Bedürfnisse kennen und achten, dann liefert das meist einen großen inneren Frieden, ganz unabhängig davon, ob wir diese Bedürfnisse befriedigen können. Es geht um dieses »Kennen« im Sinne eines Ernstnehmens, des Respektierens: das schon liefert uns innere Autonomie – auch in der Sklaverei. Und also auch in einer Diktatur der Dummen.

Für die meisten ist das schwer vorstellbar und hört sich eher nach Weisheit oder nach übermenschlichen Kräften an als nach Alltagstauglichkeit. Ihre individuelle Lösung heißt dann eher Therapie oder eine andere Form von Arbeit mit Emotionen. Vermutlich haben Coachingweiterbildungen derzeit einen solchen Zulauf, weil sie mehr Kenntnis von uns selbst liefern – und das noch unter dem Deckmantel einer beruflich nutzbaren Qualifikation. Was auch immer wir für eine Lösung nutzen: Wir müssen uns dafür mit uns selbst beschäftigen. Aber gibt es denn, ehrlich gesagt, eigentlich irgendetwas, was wir noch lieber tun?

Ihre Entscheidung macht den Unterschied

Wenn ich mich ändere, ändert sich meine Welt. Das ist Ihnen möglicherweise vertraut, ebenso wie der Satz: »Der erste Schritt ist immer der entscheidende.« Beide Wahrheiten treffen auch auf den gewünschten Wechsel von der Außen- zur Innensteuerung zu. Beginnen Sie damit und lernen Sie Ihren eigenen Prozess kennen und achten. Es gibt nichts, was relevanter ist auf der Welt! Finden Sie zu Ihrer eigenen Wahrheit. Sie können darauf pfeifen, was mit den anderen ist: Fangen Sie bei sich selbst an, steigen Sie aus den bekannten Abhängigkeiten aus, lassen Sie sich kein X mehr für ein U vormachen. Das muss sich nicht im äußeren Leben zeigen; es reicht, wenn Sie selbst mit sich aufrichtig sind.

Es könnte sein, dass Sie sich allein fühlen. Doch, ehrlich gesagt: Wenn bei Ihnen selbst »jemand zu Hause ist«, dann sind Sie so ganz alleine nicht. Schließlich sind Sie der einzige Mensch, mit dem Sie es wirklich lebenslang aushalten müssen. Aber Stärkung von anderen tut oft gut. Das heißt, nehmen Sie öffentliche Angebote wahr, in denen Raum ist für Klarheit, etwa bei der Volkshochschule oder bei anderen Anbietern, die mit einer unübersichtlichen Themenbreite auch garantiert da ansetzen, wo Sie stehen. Ob es nun gewaltfreie Kommunikation ist, die Sie einen Schritt weiterbringt, oder ein Philosophiekurs zu: »Ich fühle, also bin ich«, ob es eine große Sache wie eine Coachingweiterbildung mit entsprechendem Preis ist oder eine der kostenlosen Anonymengruppen aus der Suchtarbeit: Gehen Sie hin, informieren Sie sich in Vorträgen, mit Literatur oder Videos, nutzen Sie die bekannten Medien und fischen Sie Sinnstiftendes heraus – das, was Sie anspricht nämlich. Und hören Sie auf jeden Fall bei der Entscheidung dafür oder dagegen schon mal auf Ihren Bauch.

Und wenn sich da nichts findet: Gründen Sie Kreise, in denen Sie beispielsweise über Themen dieses Buches sprechen; machen Sie Gruppen auf, in denen Sie sich mit anderen austauschen, etwa unter Kollegen oder, bei Selbstständigen, unter Fachkollegen, oder finden Sie mit Kleinanzeigen Menschen, die in ähnlichen Situationen leben wie Sie – schaffen Sie selbst Raum für Klarheit, in dem Verwirrung, Betäubung und bloße Verpackung keine Bühne erhalten.

Wir leben in einer Gesellschaft, in der alles da ist, um jeden Einzelnen herauszuholen aus der Außensteuerung. Es ist längst für alles gesorgt. Die Welt ist ausgezeichnet vorbereitet auf Ihre persönliche Veränderung.

7. Evolutionen: Das stille Ende von Helden, Tätern, Popstars

Wer sich verändert, verändert seine Welt, und natürlich macht das einen Unterschied. Die Erkenntnisse zum Thema Gefühle helfen uns dabei, selbst wenn sie noch nicht, wie es so schön heißt, in der Mitte unserer Gesellschaft angekommen sind. Sie helfen natürlich und vor allem dem Einzelnen selbst, denn sie stärken seine Integrität. Integrität verstehe ich als die Fähigkeit, wertschätzend und verbindlich zunächst mit sich selbst und dann mit anderen umzugehen.

Wie sich das auswirkt, ist Gegenstand dieses Kapitels. Hier geht es um Beziehungen, um Kontakt zu anderen und um daraus resultierende Konflikte. Im Miteinander greifen wir auf die typischen Mechanismen von Wettbewerb, von Macht zurück – denken wir nur an Strategien wie »Angriff ist die beste Verteidigung«. Dass es nicht leicht ist, aus einer Beziehung eine gelingende Beziehung zu machen, das wissen die meisten von uns. Dennoch versuchen viele, mit den alten Kampf-Flucht-Strategien zu arbeiten, mit den alten Mitteln von Verführung und Schmeichelei, von Druck und Aggression – je nachdem, wie sie bislang erfolgreich waren.

Dass solche Mechanismen nicht der Weisheit letzter Schluss sind, ist vielen Menschen klar. Wie die Alternative aussehen kann, ahnen schon deutlich weniger. Was aber lässt sich nun konkret im Alltag tun, mit den Kindern von gegenüber, den Nachbarn, den Handwerkern? Wie funktionieren Beziehungen wirklich, was lässt sich als Leitplanke, vielleicht als Spielregel oder als Wegweiser nutzen? Es geht mir um Änderungen in unserem alltäglichen Umgang und Verhalten, was möglicherweise nur eines erfordert: Einsicht. Aus Einsichten lassen sich meist Alternativen entwickeln, die jeder Einzelne sofort selbst angehen kann. Es geht in diesem Kapitel also nicht um die großen institutionellen oder gesellschaftlichen Linien, sondern um den kleineren, informellen Kreis, das alltägliche Miteinander mit anderen in Familie, Arbeit, Freizeit.

Welches Miteinander meine ich, was könnte hilfreich sein, und wie lässt sich das auch ohne großen Aufwand realisieren? Wie können wir in unseren Paarbeziehungen, in Freundeskreisen oder mit Kollegen zu Änderungen beitragen? Mir liegt an der Auflösung typischer Dynamiken ebenso wie an der Frage, welche Wirkungen das haben könnte. Die Diktatur der Dummen greift dabei auf vorhandene und gut kaschierte Leitplanken zurück, die oft schon seit Jahrhunderten bestens erprobt sind. Eine erste solche Leitplanke der Verdummung nenne ich die Täter-Opfer-Dynamik.

Raus aus der Falle, Täter und Opfer!

Wir erleben heutzutage das Wort »Opfer« als modisches Schimpfwort, nicht nur in sozialen Brennpunkten. Opfer, das heißt, Underdog sein und der Letzte in der Nahrungskette; Täter das genaue Gegenteil – eine klare Hierarchie. In die gleiche Richtung geht es, wenn der durchaus gebildete Nachbar seinem Zehnjährigen rät, lieber »Fisch zu sein als Köder« – auch hier bewegen wir uns in einer Hierarchie, auch hier geht es darum, bloß nicht in die Opferrolle zu geraten. Diese Opferrolle ist verpönt; sie macht hilflos und ohnmächtig. Wer Täter ist, besitzt Gestaltungshoheit in einer bestimmten Situation, hat die Macht und wird auf keinen Fall untergebuttert. Kein Wunder also, dass Väter hier lebenspraktisch vorgehen?

Täter oder Opfer: In Deutschland haben wir mit beiden Rollen tief greifende Erfahrungen gemacht im und nach dem Zweiten Weltkrieg. Zunächst waren wir die Angreifer, die Täter, am Ende aber auch Opfer dieses Krieges. Da nach dem Krieg Deutschland als Täter abgestraft wurde, gab es wenig oder keinen Raum für die Opfer, die viele Menschen gebracht hatten: Auch sie hatten Angehörige verloren, ihr Zuhause, ihre Wurzeln, ihre Existenz. Doch wenn ich die Geschichten der Kriegsgeneration in meiner Familie höre, dann hat niemand etwas vom Holocaust gewusst, war der Fronteinsatz vor allem verbunden mit dem Klauen von Zigaretten, wahlweise auch Tomaten oder Wein. Vom Töten hat bei uns keiner erzählt und vom Schießen auch nicht. Das scheint anderen ähnlich zu gehen. Wir tun uns schwer in Deutschland damit, sowohl von Aggressionen als auch von Angst zu sprechen.

Das macht die Dynamik vielleicht umso wirkungsvoller. Ihr Erfolgsrezept liegt in einer zwingend erscheinenden Polarität: Der Täter ist derjenige, der in der jeweiligen Situation aggressiv reagiert, obwohl er eigentlich ängstlich ist. Das Opfer befindet sich auf dem Gegenpol: Es reagiert, obwohl es Aggressionen spürt oder spüren müsste, mit Angst und Zurückweichen. Beide sind nicht bei ihrem tatsächlichen Gefühl; das macht den Mechanismus außerordentlich kraftvoll und dabei subtil. Beide haben ihre hilfreichen Emotionen für die Bewältigung solcher oder ähnlicher Situationen »über- oder verlernt« und geraten deswegen mit dem jeweils anderen in eine dynamische Situation; das funktioniert wie ein Druckknopfprinzip im Sinne eines Automatismus: Der eine zeigt die Faust, der andere weicht zurück.

Sehr deutlich lässt sich die gesellschaftliche Relevanz dieser Dynamik am Beispiel der Einführung von Frauenhäusern in Deutschland zeigen. Diese wurden in den Achtzigerjahren für Ehefrauen bereitgestellt, die in ihrer Familie Opfer von Gewalt waren – mit dem problematischen Effekt, dass diese Häuser zunächst leer blieben. Es gab zwar etliche Frauen, die in ihrer Beziehung Schläge und Brutalität erlebten, aber sie verließen ihre Männer dann doch nicht – trotz der sicheren Zuflucht, die vorher so nicht existiert hatte. Warum bloß?

Diese verhaltene Akzeptanz änderte sich erst, als ein neues Konzept bekannt wurde, nämlich das der Mittäterschaft: Das Opfer ist hierbei nicht der eigentlich »Gute«, sondern trägt im Gegenteil seinen Teil zur Dynamik bei, indem es die Verantwortung für sein eigenes Wohlergehen dem Partner zuschiebt: Wenn du mich nicht schlagen würdest, würde es mir (und uns) besser gehen. Oder noch stärker: Wenn du dich änderst, ist alles in Ordnung. Mittäterschaft ist also in der Dynamik selbst enthalten.

Auch heute, dreißig Jahre später, geht man noch davon aus, dass einer von zweien innehalten muss, damit ein Ausstieg möglich wird: Es muss niemand Täter bleiben, und es ist niemand zum Opfer verdammt. Meist funktioniert das nicht ohne Hilfe von außen, etwa durch Therapie, Psychoanalyse – um die etablierten psychologischen Ideen zu nennen.

In einer Diktatur der Dummen hat das hilfreiche Folgen für uns, die wir einer übermächtigen Wirtschaft (hier: Täter) mit ihrer genialen Werbung und ihren subtilen Marketingaktivitäten ausgesetzt sind. Wenn wir Opfer bleiben und uns nicht verändern, bleiben wir in der Dynamik von Konsum, Marketing und Verdummung. Doch wir können diesen Automatismus durchbrechen, müssen nicht Opfer einer solchen Maschinerie sein, die letztlich unser Leben nur hohl und leer zurücklässt. Wir können aus dem Mechanismus aussteigen, müssen andere nicht mehr in Täter- oder Opferdynamiken hineinbefördern – auch uns selbst nicht. Wir können stattdessen das tun, was angesagt ist: Wir können Verantwortung übernehmen für die Situation. Darum geht es wirklich: Um Verantwortung.

Verantwortung oder eine Diskussion darüber wäre auch dem Vater des Nachbarjungen zu empfehlen. Wenn er seinen Sohn fit machen will für eine Gesellschaft, in der es anders zugeht, wäre das eine echte Alternative und viel Stoff für ein hilfreiches Vater-Sohn-Gespräch: Wie übernimmt man Verantwortung? Denn weder Opfer und Täter haben in der alten Dynamik etwas mit ihrer eigenen Verantwortung zu schaffen. Ähnlich verhält es sich mit einem Rollenkonzept, das in der Wirtschaft weit verbreitet und dort auch (noch) hoch angesehen ist: dem Heldentum.

Ein Held und tausend Funktionierer

Die an der Wirtschaft orientierte Welt achtet den großartigen Unternehmenslenker immer dann, wenn er besonders viel Profit für seine Firma oder für sich selbst erwirtschaftet hat. Gleichzeitig scheinen immer noch die alten patriarchalischen Zeiten vor 1968 zu herrschen: Frauen kommen in den Topetagen der Konzerne kaum vor, in Meetings hat der Ranghöchste im wahrsten Sinne des Wortes die Hosen an, und das Ergebnis ist nach wie vor wichtiger als der Prozess, der zum Ergebnis führt, auch wichtiger als der Inhalt, sprich: Profit geht vor Produkt. Management kommt nach wie vor fast ohne Führung aus, und es sucht nach wie vor den Helden.

Ein Held: Das ist jemand, der große Taten vollbringt. Als

Alltagsheld rettet er unverhofft und unerwartet Leben, etwa bei einem Brand oder einem Unfall. Als professioneller Held aber ist er eher monothematisch unterwegs, vorzugsweise als Experte gegen die Mächte des Bösen. In der deutschen Wirtschaft gibt der globale Wettbewerb einen prima Gegner ab – die reinste Hydra, der zäh und unerbittlich immer wieder neue Köpfe nachwachsen. Ein Held sucht sich typischerweise einen übermächtigen Gegner, nennt den Kampf seine Berufung und zieht los – und mit großer Selbstverständlichkeit folgen ihm andere sofort nach. Diese anderen nenne ich »Funktionierer«: Sie geben ihr Bestes im Kampf des Helden und sind sich sicher, für eine gute Sache unterwegs zu sein, zur Not zu sterben. Wir kennen das von den Kreuzzügen ebenso wie vom Fernsehen heute. Wo ein Held ist, da sind auch immer Funktionierer.

Wie aber kommt es dazu? Der Held betritt stets selbstbewusst die Bühne – und ab diesem Moment sind wir anderen entlastet. Wir dürfen uns zurücklehnen, können folgen oder nicht, können loben oder nicht, dürfen sogar heftig kritisieren. Am Helden scheiden sich die Geister, aber die Medien halten fest an ihm. Wir dürfen gespannt sein, was sich die entsprechenden Fernsehsender beispielsweise für »Helden« wie Thomas Gottschalk ausdenken, um die erprobten Projektionsflächen wieder auf die Mattscheibe zu bekommen.

Wir kennen das auch von Marcel Reich-Ranicki, der uns lehrte, was er für Literatur hielt und was nicht, und der angesichts eines Fernsehpreises mit Abscheu diesen von sich wies – er wollte nicht Teil des Zirkus sein, in dem er eine der Hauptattraktionen zulieferte. Das deutsche Feuilleton stellte ihn immer wieder aufs Podest, er war gefragt, geachtet, weit im Land bekannt – mehr als es einem Literaturkritiker und -kenner normalerweise passieren dürfte. Ein Held, der keiner sein wollte, aber dennoch vom Ruhm profitiert hat – also vielleicht doch ein Guru?

Überhöht und aus dem Kontakt gefallen

Martin Spiewak, erfahrener Bildungsjournalist der *Zeit*, schrieb sich im Sommer 2013 seinen Frust über das von der Seele,[29] was ich Gurutum nenne: Es gibt kluge Vordenker der Bildungsreform wie derzeit den auch von mir geachteten Neurowissenschaftler Gerald Hüther, die sich irgendwann nicht mehr primär ihrem Denken widmen oder ihrer Sache nachgehen, sondern den Platz auf dem Podest einnehmen, den sie von Publikum, Medien und Bildungssystem zugewiesen bekommen. Damit ist sicher Popularität verbunden, der Buchabsatz wird hochgejagt, die Tantiemen für Vorträge und so weiter ebenso. Die Prominenz wächst; von den Medien wird man umworben und als Ikone behandelt, als Projektionsfläche überhöht. Es sieht alles passend und stimmig aus.

Könnte das der gute Ausgang einer gradlinigen Karriere sein? Ja, so lange jedenfalls, bis irgendwer – schlechten Falles die Medien, im besseren Fall der Protagonist selbst – merkt, dass sich etwas verändert hat, dass etwas überhaupt gar nicht mehr stimmig ist. Doch was genau stimmt nicht mehr? Sie benehmen sich anders als »normale« Menschen, wenn sie immer wieder das Gleiche erzählen sollen, die immer gleichen Witze und Storys. Sie mutieren zur wandelnden Wiederholungsmaschine, dürfen keine frischen, neuen Gedanken mehr hervorbringen, weil das das Publikum verstören könnte, und sie werden so zu einem Schatten ihrer selbst. Das wiederum verstimmt den achtsamen und an Entwicklung interessierten Zuhörer.

Guru, ein Wort aus dem Sanskrit, bedeutet ursprünglich religiöser Lehrer. Heute bezeichnet es viel häufiger Fachleute, die aufgrund relevanter Aussagen Menschen um sich scharen, die von ihnen lernen wollen. Doch wollen wir wirklich von denjenigen lernen, die auf dem Podest sitzen? Schließlich verlieren wir den Kontakt zu denen, die wir überhöhen – und wenn sie Pech haben, verlieren sie auch noch den Kontakt zu sich selbst. Überhöhung sorgt zwar für Projektionsfläche, aber selten für Orientierung, für direkten und einfachen Austausch. Ob Held oder Guru: Wenn der eine diese Rolle übernimmt, haben alle anderen ausgesorgt. Sie können sich berieseln lassen, dürfen zuhören, vielleicht auch ein klein wenig lernen. Wo ein Held, da auch ein Funktionierer oder eher doch: Hunderte, Tausende, wie uns die Wirklichkeit der Konzerne zeigt. Und wo ein Guru ist, da ist schnell auch ein Podest.

Wie aber könnte es anders gehen? Wer gesellschaftlichen Einfluss ausüben will, ohne eine solche Heldenrolle zu übernehmen, wird kaum gehört. Das heißt, alle Heldenverweigerer müssen sich außerhalb des öffentlichen Raums mit den Unbilden eines normalen Lebens, einer normalen Bekanntheit und eines normalen Verdienstes herumschlagen. Sie werden in die Medien hochgespült, wenn es sie mehr oder weniger zufällig trifft, behalten dafür ihre Freiheit und müssen nicht mitmachen im System der Verdummung.

Eine Rolle als Held oder Guru mag zwar lukrativ sein, das sicher. Aber worum es mir hier geht, ist der gut funktionierende Mechanismus, der bei Helden und Gurus gleichermaßen auf Außensteuerung der Zuhörer oder der Gefolgschaft setzt. Die anderen sehen: Es ist schon einer da, der es richtet – wir müssen keine Verantwortung übernehmen, möglicherweise gibt es nicht einmal Raum für Verantwortung. Und auch der Held übernimmt keine Verantwortung, weder für sich noch für die, die ihm folgen. Seine Verantwortung hat er abgegeben an eine quasi höhere Macht, an seine Berufung.

Anders gesagt: Innensteuerung und Heldentum passen überhaupt nicht zusammen. Ob Held, ob Guru, ob Popstar – all

232

das sind Optionen in unserer Gesellschaft für Sichtbarkeit, Prominenz oder Anerkennung. Ihr Preis: Außensteuerung. Die Konsequenz: mehr oder weniger schleichende Verdummung selbst kluger Zeitgenossen.

Endlich mal pro digital!

Sind auch die digitalen Medien zwingend auf Ikonografie angewiesen? Ja und nein, ganz wie bei Radio Eriwan: Auch hier sind Helden möglich und ebenso Leute, die keine Lust auf Heldentum haben, aber dennoch eine Meinung. Bei Twitter etwa finden nicht nur die bekannten Prominenten wie Angelina Jolie oder Paris Hilton ihre Anhängerschar, sondern etwa auch die weniger bekannte, außerordentlich scharfsichtige Schriftstellerin Sibylle Berg. Letztere zwitschert meist täglich für mehr als dreißigtausend Follower gegen Dummheit an. Zum Vergleich: Angelina Jolie bringt's auf gut dreiunddreißigtausend Twitter-Fans, und das im Mainstream.[30]

Leistet uns also das Internet echte Schützenhilfe bei der Auflösung von Dummheit? Ja, es bietet zumindest Raum, auch jenseits von Projektionsflächen, Inszenierung und Heldentum. Das digitale Leben liefert andere und neue Konzepte und Modelle, zur Selbstdarstellung wie zum Verdienen. Als ein Beispiel sei hier der tanzende Matt Harding genannt, ein junger Weltreisender, der auf seinen Reisen aufgenommene Tanzvideoclips veröffentlichte und sich weltweit eine große Fangemeinde aufbaute.[31] Er machte Karriere und finanzierte sich letztlich über YouTube, das häufig angeklickte Videos mit Geldzahlungen belohnt.

Das Internet liefert noch Raum und Strukturen für Alternativen, aber die grundsätzliche Verdummungsgefahr des

Mediums ist nicht zu unterschätzen und auch nicht seine Bereitschaft zur Vermarktwirtschaftlichung der Menschen, die es mit Freude nutzen. Auf einer anderen Ebene scheint unsere reale Welt voller Menschen, welche die digitale Welt mit dem echten Leben verwechseln, Facebook mit Freundschaft und Ebay mit Tante Emma – von Kindesbeinen an.

Wer sich seine Autonomie im Umgang mit dem leicht süchtig machenden Smartphone oder dem Notebook erhält, kann es sicher auch machen wie Matt Harding und sich den Überhöhungen, Projektionen und Zuschreibungen der Onlinefans entziehen, indem er beispielsweise in der realen Welt das Weite sucht. Auch hier lautet das Motto: Verantwortung übernehmen! Wer für sich selbst sorgt, sich seine Freiheit erhält und mit den Möglichkeiten um sich herum klug umgeht, wird von der Dummheit über diesen Kanal vermutlich nicht eingeholt werden.

Gute Zeiten für Gärtner

Ganz im Gegensatz zur individuellen, aber gemeinsamen Verantwortung steht die Wirtschaft. Sie ist nach wie vor verhaftet im Ausbeuten von Ressourcen, sei es Kohle, seien es Seltene Erden, seien es Menschen. Die Wirtschaftsverbände, das haben wir im ersten Teil gesehen, setzen immer noch darauf, dass das Bildungssystem Menschen »produziert«, die die Wirtschaft »gebrauchen« kann. Aber sind wir das als Gesellschaft überhaupt noch? Geht es nicht schon längst um den Wechsel von »Ausbeutung von Ressourcen« hin zu »Entwicklung von Potenzialen«?

Ausbeutung von Ressourcen ist natürlich eine sichere Sache, wohingegen die Potenzialentwicklung etwas von Gärtnerei hat: Man weiß nicht, ob es keimt und was genau dabei heraus-kommt – jedenfalls beim ersten Versuch, wenn neues Saatgut in die Erde kommt. Wie nun lässt sich in unserer Gesellschaft, die doch schon längst mit dem Ruhrgebiet als Stahlrevier ab-geschlossen hat, deren Herz aber offenbar immer noch im Hochofen glüht, ein neues Paradigma geben? Die Antwort kann ich nicht liefern, ich bin mir jedoch sicher, dass ein sol-cher Wandel nötig ist, wenn wir auch in der Wirtschaft aus dem überholten Konzept der Ausbeutung herauskommen wollen.

Ausbeutung führt zu den bekannten Schwachstellen unse-res Systems: zum Mangel an Fachkräften, zum Burn-out von engagierten Mitarbeitern, zur bloßen Anwesenheit von Lohn-empfängern im Büro. Quantität, das kommt erschwerend hinzu, zählt hier oft mehr als Effizienz, sprich: Wer schneller fertig ist, wird oft genug diskreditiert vom »harten Arbeiter«, der einfach nicht in der vorgesehenen Zeit sein Pensum er-füllt, sich aber damit brüsten kann, als Letzter das Bürolicht auszumachen. Täglich. Doch Ausbeutung ist angeblich längst nicht mehr der Wunsch der Konzerne, glaubt man ihren Hoch-glanzbroschüren und dem »Employer-Branding«, den gezielt ausgerichteten Bemühungen also, sich als attraktiver Arbeit-geber zu erweisen, um eben gute Fachleute an Bord zu be-kommen. Hier geht es in den meisten Fällen um Show, um »so tun als ob«. Aber machen Sie einmal den Lackmustest, ob im jeweiligen Konzern Ausbeutung und der »schöne Schein« Vorrang haben.

Auskunft geben gerade jetzt, in Zeiten der Inklusion, die jungen Mütter, die ihre Unternehmen nach der Babypause beim Wort nehmen und zurückkommen. Sie begreifen spätes-tens an diesem ersten Tag »danach«, dass Familienfreundlich-keit, Karrieremöglichkeiten für Frauen und Gleichbehandlung von Frauen und Männern oft nur auf dem Papier existieren. Andersherum geschaut, wird klar: In Konzernen arbeiten nach wie vor Männer, Frauen und Mütter – aber keine Väter. Will sagen: Die Verantwortung für eine Familie hat nur bei Frauen Relevanz, bei Männern in Konzernen eher dekorativen Wert, auch wenn viele junge Männer die Elternzeit nutzen. Ob das nachhaltig wirkt, lässt sich noch nicht absehen; es ist aber definitiv ein guter erster Schritt.

Natürlich kann nicht jeder bei einer Stiftung oder einer anderen gemeinnützigen Organisation tätig sein. Auch für alle, die in der Wirtschaft Job und Aufgabe gefunden haben, gibt es Perspektiven: Richten Sie Ihren Blick auf die Qualitäten im Leben, dann kommen Sie ganz sicher mehr zu sich. Entwickeln Sie statt einer defizitären Haltung die Fähigkeit, das Gute zu sehen, in der Gegenwart zu leben, entwickeln Sie Ihre Träume, Potenziale und Talente und gehen Sie mit dem, was Ihnen gerade, hier und jetzt, große Freude macht. Es wird Sie unweigerlich weiterbringen, weil es das ist, was Ihren eigenen Weg hell und licht gestaltet. Dieses Konzept ist ein Konzept gegen Maximalanforderungen an Leistung und Profit und an Ausbeutung, gerade auch Selbstausbeutung.

Wer auf Qualität in seiner Arbeit achtet, gerät nicht in den Burn-out-Strudel. Denn Burn-out bedeutet ja gerade, den Kontakt zu sich selbst verloren zu haben, sprich: zu funktionieren wie eine Maschine und dann auch immer mehr zu einer solchen zu werden. Burn-out-Prophylaxe ist damit keine Sache für den Betriebsarzt, sondern für jeden Mitarbeiter, für jede Führungskraft und auch, ganz selbstverständlich, für die Unternehmenskultur. Hier ist ein Wandel erforderlich – nicht nur das Reden über Wandel.

Big Spender: Verantwortung und Kooperation

Woher aber kommt die Kraft für den Wandel? Erstaunlicherweise führt die Übernahme von Verantwortung zu mehr Stärke, nicht zu weniger. Nun war schon die Rede davon, wie der Begriff Verantwortung gekapert wird. Entsprechend ist in Unternehmen zwar unentwegt die Rede von Verantwortung, gemeint sind jedoch meist Pflicht oder Schuld. Wie sähe es aber aus, wenn Menschen – etwa in der Politik, in den Medien oder in der Wirtschaft – Verantwortung übernähmen? Wenn sie also, im wahrsten Sinne des Wortes, fähig wären, Antworten zu geben?

Antworten lassen sich natürlich mit dem Verstand geben, aber für Verantwortung ist mehr nötig: der Abgleich mit Gefühl und mit Bedürfnis. Entspricht das, was wir vorschlagen, wirklich unserer inneren Wahrnehmung? Oder befinden wir uns in Konzepten und Idealen, die unser Verstand prima erzeugen kann, ohne Erfahrung und Vergangenheit integrieren zu müssen? Verantwortung ist nur möglich, wenn wir im Zusammenspiel von Emotion und Intellekt zu einer Antwort kommen.

Der zweite generelle Helfer heißt Kooperation – ein probates Mittel gegen Kontrollillusionen und Konkurrenzideen. Als junge Führungskraft habe ich das mühsam lernen müssen: Ich versuchte wieder und wieder, meine Mitarbeiter mit Logik und Ratio für meine Lösungsideen zu gewinnen, und musste begreifen, dass jeder Mensch seine eigene Logik hat. Ich kämpfte ständig um meine Souveränität, bis ich auf eine gute Idee kam: Ich entschied mich, für meine Vorschläge und Veränderungswünsche gleichermaßen rational und freundlich, aber bestimmt zu werben. Das führte zu einer neuen Haltung: Ich hörte jetzt öfter zu und kam dann zu eigenen klaren Entscheidungen, während ich vorher viel mehr auf andere eingeredet hatte. Hört sich einfach an? Ist es auch! Kooperation statt Kontrolle.

Wir wissen heute einiges über Kooperation, die uns ein leichteres Leben ermöglicht als der dauernde Ruf nach Wettbewerb, das alte Hauen und Stechen. Um aus Wettbewerbsstrukturen in Unternehmen und anderen Organisationen auszusteigen, ist es hilfreich, Spielregeln dafür zu entwickeln, die Kooperation erleichtern und Wettbewerb eindämmen. So dürfen Prestigeprojekte nicht mehr Anerkennung liefern als die Projekte, die den normalen Alltag ausmachen und die Dinge inhaltlich voranbringen. Es sollte klar sein, dass gute Ergebnisse nur dann gut sind, wenn sie nicht auf einem Foul basieren. In einer Wettbewerbskultur hingegen gelten die umgekehrten Regeln: Das Prestigeprojekt erfordert den besten Mann, die beste Frau, und das Foul ist immer dann okay, wenn es unter sportlichen Aspekten zum Sieg führt. Auch wenn Sie keine Spielregeln zu haben glauben: Überprüfen Sie die informellen Regeln, nach denen in Ihrem Unternehmen oder in Ihrer Organisation gearbeitet wird. Was wird als Erfolg gelobt, was aber erweist sich faktisch als Karriereturbo?

Wenn Reden und Handeln deckungsgleich sein dürfen und dann auch noch Karriere sowie Integrität möglich sind, ist auch beim Einzelnen Raum für Innensteuerung. Eine solche Deckungsgleichheit könnte zeigen, dass es sich nicht um reines Marketinggeschwätz handelt, das für den ahnungslosen Zuschauer gedacht ist, sondern tatsächlich Leitliniencharakter im Unternehmen besitzt. Wirtschaftlicher Erfolg muss kein Gegenpol von Verdummung sein, wenn solche Bedingungen machbar sind. Klar ist: Auf Kooperation setzende Strukturen scheinen langfristig und nachhaltig erfolgreicher zu sein.

Shifting Baselines

Worauf beziehen wir uns, wenn wir von Veränderung sprechen, hier etwa der durch Kooperation? Unsicher machen kann uns das Konzept der »Shifting Baselines«.[32] Dieser Begriff bedeutet etwa so viel wie »sich verlagernde Normwerte« und stammt vom Meeresbiologen Daniel Pauly, der bei der Untersuchung von Überfischung, von aussterbenden und sich stark verändernden Fischarten festgestellt hatte, dass die ortsansässigen Fischer eine verzerrte Wahrnehmung davon hatten, was in ihrer Region als »normal« zu bezeichnen war. Dabei spielte der Generationenunterschied offenbar eine wichtige Rolle: Ältere Fischer wussten genau, wie groß die Fänge und wie ergiebig die Fanggründe früher einmal waren, während jüngere Fischer nur noch die Veränderung innerhalb ihrer eigenen Lebenszeit zur Kenntnis nahmen.

Auch Wissenschaftler gehen solchen »Shifts« auf den Leim: Sie halten oft genug die »Erzählungen« von Fischern für Anekdoten und begreifen sie nicht als Fundus für wissenschaftliche Erkenntnisse. Dabei liefern gerade Erzählungen hilfreiches, wenn auch vorwissenschaftliches, aber immerhin der Erfahrung geschuldetes Material. Es wird zwar nicht gezählt oder gemessen, sondern erzählt – doch die Erinnerung kann sehr hilfreich sein, um dem Forscher beispielsweise eine Orientierung zu geben, wie es »früher einmal war«.

Deshalb bauen auch Wissenschaftler oft genug auf falschen Normwerten auf: So wird etwa davon ausgegangen, dass sich weit verbreitete Arten stabil halten. Das ist aber eine Illusion, so der Biologe: Weit verbreitete Arten werden erst selten, und wenn sie selten sind, sterben sie irgendwann aus. Ein Beispiel liefern die Galapagos-Inseln, wo Darwin 1835 unterwegs war, um Fische zu sammeln, darunter auch den Zackenbarsch.

Dieser steht mittlerweile auf der Roten Liste der vom Aussterben bedrohten Arten, und doch fahren wir immer noch auf die Galapagos-Inseln und sprechen von ihnen als »unberührt«. Sie sind nicht unberührt, ganz im Gegenteil: Sie verweisen auf Shifting Baselines, auf eine verzerrte Wahrnehmung.

Infolge dieser Verzerrungen ergeben sich Dynamiken, die wir auch heute bei uns beobachten und die eine Diktatur der Dummen ermöglichen: Wenn Referenzpunkte zu Beginn einer Beobachtung falsch gesetzt werden, führt das zu einer Kluft zwischen Wissen und Handeln. Genau dann erleben wir zum Beispiel eine Diskrepanz zwischen dem Wissen, das wir über Umweltprobleme haben, und der dessen ungeachtet stattfindenden Fortsetzung des schädlichen Verhaltens. Wenn beispielsweise keine Spatzen mehr in Hamburg sind, wird das der reisende Hanseat beim Besuch in Berlin bemerken – wo es sie nämlich noch in großer Zahl gibt. Hat er vorher bemerkt, wie sie aus dem Stadtbild verschwunden sind?

Gesellschaft ohne Geschichten

Paulys Untersuchungen, aber auch gegenwärtige Forschungsansätze von Harald Welzer an der Universität Essen[33] greifen das Thema weiter auf und legen dabei besonderes Interesse auf verzerrte Wahrnehmungen und Fragen von Erinnern und Vergessen. Immer wieder steht dabei das Generationenthema zur Debatte – denn die alten Referenzpunkte werden oft nicht mehr weitergegeben, oder die Weitergabe bleibt folgenlos. Das könnte man dann den Verlust von Tradition, von Überlieferung nennen.

Die Kommunikation zwischen den Generationen ist schon länger nicht mehr profund. Wir müssen nur auf unsere Gegenwart schauen und uns fragen: Wie sprechen die sogenannten »Digital Natives« mit denen, die Computer erst später im Leben kennengelernt haben? Wie können die, die nur ein Leben mit dem PC kennen, sich ein Leben ohne Computer vorstellen, wie die Qualitäten eines solchen Lebens kennenlernen – wenn nicht durch Geschichten, durch Erzählungen? Wie können wiederum die Älteren, die der digitalen Welt nicht mit Haut und Haar verfallen sind, eine Sprache finden, um sich mit den Jüngeren angemessen, verständlich auszutauschen – statt abwertend, schnell die Dinge abtuend, weghörend?

Ich möchte diesem Gedanken noch eine Ebene weiter folgen: Hat das vielleicht damit zu tun, dass auch die deutsche Kriegsenkelgeneration wenig Geschichten hat, auf die sie zugreifen kann? Natürlich gibt es die Aufbaugeschichte im Nachkriegsdeutschland, aber was wird in den Familien überliefert? Wie wir aus der Traumaforschung und verschiedenen Projekten rund um das Thema »German Angst« wissen, ist gerade nach dem Krieg vieles eben nicht erzählt worden – aus guten Gründen: weil keine Worte da waren, eine erträgliche Sprache fehlte, weil die Erinnerung zu schmerzhaft war oder schier unmöglich schien. Und sicher auch, weil die Psychologie noch weitaus schlechter dastand als heute und keine Hilfsangebote lieferte.

Nach dem Krieg wurde, so scheint es, das Erzählen nahtlos ersetzt durch das Zählen. Die Kriegsgeneration und ihre Kinder sind durch das Schweigen der Eltern, durch die Doppelbelastung von Opfer- und Täterschaft, alles in allem durch einen hochkomplexen Psychococktail, der heute posttraumatische Belastungsstörung oder auch Trauma genannt würde, in eine ebenso schlichte wie überschaubare Struktur geschlittert, die glasklar und gesichert, also völlig überraschungsfrei, die gewünschte Orientierung im Leben lieferte und noch liefert: in die Quantität.

Ob Galapagos oder Nachkriegsdeutschland: Die mündliche Überlieferung fehlt. Wir setzen Referenzpunkte oder Normwerte innerhalb der Zeitspanne, die wir selbst überblicken können, und reduzieren so unseren Horizont, unsere Perspektive, unsere Möglichkeiten – ohne Not. Was bedeutet das für uns, die wir aussteigen wollen aus einer Diktatur der Dummen? Drei Dinge scheinen mir solide zu sein als Lernergebnisse:

Beginnen Sie wieder, selbst Geschichten zu erzählen. Erzählen Sie die Familiengeschichte, die Dramen, die Tragödien, erzählen Sie Ihre eigene Geschichte, die Ihrer Eltern, Ihrer Großeltern. Mit den Geschichten geben wir den Referenzrahmen unserer Familie weiter.

Finden Sie Menschen, die Ihnen zuhören. Großartig wäre es, wenn Geschichten wieder die Familienfeiern beleben könnten, wenn die Übergänge zwischen den Generationen durch Geschichten ermöglicht würden, wenn Verbindung hergestellt werden kann. »Früher war alles besser« ist zu einer Abwertung verkommen.

Es war einmal ... Vielleicht war früher nicht alles besser, aber doch vieles anders. Es geht nicht um rosarote Wolken, es geht um Bilder und Geschichten aus der eigenen Erinnerung. Es geht nicht um Abstraktion, sondern um Erzählen. Beginnen Sie mit »Es war einmal« und schauen Sie, was passiert.

Es sieht wieder so aus, als ginge es um jeden Einzelnen. Es geht mir aber um mehr: um eine Kultur des Erinnerns, um die Möglichkeit, aus dem Erinnerten zu lernen, und um die Möglichkeit, aus den Erfahrungen anderer, aus dem großen Erfahrungsschatz Älterer zu lernen. Wie lässt sich das kulturell einfädeln? Wie können wir es hinbekommen, in unserer Kultur wieder das Erzählen zu integrieren? Wie holen wir uns etwas zurück, das wir in großem Stil den Unterhaltungsmedien überlassen haben?

Es scheint hilfreich zu sein, das eigene Erzählen gegen die Ungenauigkeit vieler Journalisten zu setzen, welche die großen Linien der von ihnen erzählten Geschichten auf ihre Ziele zurechtbasteln. Setzen Sie gegen die Inszenierungen der Medien, die von Emotionalisierungen, Reduzierungen und Pointierungen nach eigenem Gutdünken oder der denkbar wirksamsten Überschrift leben, ihre eigenen Geschichten. Erzählen Sie selbst und lassen Sie sich nichts mehr erzählen, was sich am Ende vielleicht als Schund erweist. Erzählen ist ein probates Mittel gegen Verdummung, das jederzeit öffentlich und privat genutzt werden kann.

Geschichten von tausendundeinem Tag

Es wird kein Leben ohne Medien geben. Aber wie anders wäre es, wenn wir wieder Geschichten erzählt bekämen, Geschichten, die mit uns, mit unserer Vergangenheit und Gegenwart, mit einer möglichen Zukunft zu tun haben! Es gibt davon einige – aber viel zu wenig. Was unterscheidet denn eine »Daily Soap« oder auch »Scripted Reality« von einer »richtigen« Geschichte, einer Erzählung?

Erzählungen beschreiben die Wirklichkeit – doch genau das birgt viel Sprengstoff: Oft genug gibt es Konflikte in Familien oder in Beziehungen um die Frage, wessen Geschichte denn nun wahr sei oder die wirklichere. Als hilfreich hat sich erwiesen, anstelle einer Rückschau stärker auf die Zukunftstauglichkeit von Geschichten zu schauen. Hier lassen sich neue Muster entwickeln und gemeinsam fortschreiben – eine meist herausfordernde, aber wirkungsvolle Sache. Im Dialog entstehen neue Möglichkeiten, eine Sache zu betrachten oder anzugehen, und damit verändern sich auch die Geschichten. Ergebnis können Erzählungen sein, die wieder neuen oder anderen Raum für eigenes Handeln entstehen lassen.

Wenn wir uns die Geschichten in den Medien anschauen, dann liefern die regelmäßigen Serien und Seifenopern wie *Lindenstraße* ebenfalls neue Handlungsmuster; die Charaktere sind meist vielfältig angelegt und werden prozesshaft dargestellt. Bei Krimis geht es zwar auch um die Charaktere, doch hier hält uns die Auflösung bei der Stange, nicht die Erzählung. Das mag bei *Bella Block* vielleicht etwas anders sein als bei *Polizeiruf 110,* das Grundrezept bleibt aber ähnlich.

Anders bei Scripted Reality: Hier spielen die Protagonisten ihre Rollen so, dass der Sender daraus einen Prozess entwickelt, der brauchbares Bildmaterial mit einer möglichst interessanten Story zusammenbringt. Dies sind oft Geschichten von Verlierern, gespielt von Laiendarstellern, die als Schauspieler nur begrenzt taugen wie beispielsweise bei *Richterin Salesch* oder von Protagonisten, die ihren eigenen Prozess nur bedingt offenlegen können, weil ihnen etwa die Worte oder der Zugang zu sich selbst fehlen wie zum Beispiel bei *Bauer sucht Frau.*

Die hier inszenierten »Heldengeschichten« führen aber nicht zu neuen Geschichten des Zuschauers, sondern zu Voyeurismus, zu Schadenfreude oder zum Fremdschämen. Wenn Erzählungen uns neue Lösungen für eine bessere Zukunft anbieten könnten, dann sind diese Formate nicht für eine bessere Zukunft tauglich: Sie verharren in den Mustern, Vorurteilen und Zwängen einer engeren Vergangenheit und halten sich und uns dort fest.

Mein Wunsch: neue Geschichten, die uns Optionen liefern, Charaktere voller Leben, Unzulänglichkeit und Freude! Geschichten, die genau genug sind, um das Individuelle an der Geschichte zu erleben, sodass wir damit individuell in Resonanz gehen können. Ist das ein Handlungsmodell für den Einzelnen und für eine Veränderung der gesellschaftlichen Muster, das etwas taugen könnte?

Die kritische Masse in unkritischen

Eine sogenannte »kritische Masse« von fünf bis zehn Prozent könnte jedenfalls für viele Veränderungen, die bis hier vorgestellt wurden, reichen, meint der Verhaltensbiologe Jens Krause vom Leibniz-Institut in Berlin und verweist auf seine Forschungen zum Schwarmverhalten von Menschen.[34] Dabei fand er heraus, dass das Kopieren von anderen geradezu eine Erfolgsstrategie von Wirbeltieren ist: In großen Gruppen kopieren wir das Verhalten anderer oft unbewusst, sodass es zu einer Art von Schwarmverhalten kommt.

Ähnliches hatten die Wissenschaftler vom Social Cognitive Networks Academic Research Center (SNARC) in Troy im US-Staat New York im Jahr 2011 anhand komplexer Computersimulationen ermittelt:[35] Wenn zehn Prozent der Menschen eine andere Meinung haben als der bisherige Meinungsführer, sei der sogenannte »Tipping-Point« erreicht – die Mehrheitsmeinung schwingt in kürzester Zeit um. So erklären die Forscher etwa die Entwicklungen des Arabischen Frühlings.

Bei der Einführung der Frauenquote in Managementgremien wird allerdings eher von einer kritischen Masse von dreißig Prozent ausgegangen, wie etwa der »30% Club« der Engländerin Helena Morrissey[36] annimmt. Die umtriebige Investmentbankerin und Mutter von neun Kindern hat die zentralen Entscheider der britischen Wirtschaft in ihren Club geholt und so dafür gesorgt, dass die Wirtschaft nicht per Quote, sondern per CEO ihre Transformation beginnen kann. Liegt das am anhaltenden und starken Widerstand der Topmanager? Vielleicht sollten wir dann auch bei der Diktatur der Dummen eher auf eine höhere Zahl setzen?

Das Konzept jedenfalls dürfte hilfreich sein bei der Aushebelung unserer Diktatur der Dummen: Wenn wir davon ausgehen dürfen, dass viele Menschen diese Diktatur nicht deshalb unterstützen, weil sie diese sehr gut finden, sondern weil sie eben existiert, dann gibt es vermutlich eine ziemlich große Zahl an Mitläufern, an »Funktionierern«. Diese würden wahrscheinlich auch eine andere Realität akzeptieren, wenn es nämlich zehn, zwanzig oder schlimmstenfalls auch dreißig Prozent gibt, die diese verwirklichen.

8. Hoffnung: Wir machen einen Unterschied

Von Václav Havel stammt das Zitat: »Hoffnung ist eben nicht Optimismus. Es ist nicht die Überzeugung, dass etwas gut ausgeht, sondern die Gewissheit, dass etwas Sinn hat – ohne Rücksicht darauf, wie es ausgeht.« Ich wünsche mir einerseits die Fähigkeit, Verantwortung für das zu übernehmen, was wir tun, jeder Einzelne, täglich mehr, und andererseits Möglichkeiten, um dieser Diktatur der Verdummung auch gesamtgesellschaftlich zu entgehen. Zugleich schreibe ich diese Zeilen voller Gewissheit, dass es sinnvoll ist, an dieser Veränderung mitzuwirken – was auch immer kommen mag.

Da ich nicht davon ausgehen kann, dass mit Erscheinen dieses Buches sich die Verdummung aus dem Staub macht und alles ganz einfach wird, möchte ich in diesem Kapitel (a) Überschriften für die Reformen formulieren, (b) benennen, was erforderlich sein könnte, und (c), wo vorhanden, Konzepte oder Strategien anführen, die aus der Diktatur der Dummen stammen, die wir im Gegenzug jetzt nutzen können, um uns ihrer zu entledigen.

Wirtschaft im Ausbeutungsdelirium

Zu solchen Konzepten gehört beispielsweise Kooperation als neues Paradigma für erfolgreiche Zusammenarbeit, das das alte Paradigma vom Wettbewerb ablösen soll und es bislang noch nicht geschafft hat. Wenn wir uns unsere Wirtschaft anschauen, wird dort nach wie vor nach harten Wettbewerbskriterien gehandelt und gemanagt, von Kooperation keine Spur. Wird das anders werden, wenn es beispielsweise zu mehr Frauen in Vorständen und Aufsichtsräten kommt? Wir dürfen gespannt sein.

Für mich ist diese Diktatur der Dummen getrieben vor allem von einer monothematisch wachstumsdominierten Wirtschaft. Diese Triebkraft erinnert mich an eine Krankheit, die sich ebenso verhält: an Krebs. Wo sonst gibt es ungehindertes Wachstum des Falschen und bedingungslose Vernichtung gesunder Zellen? Wo sonst wird der Wirt, der Mensch, komplett ausgebeutet bis hin zu seinem Tod – sogar dem Tod der Krebszelle? Wir haben es zu tun mit einer Wirtschaft, die weiter von Wachstum träumt und keine Alternativen entwickelt, auch nicht in den stillen Türmen der Wissenschaft. Denn dort wird eher für die Wirtschaft und von ihr finanziert in Sachen »mehr vom Falschen« geforscht als nach neuen Optionen gefahndet. Das Interesse daran scheint mir gering, wenn es denn nicht gleich an eine neue Weltordnung wie den Sozialismus oder Marxismus gebunden ist.

Mir geht es aber nicht um eine Revolution, sondern um eine freundliche Übernahme, eine evolutionäre Umsteuerung. Aus meiner Sicht gilt es, das Gleichgewicht zu verändern und die Wirtschaft wieder zu einem System zu machen, das dem Menschen dient. Für die, die Wirtschaft immer als Ausbeutungskonzept begriffen haben: Lassen Sie uns Wirtschaft zu einem uns dienenden System machen. Nur so hat Wirtschaft Sinn!

Wie also lässt sich der jetzt alles dominierenden Diktatur einer uns alle verdummenden Wirtschaft entkommen – einer Wirtschaft, die uns als Angestellte nicht ernst nimmt und in immer delikatere Konzepte der Selbstausbeutung treibt, die uns als Kunden nicht ernst nimmt und immer stärker in Konsum und Verbrauch bindet, die uns als Menschen nicht ernst nimmt und uns in Abhängigkeiten, Illusionen und im schönen Schein einlullt? Wie lässt sich eine Marktwirtschaft, die nur sozial hieß, es aber vermutlich nie war, umgestalten in ein Modell, das sich nicht zwischen Ideologien im polaren Entweder-oder bewegt, sondern in Balance gerät?

Es geht mir vor allem um die vollständige und nüchterne Überarbeitung folgender, aus meiner Sicht kranker Konzepte: raus aus Wachstumsfalle, Abschaffung der Systemakzeptanz für Lobbyismus, Ende der grenzenlosen Finanzmärkte. Außerdem wünsche ich mir im positiven Sinne einen demokratischen Humanismus, der das menschliche Maß in den Mittelpunkt stellt, eine neue Rolle für die Psychologie, die Sinnstiftung und Selbstreflexion gleichermaßen befördert, und in der Wirtschaft selbst die Erkenntnis: Führung ist nötig und erfordert Kooperation.

Medien als Vollstrecker und Gehilfe

Die Medien haben sich viel mehr als eine vermarktwirtschaftlichte Branche herauskristallisiert, als sie vielleicht selbst wahrhaben wollen. Es muss ein Ende haben mit dem ständigen Pochen auf die »vierte Macht im Staate«, wenn die Ansprüche von Demokratie sich dort nicht wiederfinden. Das gilt für Printmedien ebenso wie für das Fernsehen. Hier wünsche ich mir ein Ende von Boulevardisierung, Inszenierung und Entkultivierung, von Emotionalisierung, Euphorisierung und Erotisierung sowie von Formatzwängen und Produktionsprekariat sowie von Verblödungsmaschinerien wie Sportevents, Königshochzeiten oder Comedyshows.

Anstatt immer mehr Produktionen zu machen, welche die Schamgrenzen nach unten verschieben, täte ein Ruck im Land gut. Natürlich können Privatsender wie RTL und ProSieben oder Sat1 ihr Programm nicht umstellen, wenn die Werbewirtschaft nicht mitgeht. Ich mache mir keine Illusionen, aber ich halte den Umbau zumindest für möglich. Wichtigste Veränderungen wären für mich:

Reform des öffentlich-rechtlichen Rundfunks: Wir brauchen ein Ende des beamtenähnlichen Apparates, einen Verzicht auf Werbung, die idiotisiert, und eine qualitative Neubestimmung der Grundversorgung, sprich: Wir brauchen ein Ende der Quote.

Strategiedebatte bei den Privaten: Ist es notwendig, immer unprofessionellere Mitarbeiter zu günstigen Preisen an Bord zu nehmen, oder wäre Führung eine Option, um erfolgreiches Fernsehen zu machen, das sich an einer Quote messen lassen muss? Muss es immer noch simpler sein? Die Orientierung nach unten scheint kurzfristig immer naheliegend, aber will bei den Aktionären wirklich niemand Langfristigkeit?

Erzählen statt inszenieren, Genauigkeit statt Pauschalisierungen geht als Wunsch an alle Medien – nein, ich möchte das als Aufruf formulieren:

Wahres und Wichtiges berichten: Ich möchte keinen *Stern* oder *Focus* mehr öffnen, der gegen Zucker in Lebensmitteln Sturm läuft oder für ein einfaches Leben plädiert, daraus selbst aber keine Konsequenzen zieht. Ich möchte keine Lügen mehr in der Werbung lesen oder in den Medien, die diese Lügen aufdecken, aber weiterhin von den Anzeigen zu profitieren gedenken.

Geschichten erzählen: Hört auf, Illustratives zu verwechseln mit Dekorativem. Wenn die Geschichten nicht ganz so sensationell sind, weil wahr, dann ergebt euch! Wir werden euch dennoch lesen, anhören, zuschauen, aber gebt uns das Persönliche, das Individuelle, das Einzigartige zurück – und werft das Sensationelle, das Absurde und das Abwertende oder auch Überhöhende auf den Müll der Geschichte.

Verzicht auf Helden und Popstars: Hört auf, Projektionsflächen zu gestalten, statt von echten Menschen zu erzählen. Hört auf mit der Idee von Perfektion, hört auf mit Überhöhungen!

Die neuen Medien enthalten aus meiner Sicht alle Nachteile der traditionellen Medien, sind außerdem aber weiter in ihren Möglichkeiten und lassen Raum für nachhaltigen, langsamen Aufbau von Beziehungen zu Meinungsbildnern, für kreative, eigene Angebote. Für mich ist das oberste Gebot jedoch nach wie vor:

Selbst die Steuerung übernehmen: Das gilt für alle digitalen Angebote vom Handy bis zum Rollenspiel. Das ist, überraschend genug, auch eine Option beim Fernsehen.

Lernen aus den Verwechselungen: Digitale Shitstorms sind immer ohne Scham, digitales »Dissen« bleibt immer ohne soziale Kontrolle, digitales »Liken« ist ohne Wert für den Raum zwischen Menschen. Beziehung ist immer analog, braucht die Sinne im Hier und Jetzt.

Die Medien sind heute leider ein Teil der allgemeinen Verdummungsmaschinerie – dabei könnten sie viel zur allgemeinen Aufklärung beitragen.

Bildung zurück auf Los

Der dritte Komplex, der in diesem Buch Raum fand, ist der Bildungsbereich. Hier geht es mir um ein Gegensteuern und Umlenken in folgenden Punkten:

Übergriffige Einflussnahme der Wirtschaft auf Schule und Hochschule: Es ist möglich und erforderlich, Organisationen wie die OECD in die Schranken zu weisen oder, anders formuliert, große Linien politischer Entwicklung auf politischer Ebene zu gestalten.

Abhängigkeit von der Finanzierung durch die Wirtschaft: Forschung darf nicht angewiesen sein auf die Interessen der Industrie und damit zu einer Art Standortpolitik verkommen.

Bildung als Zulieferer von Menschenmaterial für die Wirtschaft: Als zentrales Kriterium muss auch hier wieder gelten, dass der Mensch das Maß der Dinge ist, nicht nur der wirtschaftliche Erfolg. Dieser ist zwar wichtig, aber aus der Balance geraten.

Ich halte es für notwendig, dass wir mit größtmöglicher Klarheit Prozesse wie Bologna oder Pisa nutzen, um sie umzulenken, und wieder den Menschen in den Mittelpunkt stellen. Schüler und Hochschüler sollen wachsen und sich entwickeln können; es geht nicht um Zurichtung für und saures Lernen hin zu etwas. Das haben uns beispielsweise die Montessori-Schulen vorgemacht, die den Schwerpunkt schon lange auf ein menschliches Maß setzen, am Ende aber genauso zum Abitur führen.

Also, Augen auf bei der Schulwahl. Wird dort mit würdevollen Konzepten gearbeitet, oder wird doch nur der Marketingwahnsinn der Wirtschaft über unseren Kindern ausgekippt? Es fühlt sich freundlicher an, respektiert aber den Menschen nicht: Hier ein Fleißkärtchen und dort ein Geschenk ist auch bloß die Arbeit mit der Möhre, die den Esel in Bewegung setzen soll.

Wie können wir die jetzige Situation weiter positiv nutzen, sie mit dem, was für die Autonomie des Einzelnen erforderlich ist, und mit dem, was für unsere Gesellschaft sinnvoll ist, neu kombinieren? Wo ist das neue Konzept, wer staubt den (alten) Humanismus ab und nimmt der (gegenwärtigen) Zurichtung für die Wirtschaft ihre Würdelosigkeit? Einige praktische Details auf unterschiedlichen Erkenntnis- und Realisierungsebenen könnten folgende sein:

Fähigkeit zur Selbstreflexion: Bildung möge sich daran messen, dass und wie weit sich die Fähigkeit zur Selbstreflexion des Einzelnen entwickelt hat.

Psychologie als Teil der Allgemeinbildung: In Schule und Hochschule gehören Kenntnisse unserer Psyche, sodass schon Schülern klare Informationen darüber zugänglich sind, wie es ihnen geht und wie sie das ausdrücken können.

Beziehungsgestaltung und Konfliktlösung als Schulfach: Das aktive Gestalten von Beziehungen gehört in die Schule. Als gelebtes Vorbild, zwischen Lehrern und Lehrern beziehungsweise Lehrern und Eltern, aber auch zwischen Lehrern und Schülern. Der Umgang mit Konflikten ist erlernbar und gehört ebenfalls in den Grundlagenunterricht.

Freiheit von der Wirtschaft: Die universitäre Ausbildung greift akademische Erfolgsrezepte der Vergangenheit wieder auf und schwimmt sich frei von der Wirtschaft. Entsprechende Hochschulrahmengesetze sichern einen soliden Schutzraum, Entfaltungsmöglichkeit, Optionen.

Neuregelung der Hochschulfinanzierung: Die Finanzierung der Hochschule wird neu geregelt, denn Bildung muss vom Staat finanziert werden, nicht von der Wirtschaft.

Mehr Sinnstiftung in der Wissenschaft: Die Hochschule liefert neben wissenschaftlichen Angeboten auch Angebote zur Sinnstiftung, zur Selbstverortung und Selbsterkenntnis. Es geht hier um die Entwicklung von Potenzialen auch für Menschen in der Mitte ihres Lebens und darüber hinaus.

Eine Demokratisierung und damit eine politische Legitimierung von Forschungsvorhaben erfordert neue Strukturen. Diese letzte Bastion von Macht und Herrschaftswissen in einem demokratischen Land darf bei der Gelegenheit fallen.

Politik für die großen Linien

Politiker sind, lassen Sie uns daran denken, nicht die Elite unserer Gesellschaft, sondern ein aus der Gesellschaft gewählter Durchschnitt. Es handelt sich also um »normale Menschen«, die sich fachlich, intellektuell oder politisch mit den Hauptaufgaben des Gemeinwesens zu befassen haben und darin, wie der Stand unserer Diktatur zeigt, nicht gerade Meisterschaft beweisen. Bestenfalls lässt sich diese Meisterschaft als generelle Zuarbeit zu Wachstumsgedanken, zu Vermarktwirtschaftlichung von Menschen und zur Aushöhlung von Bildung begreifen.

Wie aber sollen wir mit Politik umgehen? Bashing hilft wenig und führt nur in die Defensive. Wenn wir nüchtern auf die Zusammenhänge schauen, dann bleibt es allerdings dabei:

Politiker tun sich mit der Wirtschaft schwer, vor allem wenn sie deren Prozesse nicht durchdringen. Das war die vielleicht wichtigste Erkenntnis aus der Bankenkrise für uns alle.

Politiker tun sich auch mit den Medien schwer, weil sie sich oft in einer paradoxen Situation wiederfinden: Sie sollen ordnungsgebend gestalten, sind aber angewiesen auf Berichterstattung, um im öffentlichen Raum vorzukommen.

Politiker tun sich mit der Bildung schwer, aus vielen Gründen: vom persönlichen Trauma angefangen bis hin zur einschüchternden Idee (die allerdings eine völlige Illusion ist), dass Professoren zugleich Profis für Hochschulpolitik sein könnten.

Es gibt viele Gründe, warum Politik sich schwertut mit diesen drei Bereichen unserer Gesellschaft, die Neuordnung und Ausrichtung erforderlich machen. Wie ließen sich sinnvolle Forderungen formulieren? Ich mache einen Versuch und wünsche mir diese Verbesserungen:

Mehr Verantwortungsbereitschaft: Jeder Politiker sollte bereit sein, echte Verantwortung zu übernehmen im Sinne der Fähigkeit, Antworten zu geben – emotional und intellektuell, mit Bezug auf die Bedürfnisse der Menschen in diesem Land.

Mehr Fachwissen: Ich wünsche mir mehr Fachlichkeit als Auswahlkriterium für Ministerposten und andere Staatsämter statt Parteienproporz.

Mehr Bürgerrechte im Blick: Sei es der Datenschutz, seien es Überlegungen zu direkter Demokratie, Reformgedanken gehören auch in eine Parteiendemokratie.

Würde das schon für eine bessere, im Sinne unseres Buches also weniger dumme Politik ausreichen? Vielleicht nicht, aber es wäre ein Anfang.

Wunschkonzert statt Ponyhof

Ich wünsche mir natürlich noch mehr. Vieles davon geht jeden Einzelnen etwas an. Als Erstes ginge es mir darum, wieder Augenhöhe herzustellen zu unserem Leben. Augenhöhe heißt für mich, sich dem eigenen Schicksal gegenüberzusehen und zu begreifen, dass das Leben von uns selbst zu gestalten ist. Das scheint mir hilfreicher als die Idee und Haltung, wir seien nur mehr die Regisseure unseres Lebens und könnten uns – ob bei Facebook, ob abends vor dem Fernseher – dabei zuschauen, was daraus so geworden ist. Wir bleiben auch die Hauptdarsteller in diesem unserem eigenen Leben!

Ich wünsche mir mehr Teilhabe und Teilnahme, sei es an Wahlen, sei es am Alltag. Mir scheint Augenhöhe eine gute Leitplanke zu sein, um auch mit den neuen digitalen Welten gestaltend zurechtzukommen und sich nicht von ihnen aufsaugen und wegbeamen zu lassen. Allerdings bin ich mir nicht sicher: Ist es dafür vielleicht schon zu spät?

Ein weiterer Wunsch: Die Ablösung unserer Gesellschaft von süchtig machenden oder suchtangelehnten Konzepten erscheint mir erforderlich und sinnvoll, wenn wir nicht andere versklaven, uns alle in den ökologischen, aber auch ökonomischen Wahnsinn treiben wollen. Wege aus der Sucht heißt für mich vor allem: Verantwortung übernehmen für die Folgen unseres Tuns.

Lassen wir das Ich regieren

Veränderung ist möglich, und sie wird bei jedem Einzelnen beginnen müssen. Notwendig für alle Veränderungen ist es aus meiner Sicht, mehr von sich selbst zu wissen. Das habe ich gebetsmühlenartig gepredigt in diesem Buch, und ich bitte um Verständnis dafür: Es ist mir ein großes Anliegen. Ich möchte auch hier, am Ende, noch einmal dafür plädieren, dass Sie Ihren Verstand nicht länger als Taktgeber Ihres Lebens begreifen. Denken hilft, ja, aber mehr auch nicht.

Bitte übernehmen Sie selbst die Herrschaft. Sie selbst – damit meine ich Ihre Psyche, Ihre Seele oder wie auch immer Sie das nennen, was Sie ausmacht. Wenn Sie die Herrschaft übernehmen, dann sind Gefühle, Verstand, Erfahrungen die situativ optimalen Berater. Wir können alte Muster und überholte Erfahrungen loslassen, und wir müssen das manchmal tun. Das war in der Aufklärung so, als es hieß: raus aus der Gottesgewissheit, rein in das eigene Wissen. Und das ist heute ebenfalls so: raus aus dem rein intellektuellen Wissen, rein in die Wahrheit, die uns unsere Sinne und unser Gefühl liefern.

Wir können uns von der Idee verabschieden, der Verstand wäre die Krönung unseres Seins. Das ist er nicht. Der Verstand ist der Erfinder der Atombombe und womöglich auch der Erfinder des Pflasters: Er ist nicht moralisch, er weiß nicht direkt etwas von unseren Bedürfnissen. Er kann das menschliche Maß jederzeit und klug leugnen, er hat Humanismus nicht per se auf dem Radar. Wenn er aber von uns gezielt genutzt wird, damit wir uns unser Leben zurückholen, dann wird er das großartig machen. Aber alles, was uns als Individuum wirklich angeht, erfordert Gefühle, Emotionen. Mit Emotionen wird unser Leben weiter. Sie liefern uns die Chance auf Verantwortung und auf eine Welt, die nicht nur intellektuell verhandelt wird, sondern auch tatsächlich unsere Bedürfnisse erfüllt. Sie liefern uns die Chance darauf, dass wir eine bessere Welt haben können.

Gibt es sie, die Freiheit von Diktatur und Dummheit?

Nach diesen konkreten Wünschen, all der Analyse möchte ich noch einmal einen Schritt zurücktreten, noch einmal hinschauen auf das, was sich beim Schreiben dieses Buches gezeigt hat. Die Lage wirkt: Dürfen wir da wirklich mit Besserung rechnen? Wie realistisch ist sie also, die Freiheit von der Diktatur?

Freiheit, so viel liefert jeder Einführungskurs Philosophie, ist im Allgemeinen zunächst eine Freiheit von etwas – in unserem Falle also eine Freiheit von der Diktatur? Oder doch eine Freiheit von der allgemeinen Verdummung? Hier stimmt etwas nicht: Die Abgrenzung von dem, was eben unfrei macht, ist im Zusammenhang dieses Buches gar nicht möglich.

Meine These: Der Feind kommt gerade nicht von außen – im Gegenteil. Irgendwie und irgendwann sind unsere ureigensten Systeme und Konzepte gekippt und wenden sich nun gegen uns. Das erleben wir auf gesellschaftlicher Ebene: Die Wirtschaft hat dem Menschen einst gedient, und heute scheint sie uns vor sich herzutreiben. Und das erleben wir auf persönlicher Ebene ebenfalls, wenn sich etwa ein ursprünglich gesundes, erfüllendes Arbeitsleben plötzlich gegen uns wendet im Burn-out.

Für beide Ebenen gilt: Wir leiden am Zuviel. Wie aber können wir uns Freiheit verschaffen vom Zuviel? Der Philosoph Jean Baudrillard nennt dieses Phänomen die »Überfettung«

an Kommunikation, an Technik und hält das für eine virale Gewalt – eine Gewalt, die durch einen Feind von außen, einen Virus, ausgeübt wird.[37] Genau so habe ich dieses Buch, diese Analyse auch begonnen: Ich ging davon aus, dass irgendetwas nicht stimmt, und hoffte, ehrlich gesagt, es könnte irgendwo »den Feind« geben, den Verursacher. Genau diesen Feind habe ich nicht gefunden – wohl aber das Zuviel, das ich »Mehr vom Falschen« nenne.

Beides passt zur Haltung seines Kollegen Byung-Chul Han, der in seiner Analyse herausstellt, dass gerade dieses Zuviel eine »Gewalt des Positiven«[38] ist und nicht mehr von außen kommt. Er postuliert: Es gibt hier keinen Virus mehr – das alte Bild aus der Immunologie, das anfänglich sogar noch auf Computer und deren Virenverseuchung anwendbar war, hält dem Zuviel nicht stand. Die neue Gewalt, die wir jetzt zu Beginn des einundzwanzigsten Jahrhunderts erleben, kommt nicht von außen, nicht von einem Feind, sondern aus dem System selbst. Han selbst hält diese Gewalt für neuronal, also für eine von unserem eigenen Nervensystem erzeugte Abwehr oder Ablehnung des Vorhandenen.

Was schließen wir nun aus der philosophischen Einsicht? Zwei Dinge: Es gibt (a) ein Problem mit dem Zuviel als zentralem Problem auf gesellschaftlicher und persönlicher Ebene, und (b) ist dieses Problem systemimmanent. Das heißt, es liegt im System selbst begründet: Die Diktatur ist eine Krankheit, und zwar eine systemische Krankheit.

Was bedeutet das, eine systemische Krankheit? Es bedeutet zunächst, Abschied zu nehmen von Konzept eines äußeren Feindes. Bleiben wir im Bild der Krankheiten: Noch bis Anfang unseres Jahrtausends konnten wir die Viren als genau solche äußeren Feinde erleben. Mit ihnen lässt sich fertigwerden, und zwar auf körperlicher wie auf gesellschaftlicher

Ebene. Viren kennen wir als Feinde, die unsere Computer von außen angreifen; aber auch das Bild des Kalten Kriegs ist das Bild einer Bedrohung von außen, durch einen Feind, der anders ist als wir selbst und unsere Systeme – ein Bild, wie es ein Immunologe malen könnte. Der Kalte Krieg ist in diesem Sinne ein virales Konzept.

Und nun das hier: Der Feind kommt nicht länger von außen. Dass die Krankheit im System selbst liegt, erklärt so manches. Etwa warum sich in diesem Buch nicht immer eindeutig zeigen konnte, wer denn jetzt der Dumme ist: Wir selbst? Oder die anderen? Es war nicht immer klar, wer die Diktatur ausübt – denn ausgeschlossen werden durfte sicherlich, dass das Marketing oder etwa die Werbung das Diktat an sich gerissen haben könnte. Dieses Element des Changierens, der Mehrdeutigkeit gehört zum Befund der systemischen Krankheit.

Vergleichen wir sie mit einer auf persönlicher Ebene wirkenden, systemischen Krankheit, die schon in diesem Buch vorgestellt wurde: mit Sucht. Sucht kann als körperliche, emotionale und spirituelle Krankheit begriffen werden – so wie es die Zwölf-Schritte-Gruppen tun. Sie haben damit gute Heilungserfolge, die etwa darauf beruhen, dass es sich bei dieser Krankheit eben nicht nur um eine Störung der Disziplin handelt, wie etwa nicht mehr zu trinken oder mehr beziehungsweise weniger zu essen, sondern um tiefere Ebenen der Ganzheit eines Menschen, die in diesen Gruppen zum Gegenstand der Genesung werden.

Diese tief greifende, nicht nur körperliche Erkrankung unserer Gesellschaft an ihren zentralen »Organen« scheint mir gegeben – mehr als uns lieb sein kann. Wir leiden auch als Gesellschaft emotional etwa an den Folgen des Zweiten Weltkriegs, wie viele Kriegsenkel noch immer erfahren. Wir leiden spirituell, wie uns die Krise insbesondere der katholischen Kirche zeigt. Unsere Gesellschaft ist zutiefst desorientiert, und weder Politiker noch Gurus, weder Helden noch Popstars können Hilfe bringen. Dafür bemühen sich die Einzelnen um Schadensbegrenzung. Wir versuchen im Wesentlichen, keine Opfer zu sein, sondern lehren unsere Kinder, wie sie als Täter besser (über-)leben.

Genau hier liegt aber das Problem, hier lauert die Krankheit: Wir übernehmen keine Verantwortung für das, was geschieht, sondern wir bemühen uns, das Beste für uns daraus zu machen. Und immer dann, wenn wir damit befasst sind und uns die Orientierung fehlt, was wirklich dieses Beste im Sinne von Verantwortung, nicht von Täterschaft sein könnte, immer dann sind wir mittendrin in der Diktatur. Genau dann üben wir unbewusst und nolens volens eine Diktatur der Dummheit aus. Genau dann sind wir die Diktatoren und am Ende die Dummen zugleich. Das ist die Trance, aus der uns die Aufklärung nur begrenzt herauskatapultiert hat; das ist die Hypnose, derer wir uns nicht zu entledigen wissen.

Diktatur und Unfreiheit herrschen immer dann, wenn wir nicht in unserer Verantwortung sind – und das ist zumindest gelegentlich der Fall. Wir sind immer dann die Dummen und damit Diktatoren, wenn wir ins Multitasking verfallen, tausend Dinge gleichzeitig tun, uns keine Zeit nehmen dafür, eine Meinung zu haben von dem, was uns begegnet, oder eine Meinung aus der Zeitung konsumieren. Immer dann, wenn wir keine eigene Meinung haben – eine Meinung also, die aus unserem Kontakt zu uns selbst entsteht –, laufen wir Gefahr, zu Diktatoren zu werden. Immer dann, wenn wir nicht bei uns sind, wenn wir übereilt, unüberlegt und vorschnell handeln, wissen wir das eigentlich schon von uns selbst. Es geht also darum, mehr Bewusstheit und so Verantwortung in unser Leben zu bringen. Das heißt nicht: Verzicht auf Spontaneität, Humor und Nähe, im Gegenteil. Verantwortlichkeit stellt genau solche Qualitäten auf eine gesunde Basis.

Der Feind ist in uns. Das hört sich an wie eine große Katastrophe – und es könnte zugleich unsere Rettung sein. Wir können dem sowohl individuell wie auch gesellschaftlich begegnen, indem wir so viel Verantwortung für uns selbst übernehmen wie möglich – und das so vielen anderen ermöglichen, wie es nur eben geht. Das wäre eine erste Idee für eine neue Maxime gesellschaftlichen Handelns.

Danke für die Unterstützung
gegen die Dummheit!

Die Anliegen dieses Buchs diskutiere ich seit Jahren mit meiner ebenso scharfsichtigen wie lebendigen Seniorkollegin Eva E. Mahler-Behr in Bonn, die schon lange ein Auge auf die Diktatur der Dummen geworfen hat. Thomas Montasser hat mich umstandslos und direkt gestärkt, nicht nur in den dunklen Momenten der Autorenschaft. Ähnlich der Heyne Verlag, der mit mir in die Verantwortung ging bei der Frage: Passt dieses Buch hierher?

Das zum wichtigen Rahmen. Jetzt zum praktischen Glück einer Autorin, zu ihrem Text. Hier beginne ich mit der Konzeptionerin Corinna Conradt aus Berlin, die, mit einem liebevollen Blick auf die Inhalte, unermüdlich und begeistert als erste Leserin für Konkretheit, für Beispiele, für Verdaubarkeit gesorgt hat. Eine Verbeugung vor Michael Schickerling, der als Lektor diesen Text bis zum guten Ende bearbeitet, geklärt, hinterfragt und erweitert hat – ein Geschenk für mich und zugleich für Verstehbarkeit und Lesefluss, für Klarheit und Konzentration des Buchs.

Die ganz selbstverständliche alltägliche Unterstützung, die ich von Kundinnen und Kunden, von Kolleginnen und Kollegen, natürlich auch aus meinem Freundeskreis erfahren habe, war wertschätzend, stärkend und erhellend. Ich danke Ihnen und euch allen dafür. Ich fühle mich sehr getragen.

Anmerkungen

1   *Bild*, 14. Oktober 1999.

2   *Quarks & Co*, WDR, 2. Juli 2013.

3   Siehe http://www.ard.de/intern/rechtsgrundlagen/grundver
    sorgung/-/id=54408/1cm440t, 31. März 2013.

4   Zitiert nach Jens Jessen: »Die Liebe zum Vulgären«, in: *Die
    Zeit*, 14. März.2013, S. 47 f.

5   Wolfgang Promies (Hg.): *Georg Christoph Lichtenberg. Schriften
    und Briefe 3*, Hanser, 1968, S. 235.

6   Michael Metz und Wolfgang Seeßlen: *Kapitalismus als Spek-
    takel*, Suhrkamp, 2012.

7   *Buch und Buchhandel in Zahlen 2013*, Börsenverein des Deut-
    schen Buchhandels, 2013.

8   *Buch und Buchhandel in Zahlen 2013*, Börsenverein des Deut-
    schen Buchhandels, 2013.

9   100 *Jahre Osram. Licht hat einen Namen*, Osram, 2006, S. 33–34,
    http://www.osram.de/media/resource/HIRES/334234/
    4886132/geschichte---100-jahre-osram.pdf.

10 Siehe *VDI-Nachrichten*, 4. Juni 2010, S. 16.

11 Rick Levine, Christopher Locke, Doc Searls und David Wein-
    berger: *Das Cluetrain Manifest. 95 Thesen für die neue Unterneh-
    menskultur im digitalen Zeitalter*, Econ, 2000.

12 Stefania Vitali, James B. Glattfelder und Stefano Battiston: *The
    Network of Global Corporate Control*, ETH, 2011. Als Basis dieser
    Studie diente der Bestand der Orbis-Wirtschaftsdatenbank
    von 2007.

13   http://de.wikipedia.org/wiki/Real_Time_Bidding, 28. Juni 2013.

14   Siehe Felix Kamella: *Lobbyismus an Schulen. Ein Diskussionspapier über Einflussnahme auf den Unterricht und was man dagegen tun kann,* Lobby Control, 2013, S. 5, www.lobbycontrol.de.

15   Siehe vorige Fußnote, weitere konkrete Hinweise etwa das eigenständige Lehrerportal der INSM mit umfangreichen Unterlagen für Lehrer, die hier ihren Unterricht im Detail vorbereitet bekommen, wenn sie denn wollen: http://www. wirtschaftundschule.de/unterrichtsmaterialien/staat-wirtschaftspolitik/unterrichtsentwuerfe/konjunkturindikatoren.

16   Siehe Steffen Pappert, Melanie Schröter und Ulla Fix: *Verschlüsseln, Verbergen, Verdecken in öffentlicher und institutioneller Kommunikation,* Erich Schmidt, 2008, S. 100.

17   Siehe Erich Fromm: *Haben oder Sein,* DTV, 36. Auflage 2009. S. 179 ff.

18   http://www.attac.de/index.php?id=8295, dort als Download im PDF eine lesenswerte und verständliche Argumentationsskizze zur Deutschen Bank.

19   Mats Alvesson und André Spicer: »A Stupidity-Based Theory of Organizations«, in: *Journal of Management Studies,* Wiley, doi.org/kcv, 10. September 2013.

20   Jared Diamond: *Kollaps. Warum Gesellschaften überleben oder untergehen,* Fischer, 2005.

21   Dirk van Laak: *Weiße Elefanten. Anspruch und Scheitern technischer Großprojekte im 20. Jahrhundert,* DVA, 1999.

22   Helmut Broeg: »Interview mit Dirk van Laak«, in: *New Scientist* 23, 31. Mai 2013, S. 29.

23   Thomas Metzinger: Der *Ego-Tunnel. Eine neue Philosophie des Selbst. Von der Hirnforschung zur Bewusstseinsethik.* Berlin, 2009.

24   Bei diesem Experiment wird eine Gummihand in Sichtweite des Probanden gelegt und eine eigene Hand außer Sichtweite. Dann wird sowohl die tatsächlich eigene Hand etwa

am kleinen Finger gekitzelt und die Gummihand ebenfalls. Der Proband nimmt nach ganz kurzer Zeit das Kitzeln an der vor ihm liegenden Gummihand wahr. Lässt man dann kurz darauf etwa eine Stecknadel auf die Gummihand fallen, wird das vom Probanden als Schreck wahrgenommen, der auch in Körperreaktionen wie Pupillenverengung et cetera nachweisbar ist. Das bedeutet: Nach kürzester Zeit akzeptiert der Proband die Gummihand als eigene Hand.

25 Wie das genau geschieht, lässt sich in verschiedenen populärwissenschaftlichen Büchern nachlesen, zum Beispiel bei Gerald Hüther: *Bedienungsanleitung für ein menschliches Gehirn*, Vandenhoek & Ruprecht, 2010. Manfred Spitzer: *Lernen. Gehirnforschung und die Schule des Lebens*, Spektrum, 2006. Antonio Damasio: *Descartes' Irrtum. Fühlen, Denken und das menschliche Gehirn*, List, 2004.

26 Siehe Leslie S. Greenberg: *Emotionsfokussierte Therapie*, Reinhardt, 2011, S. 45 ff.

27 Albert Einstein: »Phantasie ist wichtiger als Wissen, denn Wissen ist begrenzt, Phantasie aber umfasst die ganze Welt!«

28 Siehe Anne Wilson Schaef: *Co-Abhängigkeit Die Sucht hinter der Sucht*, Heyne, 1986, S. 53 ff.

29 Martin Spiewak: »Die Stunde der Propheten«, in: *Die Zeit*, 29. August 2013, S. 1.

30 Twitter-Zahlen vom 4. Oktober 2013: twitter.com/SibylleBerg und twitter.com/AngelinaJolie.

31 http://www.wherethehellismatt.com/videos, 3. Oktober 2013.

32 Daniel Pauly: »Anecdotes and the Shifting Baseline Syndrome of Fisheries«, in: *Trends in Ecology and Evolution* 10/1995, S. 430.

33 Siehe aktuelle Entwicklungen der Zukunft etwa hier: http://www.kulturwissenschaften.de/home/projekt-50.html.

34 Siehe http://www.hundkatzepferd.com/medical/3407,123798/Prof.-Dr.-Jens-Krause/Tierverhalten-Wie-schlau-ist-der-Schwarm%3F.html.

35 http://scnarc.rpi.edu/content/minority-rules-scientists-discover-tipping-point-spread-ideas, 10. Oktober 2013

36 http://www.30percentclub.org.uk.

37 Siehe Jean Baudrillard: *Die Transparenz des Bösen. Ein Essay über extreme Phänomene*, Merve, 1992, S. 75.

38 Byung-Chul Han: *Müdigkeitsgesellschaft*, Matthes & Seitz, 8. Auflage 2013, S. 14.